04

中国国家博物馆国际博物馆学译丛

中国国家博物馆国际博物馆学译丛

《策展伦理》

作者简介

让-保罗·马蒂农（Jean-Paul Martinon），现任伦敦大学金史密斯学院视觉文化和哲学专业教授，参与创建金史密斯学院"策展／知识"（Curatorial / Knowledge）博士项目。曾作为主讲嘉宾参与中央美术学院设计学院于 2020 年 12 月至 2021 年 4 月举办的"策展与策展性"系列讲座（Curating & the Curatorial Lecture Series）。

译者简介

李冠燕，美术学博士，中国国家博物馆副研究馆员，研究方向为美术鉴藏、新中国美术史、清代绘画。为《中国国家博物馆馆刊》《美术》《文物（海外版）》等期刊担任过英文翻译。出版专著《时代旋律 —— 中国国家博物馆重大主题性美术创作研究》，发表学术论文近二十篇。

CURATING AS ETHICS

策 展 伦 理

〔英〕让－保罗·马蒂农——著

李冠燕——译　丁宁——审校

中国出版集团 东方出版中心

图书在版编目（CIP）数据

策展伦理 /（英）让 - 保罗·马蒂农著；李冠燕译
. 一上海：东方出版中心，2024.1
（中国国家博物馆国际博物馆学译丛 / 王春法主编）
ISBN 978-7-5473-2309-0

Ⅰ.①策 … Ⅱ.①让 … ②李 … Ⅲ.①展览会 - 策划
- 伦理学 - 研究 Ⅳ.① G245

中国国家版本馆 CIP 数据核字（2023）第 233186 号

策展伦理

著　　者	［英］让-保罗·马蒂农	
译　　者	李冠燕	
审　　校	丁　宁	
丛书筹划	刘佩英　肖春茂	
责任编辑	肖春茂　郑李脉	
封面设计	钟　颖	

出 版 人　陈义望
出版发行　东方出版中心
地　　址　上海市仙霞路345号
邮政编码　200336
电　　话　021-62417400
印 刷 者　徐州绪权印刷有限公司

开　　本　710mm×1000mm　1/16
印　　张　22.75
字　　数　268千字
版　　次　2024年1月第1版
印　　次　2024年1月第1次印刷
定　　价　128.00元

编辑委员会

主　　编：王春法

执行主编：丁鹏勃

编　　委：王春法　杨　帆　陈成军　刘万鸣　丁鹏勃

　　　　　陈　莉　张伟明　潘　涛　朱扬明

统　　筹：潘　晴　王云鹏　陈淑杰

编　　务：夏美芳　王洪敏　马玉梅　童　萌　孙　博

总　序

中国国家博物馆馆长　王春法

　　博物馆是保护和传承人类文明的重要殿堂，是连接过去、现在、未来的桥梁，在促进世界文明交流互鉴方面具有特殊作用。中国博物馆肇始于 20 世纪初学习西方先进文化的时代背景中，迄今已经走过了百余年的发展历程。中华人民共和国成立以来，中国博物馆事业作为党和政府领导的国家文化事业的重要组成部分，积极从国家和社会需要出发，主动承担历史、时代、民族、国家赋予的使命，在收藏和保护文物、举办展览、开展社会教育活动、满足人民精神文化需要、向世界展示中国形象等方面发挥了重要作用。特别是党的十八大以来，习近平总书记多次到博物馆考察调研，对博物馆工作作出一系列重要指示批示，博物馆事业高速发展、空前繁荣，在促进人的全面发展、引导社会主义核心价值观和社会全面进步方面的作用不断凸显，作为文明交流互鉴窗口和平台的作用也日益突出。

　　当今世界正经历百年未有之大变局，面对"世界之变、时代之变、历史之变"，博物馆在推进人类文明进步、社会发展中的地位作用从未像现在这般重要，博物馆之间的交流合作从未像今天这样迫切、频繁和形式多样，博物馆从业人员既要关注自身的发展，也要从更广阔的视野来深入思考博物馆的社会功能，准确把握博物馆发展的新特征新变化，主动回应博物馆发展面临的挑战，在时代巨变的洪流中坚守博物馆发展的初衷和方向。当下的博物馆发展更加突出以观众为本的价值理念、更加突出作为主责主业的展览展示、更加突出作为博物馆核心权力的文化解释功能、更加重视周边产品的延伸活化功能、更加突出信息技术手段催生的跨界融合作用、更加突出文化客厅的重要作用、更加突出社会公众形象的塑造提升、更加突出征藏展示活动的评价导向功能，也面临着如何更充分地留存民族集体记忆、如何更好地推动文化传承发展、如何更紧密地促进文明交流互鉴、如何更有效地处理保存历史与技术应用之间的关系，以及如何更多地创造分享社会发展新知等挑战，新时代博物馆事业发展呼唤理论创新、实践创新、制度创新。

中国国家博物馆作为留存民族集体记忆、传承国家文化基因、促进文明交流互鉴的国家重要公共文化机构和国家文化客厅，始终立足中国、放眼世界，并把学术研究作为立馆之本、发展基石。此次国家博物馆组织翻译《中国国家博物馆国际博物馆学译丛》（以下简称《译丛》），就是要坚持全球视野、面向世界一流水平，以兼收并蓄、海纳百川的学术态度，分享世界博物馆学研究动态，推介优秀学术成果，借鉴优秀实践经验，助力中国博物馆学的理论创新和建设发展实践，更好地推动构建中国特色博物馆学学科体系、学术话语体系，为新时代博物馆事业高质量发展作出积极贡献。

《译丛》兼顾当代博物馆学发展的规范性、理论性、反思性等趋势性特征，同时凸显博物馆学多学科交叉融合的特点。《译丛》选编不仅包括博物馆基础理论、展览策划、管理运营、藏品管理与保护、博物馆数字化、公共教育等领域的研究成果，而且选取了部分将博物馆学这门人文学科与更广泛的社会背景联系起来的研究成果，涉及全球变暖、殖民主义、种族主义、可持续发展等更为复杂的社会问题，集中反映了当下多元文化共存的复杂国际环境和大范围深层次的创新变革下，博物馆学的研究对象和研究范式随着博物馆功能、职责和定位的拓展而发生的转变。《译丛》不仅包含最新基础理论著作，也涵盖与实践紧密相关的应用研究，收录著作体裁十分丰富，包括研究专著、学术论文集、文献综述、演讲集，以及普及性读物，既能满足博物馆从业者和研究人员的需求，也适合一般博物馆爱好者阅读。规模之大，在我国博物馆行业尚属首次。

《译丛》的出版凝聚了国内文博界老中青三代学者的力量，中国国家博物馆的中青年学者承担了繁重的翻译工作，国内资深博物馆专家和高校学者作了多番审校，其中不乏学界耆硕不顾高龄、亲力亲为的身影。他们的学术精神和敬业作风令我们深为感动。需要说明的是，《译丛》收录的首批著作都是在新冠肺炎疫情发生之前完成的，我们将在后续翻译出版工作中更多地关注经历全球疫情之后博物馆的可持续发展与突破性研究。

衷心希望《译丛》的出版能为中国博物馆学和博物馆事业的发展贡献一份力量。

是为序。

2023 年 9 月

引言：冗余以及其他

思想的轨迹

两种不同的思维轨迹带来了本书的诞生。它是源于长久以来对于策展[1]的反思，今天我们可以对此进行充分探察：策展已经成为一种没有任何体制化界定的形式。众所周知[2]，随着内容策展人的出现，策展已经实现了这种自由。"内容策展人"一词是指在互联网网站上选择、添加和安排相关内容的人。内容策展人在至少两个方面不同于美术馆策展人或博物馆策展人。首先，他们所编策的内容没有任何限制，基本上囊括可以交易、分享或分配的任何事物。那种带有独特光环的、与众不同的艺术品已经不复存在了，取而代之的是千兆字节形式的可复制像素或样本。这种无限的可再现性使得策展工作摆脱了艺术院校和美术馆所特有的专业素质和专门技能的限制。这种数字化工作也不再依赖体制化框架，而是取决于成功或利润率。而老派的策展人根据特定的体制化的叙事方式（如美学、历史、理论、政治）对艺术家或艺术品进行选择。内容策展人主要为引起目标受众的兴趣来选择图像、视频或声音，并可以很快得到预期的反馈（财务数据、观众数量）。具有自身观点的艺术策展人已经渐渐远去了，随之而来的是手中空无一物的整合型策展人[3]，他们只需要组建集线器，就能使目标用户不必走出家门、参观画廊或与他者接触而获取并吸收他们编排的内容。策展的确丢掉了很多包袱的束缚。它是不受约束的，而且无论好坏，现在每个人都可以不去考虑任何体制化的界定而随意策展。

不容忽视的是，内容策展人的出现使策展活动突破了博物馆和画廊的范围并获得超乎现实的快速发展。这种快速的变化需要一种全新的途径来实现策展。它需要考虑在以前的策展领域所完全无法想象的数额庞大的新的来源、方式和运营数据，但在关联性和参与度方面却是沿袭旧的方式。这就促使我对策展进行定义：策展不仅仅是一种对于文化的展示，更为重要的是，策展是一种总体上对于文化的参与、选择、安排、批判性的评估和分享[4]。这个定义明确强调，视觉的中心即过去西方文化中被喻为"视觉的专制"也一去不复返了。今天的策展包括在线策展，虽然是以视觉为主导的，但同时包括其他一些非视觉驱动性的领域，如香水制造业或餐饮业。由于影响范围如此宽泛，视觉性材料尤其是视觉艺术，已不再是策展的表达核心。策展终将独立于启蒙运动以来的形而上的所指对象（"艺术"）以及人为设置的艺术话语的限制。策展活动在生命的各个领域都可以开展，这种极具挑战性的多样性正是值得我们深入思考的。

这种思考可以通过很多方式实现。如果只关注内容策展，那么就需要分析各种各样的在线活动。由于缺乏新媒体方面的专业知识，我只能将这方面的工作留给该领域的专家，他们专门应对网络出现所带来的对于策展的根本性改变[5]。我所能做的就是在更为广义的程度上思考约定、选择、布置、评判与共享文化[6]。这也就是说，在某种情况下，策展既可以应用于文化展览领域，也可以更通俗地适用于组织和分享全球社交网络媒体平台的内容。由于涉及范围如此之广，策展这项原本需要深入思考的活动不再过多受到旧体例的限制，而这一点是可以理解的。策展可以适用于无数不同的情境下，而非保持单一的体制化的实践。策展需要同时考虑表现及影响指标以及依然适用于艺术世界的旧的通信系统，如消息、媒介、代码和所指对象等。相应地，还需要同时思考即时的可消化性、可分享性以及作者及观众功能的旧模式。下文讨论的正是基于这种宽松、多变而不受限制的影响领域。

但这不仅仅是一本在新的广义范围内关于策展的书籍。更为重要的是，这是一本关于策展伦理的书。因此，重点不是关于策展实践的多样性，而是这项广泛的全球性活动在伦理层面的意义。在这个新语境下，现在的伦理问题是这样的：如果没有更多的培训或学校教育指引有抱负的策展人在泥泞中找到明辨对错的正确方向，如果不能通过更多的专业知识或专业技能来设置、展示并保护策展实践的良好标准，如果没有更多行业协会或联合组织来检验、修正或捍卫这些标准，那么，这项活动如何才能保证合乎伦理道德呢？这并不意味着老派策展人因为受到体制上的约束就一定是合乎伦理的。众所周知，许多博物馆策展人因他们的不合道德的行为而为人所知，而即便这种行为蔓延也丝毫不会改变我们对于这一事实的看法。它反而变成一个更广泛意义上的问题，无论是任何人以任何文化形式通过在线或者非体制范畴的策展，都同样面临着不可预设的道德选择。全球策展实践的自由化不可避免地会带来对于各种形式的道德指令的规避[7]。

今天许多策展人试图以伦理道德的标准来管控和指导其策展活动，大致可以分为三种类型。首先是针对策展人的道德准则，通常是由旧的管理体制下的专家小组（艺术策展人、艺术史学家、博物馆馆长、法律顾问等）提出的，他们关注的通常是在博物馆和美术馆的艺术策展实践[8]。其次，除了一些社交媒体公司蹩脚地强行在其平台上贴上伦理的标签，网上还有大量关于如何进行合乎伦理道德的策展的提示和指导[9]。这些通常是由新媒体公司提出，以期对用户的活动能有所监管。其中包括诸如"所有策展人都应确认其来源"和"所有策展人都应该了解进而改善互联网生态系统"等建议。最后，还有众多策展人提出个人的道德准则，涉及从单纯建议如何进行合乎伦理的策展到指引人们如何更好地生活等[10]。下文的目标不是纠正这些伦理建议，或提出新的伦理规范及箴言，也不是质疑这些由专家小组或策展人提出的伦理道德建议[11]。我只想思考清楚：如果没有体制上的限定，这样一个存在于世界范围的、正被数以百万人实践的现象何以被理解为合乎伦理的？

第一种思想轨迹将我引向本书的第一个关键问题：在没有任何保障的情况下，脱离了专家、行业协会、联合组织及专业化等的约束，策展这一当今的全球现象还能否合乎伦理道德呢？如果可以，又该如何进行？这是本书将要讨论的两个主题中的第一个，我寄希望于下文所勾勒的不同以往的结构，同时借助马丁·海德格尔的四重性理论，将得到更好的阐述。但在转向这个不同以往的结构之前，我有必要先阐明引向本书的第二种思想轨迹：伦理问题。

第二种思想轨迹是对于伦理问题的反思。伦理学经常被定义为对个人或社会在普遍意义上的是非观念的确定、维护和引导，并使之系统化，其含义是"道德的哲学"。这个对于伦理传统定义的核心在于检验，如，判定道德原则的性质（比如，决定是什么样的社会和/或文化习俗、规范、情感或习惯构成了社会的道德标准）以及社会一般行为（如良好的惯例、遵循的义务、不良行为的后果）和特定行为（如堕胎、杀婴、动物权利、环境影响、死刑、核能战争，等等）的对与错。总的来说，所谓道德哲学的伦理学，其目标在于发展和培养一种理性主义指导的自我或社会立法。如前所述，这类伦理学涉及策展方面最常见的例子是关于博物馆和策展人的道德准则：提出一系列博物馆和（或）策展人应当遵循的普遍认为合理的原则。

然而，对我来说，将伦理学作为道德哲学始终存在一个重要问题。在它无限的合理性中，缺失了关于"如何超越生存现状"的问题，尽管这种"超越"在应对所有伦理困境中都起着至关重要的作用。为了讲清楚这一点，有必要在阐述这个问题时简要总结一下我的思想轨迹。在之前一本书中，探究在1994年卢旺达大屠杀[12]后又该如何定义和平的概念，我提出以死亡为前提的伦理观，死亡这一现象不因生存现状而改变，无形地构建着人类道德的交锋。在这方面，我遵从让-吕克·南希的观点，即正是界限一直在引导伦理[13]。因此，在这种情况下，尽管个人不可避免会死亡，仍然能抵制任何可能针对他者的暴力，是合乎道德的。如果这种不可忽略的事实变成了一种警惕，那么我们将有望更满足于当下的生活；我们可能会获得更广泛意义上的新生、更进一步的对话而非死亡的增长。通过这种方式，即在任何冲突中保持一定界限的重要性，那么，这些界限就高于生存现状了。我们凭借比他者所能想到的更多的东西从而有效地呈现他者，这样就可以让绝对的沉默和完全的黑暗（死亡）与绝对的光明和完全的理性（政治）保持安全的距离。

这种伦理观的结果是，只要人活着，那么就已经被赋予了伦理标准。它不需要遵守任何宗教戒律或伦理规则，也不需要特定的知识、信息、专门技能或观点。这种伦理观只需要一种判断力，如果遭遇伦理道德上的两难选择，那么当我们一直面临的死亡真正来临的时候，我们道德上的两难境地并非消逝而是将彻底得到解决。显然，这种类型的伦理可以永远不需要我们以"最平和的心态"来确信自己所做的是对的。相对于一些终身秉持的信仰或理性的格言来说，这种道德规范往往是临时的、随机的。这些特点或多或少是容易让人接受的，唯一存在问题的是：我们如何在道德困境中始终保持这特定的界限？这种对有限性的关注如何才能真正转化为使生命免遭毁灭的守护？我在《"卢旺达大屠杀"之后》一书的最后，所给出的唯一提示是：有必要开发某种能够维持和利用这种警惕性的助产学，从而产出更多，也就是说，形成一种涉及或超越绝对理性/光明—沉默/黑暗等的对话的可能性。

正是这种助产学使我们保持了这里考虑的与策展有关的"高于生

存现状"的警惕性。我所用的"助产学"一词意在总体上表达所有的作为，这类作为让我们得以超越死亡而指涉"更多"，也就是说，通往一种无以想象的新的或其他的生活。正如"助产"这一章所表达的，这个术语并不仅指妇女协助其他妇女分娩，而且包括或者说更为重要的是指对那些可以生发更多的人，他们激发了对抗死亡的未来，就像带来了一个孩子的诞生。在上一句话里，我审慎地运用副词"而且"来强调妇女的劳动和分娩在这里并没有被削弱或边缘化，而是其内涵得到了拓展，可以包括肉体、精神以及更大范畴意义上的诞生，如新的对话或新的开端。因此，这条思想轨迹的第二条路径引出了本书的另外一个关键问题：是否存在这样一种伦理道德，能够像助产士一样越过新事物诞生的危险海域来远离死亡及死亡所代表的一切？在这里，我寄希望于海德格尔的四重性理论能对这个问题的阐述有所帮助。

那么，海德格尔的四重性理论为什么有助于阐明那种策展人的伦理助产学呢？这种伦理助产学不是一系列最终规约全球行为的伦理原则，而是让策展人通过对文化总体的布置产生的新的事物。

海德格尔的四重性理论

正如上文在探讨两种思想轨迹时所述，这本书的架构受到马丁·海德格尔所谓四重性理论的启发[14]。它集中并建构了本书所讨论的两个主题：策展和伦理。在下文中对海德格尔的四个维度进行分别解读过程中，有时会仔细阅读他的作品（参阅本书中《凡人》《神灵》《召唤》《冲突》部分）[15]，有时则完全回避它（在几乎所有其他章节）。以这种较具突破性的方法来研究海德格尔的复杂思想，具有双重目的。首先，也是最基本的，我要竭力避免沦为所谓海德格尔主义，即解读四重性理论只是为了再次解释（通常是错误的）、判断（不必要的）甚至抛弃

（没有充分理解）这种理论，或是让我们更加笃信（没有说服力）这种理论却没有令它切实发挥作用[16]。这样做只会导致一种后果，就是背离海德格尔，这么说并非为了激怒海德格尔学派，而是希望能够使四重性理论的逻辑得到进一步推演。这并不意味着海德格尔四重性理论是不完备的或它需要进一步的解释或推断。我的想法只是为了证明可以对海德格尔的四重性理论重新进行思考，甚至有可能在他的论述之外被再度激活并引发不同的共鸣。

其次，同时也是更为重要的，我想避免对海德格尔和伦理学进行完全论述。如果认为海德格尔可能对于伦理学感兴趣，这种观点通常被视为是愚蠢的。众所周知，海德格尔将伦理学归于本体论之下[17]。对他而言，如果要讲述存在的问题，那么伦理道德基本上居于次要地位。他关于责任、忧虑、关怀、移情以及更大意义上的"共在"等观念是本体论的，因此很难进入伦理道德的语域。此外，如果出于他与国家社会主义（纳粹主义）关联的考虑而认为他的作品可能与伦理学有关，同样是缺乏理性的。海德格尔作品的意义是假定一种胜利的至高无上的存在，对他者、弱者或被压迫的人毫无兴趣，而完全沉浸在对于本身所代表着真正的情致的思考中。现阶段已经有一些对这些不完备的论证提出质疑的著作相继出版，值得关注[18]。在这里，我试着从海德格尔的"转变"出发，以我认为的在伦理上强调多重逻辑结构的所谓"四重性"作为基点，而不再依赖于至高无上的存在或同一他者的秩序[19]。由于四重性理论具有断裂而又相互关联的多重逻辑性，伦理学不再仅仅代表存在的依据；正如我在下文中所要展示的那样，它变成了促成因素，一种不拘泥于任何形式的时间节点的伦理实践。

在这本书中，我进一步摆脱了海德格尔主义的束缚，试图通过引入表面看来似乎难以接受的完全不同的理论（如斯宾诺莎、梅拉索克斯／美亚索、列维纳斯）来对海德格尔的四重性理论进行跨越式解读。希望这些跨越式解读，让人感觉并不是对于海德格尔四重性理论粗暴的背离，而是更有创造性的推进，并因此得以更多保留海德格尔作品研究的真正的精神内涵。毕竟，哲学的目的并不是为了重新塑造，这似乎已经是确定的或成了惯例。难道哲学的任务不是为我们所处的时代创造以特定的思想体系为前提的并非凭空臆造的新的概念吗？难点在于取得平衡，既能在尊重他者观点（这里以海德格尔四重性理论为例），又能在不完全篡改这些观点的前提下提出质疑，这恰恰是我在下面的篇章中要做的。毫无疑问，大多数海德格尔的研究者不会赞同我的观点，但我希望仍有人能看到海德格尔四重性理论的逻辑性应该得到进一步推演，从而不仅揭示它在哲学方面的潜在可能性，而且最重要的是，当我们从一个全新视角反思当代伦理的困境时，也能凸显其影响。

这里我们对于海德格尔四重性理论最初的含义不再展开篇幅来叙述。很多知名学者对于理论已经进行过卓有成效的分析，我只能鼓励有兴趣进一步弄明白海德格尔文集中"四重性理论"的读者来阅读安德鲁·J.米切尔的著作，他在这方面有着精彩而详尽的论述，也可以读让-弗朗索瓦·马太和弗兰克·达比修关于海德格尔和荷尔德林的著作[20]。除了这些主要的参考文献外，我个人阅读的关于海德格尔的研究主要是赖纳·舒尔曼对于四重性理论的深刻而富有开创性的独到见解[21]，他并非只关注"物"及其在四重性理论中被赋予什么样的新的含义，而是更注重该理论所带来的多重逻辑结构，对于旧的一元结构所呈现的特性和伦理困境几乎彻底否定。这种对海德格尔四重性理论的舒尔曼式的独特解读，最初可见于几篇关于四重性理论的文章[22]。这些文章对于海德格尔关于四重性理论进行了比本书中更为丰富的阐述。希望读者尤其是热衷于海氏理论的读者会原谅我向他们介绍了这些作品，作为对于海德格尔晚期作品的一种验证方式。

在引言的有限篇幅中，我所能做的就是强调为什么我认为在理解建构这本书的总体性问题时需要认真思考海德格尔的四重性理论：在当代全球化视野之下，是否存在一种针对诸如策展实践的伦理道德，它可以像一位助产士一样，带你越过新事物诞生的危险水域来避免死亡及死亡所代表的一切？海德格尔四重性理论有助于解决这个总体性问题，因为它以一种多重逻辑的方式指向一种伦理观，既对死亡保持一种警醒（凡人），又能以轻松的态度应对死亡的可能，能够像助产士具有"超越生存现状"（神）。怎样才能如此呢？

天地既在我之外[23]又与我同在，这就是存在的事物[24]；既远离又完全依赖于这些存在的就是神，根据海德格尔的理论，这就是四重性。人伴随着天地而存在，这也是被我们所信仰的、高高在上的神所占据的"居所"[25]。四重（人、地、天、神）并不对应物质的、形而上学的或宗教的指向。它们在现实世界（或另一个世界）没有完全匹配的对等物，因为它们代表着时空的存在，虽然这有些难以想象。这四重性既参与这种存在，又作为一种存在，它们参与到我"是"的事实中，而人与天地总是被神[26]所摆弄。如果没有这四重[27]的准结构，就不会有存在、他者[28]和世界；这种结构完全否认所有古老的、目的论的再现及其不可避免的时代印记，从而也打破了所有单一的观点，排他性的图景和统一的叙事。因此，四重性理论打破了所有单一的观点、排他性的图景以及统一的叙事。我们需要把自己看作是四个而不仅是一个或两个。四重性确实不仅是涉及人[29]或物，而且更为重要的是探讨由天、地和神[30]所生发的时空的存在。由于作为四重性一个维度的我，同时由于神、地、天，时空的存在作为居所而出现。

但是，关注"四重理论"的要旨是什么呢？有什么意义呢？四重理论让我们明确了活动包括所有的策展行为具有可能性的条件。因为它构成了时空的出现，四重理论实际上成为任何形式的偶发事件的先决条件。就像詹姆斯·爱德华所说："这四重的每一维度都是想要在我们思想中确立能够让我们的生活呈现真实性的特殊条件[31]。"举个例子，我的存在受到许多因素的制约：人类赖以生存的土地，高高在上的、可以让我呼吸和身体运行的天空，将我带到这个世界上的父母以及神性这一人类固有的维度，就如我所论证的，这些因素建构并从根本上打破了我的生存现状。认为这种制约条件是一种因果关系的想法是错误的。因为四重性创造了时空的存在，这个条件性是相对于任何既定的使得神和人在天地间往复的时空格局中的偶发事件而言。

在海德格尔的四个维度中，有三个（人、地、天）在某种程度上是不言而喻的："大地为我们提供食物 …… 天空是通向太阳的穹顶 …… 凡人代表着人类。"[32] 在《凡人》《大地》《天空》等章节中，我对前三个维度进行了探讨，并为了使它们产生不同反响而对其进行了较为彻底的改变（特别是以复数表示前两者无疑是有争议的）。最重要的往往是关于神的问题。我们应当如何理解海德格尔四重性理论的最后一个维度——神？虽然我在《神灵》《召唤》《痴迷》等章节中对这个最为关键的维度进行了探讨，并仔细阅读了一些海德格尔的论证，但我觉得应该在这里以非海德格尔式的表达方式再次引入这个维度，来尽可能避免走入理解的误区。

凡人也可能是神灵

在神学或宗教语境之外，能真正理解神的唯一途径就是从凡人的必然维度来考量它们[33]。大体上，凡人同样也可能是神。这么说不是意味着凡人可以以某种方式达到不朽或者神灵是超越凡人的，为了拯救人类需要被人们尊崇、仰视甚至顶礼膜拜。这里仅仅就是用神这个词来形容凡人是有限的存在，仅此而已。全书都没有偏离这个不容动摇的界限。神灵和凡人这两个词在这里可以相互替代，是因为关于它们之间的界限实际上并不完全是正确的，这正是这两个词可以并列或者可以置换的原因。那么，脱离神学或宗教语境[34]，我们该如何描述这种情况呢？

首先我要说的是，凡人也可能成为神灵的观点是一种无神论或非自然神论的，同时也是非神学或非宗教的，其要旨在于这种观点本身是不需要被剖析、分解、认可或否定的。这并不是说论证是没有价值的或者说要把这个问题归入形而上学的范畴，进而联系到已经被丢进历史垃圾箱的朦胧而奇特的超验哲学。说凡人也可能是神灵是因为，人类的思想可以超越固有的限制而遵循一定的信仰架构，这种不能简单地以对错而论的信仰架构使凡人可以成为神灵。正如我在《凡人》《神灵》《召唤》《痴迷》等章节所要表达的那样，这里涉及的思想问题并不是要把凡人／神灵的问题仅仅限定在思维的层面。思想在这里不能仅仅理解为逻辑思维能力，而是心灵和需求本身。同样，思想并不是能够快速有效去辨识的，而是发生于界限之内的、标示界限甚至本身就是界限的一项活动。思想实际上是一种完全处于界限边缘的事件，是一种能够通过感官所感知形式的突破，一种永远不会突破极限（比如说，终极思考）的突破。所以说，凡人能够通过思想让自身超越贯穿他们生活的死亡，这就是本书想要表达的凡人也可能是神灵的原因。

因此，这种冗余的关键就在于，思想中总是有一种永不停止的增补过程。思想并不会自我超越。它不可能去考虑它所能思考的最大限度是什么。思想甚至经常会超越我们所能想象的最高的思想层面，并在此过程中超越其自身的思考能力。让-吕克·南希在《界限的消除》一书中有对于圣安塞尔姆著名文章《证据》的简短评述，其中谈到了这种冗余。他专门探讨了思想问题，写道："思考……确实不能不思考的是——思考面对的是某种比自身还要多得多的事物。它能穿透不可穿透的物体，或者确切地说，它本身就是穿透。"[35] 没有推论可以证明，这个论述与老一套的超验运动、超越或祈祷毫无关联。作为一位杰出的具体思想家，南希强调，他对于安塞尔姆成果的兴趣仅仅在于了解思想发生的方式。思想不仅是有界限的，它更以一种特殊的无条件性为标志来避免将其简单界定为因循的、重复的观念的汇集。这种存在于思想中的根本性的无条件性也再度验证了凡人可以成为神灵。凡人总是能在现实有限的条件中去无条件地开启未来。他们之所以能够成为神，正是因为经受思想的磨难可以帮助他们暂时解下甚至消除死亡的枷锁，即使他们是最严格的无神论者或不可知论者[36]。

这不可避免地引出一系列问题：为什么将这种超越思想的能力命名为"神灵"呢？为什么总是要用一个名称来指代优于凡人的事物？我们真的需要这个旧的参照来描绘无序的或者说无目的的思想架构吗？在这个唯物主义、实用主义、消费主义的科学世界，我们难道不应该规避那类被残杀兄弟、种族灭绝等行为玷污的词汇？难道我们迄今还不能领悟那种从中产生思想而又不由自主地求助于神的观念的冗余吗？难道我们无法作为凡人而且无须设定自身也即神的时候，就可以引发一种永远不断地提取自身的超越吗？最后，我们在今天所指的欲望可以越过需求或脱离幻想吗？我列出这些问题是为了强调运用"神灵"这个词来指代思想的超越，不仅是存在问题的而且实际上是对思想的攻击，尤其是在面临人类至高无上的理性以及人类无情的暴力、残忍和破坏性时，是根本不可接受的。在这样理性的、暴力的霸权之下，我们如何成为神呢？然而，有许多深层的原因促使我避开海德格尔式的表述而坚持使用"神灵"这个词。

首先，用"神灵"这个词来形容人类通过思考超越自我的能力，只是为了突出一种在所有概念之上的名称而无关乎好坏。毕竟，上帝一词代表的是一个特定的与其他任何概念都迥然不同的名称，而且它是显示这种冗余的关键所在。正如我们将在《神灵》一节中所要探讨的，这个名称代表着与没有终点的事物之间的关联。思想能够超越自身，即使没有回应。同样，正因如此，思想总是触及无法追忆的或无法企及的（参阅《直觉》）事物，也就是说思想可以超越生存现状，而无关乎那早已设定的终点。确实，如果信念不曾建构了思维，至少形成了其传言，而正是这种延伸，这种冗余，成全了思维。理性不能脱离这种传言。它建构思想，尽管它遵守最严格的有条理的数学逻辑：它彻底中断的可能性始终存在。思考在别的方面不乏法西斯主义。这的确是回到最令人担忧的逻辑上来，恰恰会招致不容辩驳的事实，强加于人的同一，对对方的排斥，等等。因此，用"神灵"这个词来表示"凡人"，首先要强调避免观念独裁的重要性和去除信仰或传言的不可能性。

第二，更重要的是，使用"神灵"这个词是为了动摇被我们确立的亚伯拉罕传统之神和金钱之神[37]这两个神的超然地位。不管是遵从一神论宗教的神还是资本的神，其实遵从的都是相同意义的重复的事物：上帝等同于神或金钱相当于财富（金钱并不完全等同于流通货币，但也没有脱离流通货币的范畴，比如说，一美元等于一美钞）[38]。这两种同义反复支配着我们的当今生活，因为它们是唯一可以取代和调控所有其他事物的绝对价值[39]。它们代表着能够协调和规范所有其他语言交流的唯一的语言参照标准，从生产到死亡，从无机物到自然灾害[40]。上帝或者金钱通过两种状况来调控世界：在另一重生活（宗教之神）或现世的生活（金钱之神）中。别无选择，但是这些至高无上的交易同时管控着宗教和世俗的人们。怎么能打破这种不容挑战的双重最高统治呢？这就需要将神降至凡人的层次，也就是说，使绝对价值降到有限性的层面。这样做的目的是鼓励人类考虑收获而不是那些由上帝和 / 或金钱所带来的回报。这一目的不会打破支配我们生活的这两种同义反复的主宰地位，但它至少会对它们的无处不在提出质疑。我们可以称之为神，是因为我们才代表着唯一值得认真思考的绝对价值。

第三，用"神灵"一词来表示"凡人"还是对于任何形式的等级制度的一种对抗方式，包括组织严密的传统宗教信仰所提出的上帝在上、凡人在下的理论。将凡人定义为神并不是要确定有超自然结构的任何事物，而恰恰是要去除可能具有这种结构的事物，是要将神性的观念降到凡人的层面而不再有等级制度。这样做并不是要将凡人提升到一个特殊的地位。我不是在无意识地复制《〈圣经〉诗篇》第82章6节和《约翰福音》第10章34节中，地方法官、法官和其他有权力的人突然具有了"神"的特性的故事。我希望上文对于思想的关注，可以表明没有凡人被赋予凌驾于他者之上的权力；没有人有资格成为半神、造物主或恶魔；没有人能从上帝那里获得力量和权力。恰恰相反，说凡人也可能成为神是为了通过思想的超越达到胜过一切概念上平等的绝对平等，动摇一切形式的最高统治权及其重要性。凡人也可能成为神，不管他们是谁。

第四，说凡人也可能成为神是要去除任何限定为"神"的道德价值。凡人并不总是罪孽深重的，而神也不一定能免于罪孽；并非恶只属于凡人而善只属于神。我希望在本书结尾部分的章节中能够证明这些，就像南希对于圣安塞尔姆著作的评述一样，善正是孕育于同样的本源。如果有超越思想的渴求，那么无论是谁，这种渴求都不能通过他自身所期待的偿付或报酬等经济上的回报来构建。相反，这是一种永不满足的渴求，因此不能被归入需要的范畴——既不能作为一种手段，也不能作为目的，更不用说作为这个词通常意义上的祈愿。因此，如果凡人接受他们神圣的自我，那么他们就承认了一种无止境的欲望；它是一种永远无法得到满足的只能自我超越的超越；这是一种对未来的渴求，人们在其中已经显得无关紧要（参阅《结论》）。这样，没有任何形式的标准或权利，没有"善意"和"良知"的约束，我们将会看到，凡人/神灵只有在摆脱"善"的价值——在今天所代表的过量、善行等并超越了自身，才能够展现善。

最后，把凡人看作神，就是把有限性与助产学放在一起。凡人是有限的，他们以死亡作为道德的警戒。但凡人也是神，他们是神圣虔诚的，而不仅仅是终有一死的理性的存在；他们也释放出未来的可能性（参阅《行为与目标》）。因此，当他们（及其道德困境）不再重要的时候，他们需要根据双重前提来发挥作用，既可以在道德判断中保留着对于死亡的警醒，又可以形成一些无法追忆的或无法企及的东西，例如时间。这种形成强化了对于死亡的警醒。正如我将在后面章节中所要详细探讨的，凡人也可能成为神，因为他们不仅能运用理性和对于死亡的警醒来规范他们的世界，而且也可以通过为"善"的发生创造一个时间来实现（参阅《结论》）。换句话说，人类不仅仅是以有限的生命寻求一个更加美好世界的理性动物。更重要的是，他们也能够轻松愉悦地让他们神圣的自我生发出无论如何担保都无法得到的东西。

这些就是我在阐述海德格尔四重性理论的四个维度的其中之二时运用的部分理据。就像我前文所述，这种多重逻辑性要求我们以多于一个（如：就是、成为）或两个维度（如：同一 / 其他，例如）进行思考。生物具有复杂性。他们的道德准则不再停留在实用主义解释的层面，他们不再是只知道权衡利弊或者界定责任或免除罪恶的具有理性的凡俗个体。我们需要一种方法来解决这个世界的道德难题，就如同我们虽然是四重性中的有限生命却能够像神一样开启未来。四重性诚然是我们新的道德的集合体。它允许我们所有人，包括策展人和那些刻意回避这项备受诟病的活动的人，带着对于死亡的警醒去创造让我们变得无关紧要的时间。通过承认存在于人和天地之间的多重逻辑性，我们可以像神一样具有超越自己的思考能力，从而孕育出一个新的世界，一个新的现阶段无法想象的四重性。

策展的哲学

本书还提出了一个具体的哲学方法。可能许多人会对这种方法提出异议，因为它没有遵循哲学论纲与协定的传统体系。虽然长久以来，已经有许多才华横溢的作者都对这些传统体系提出过质疑甚至成功地颠覆了这种观点，但反映了保守的意识形态并遵循特定标准的哲学命题依然执着地维持其现状。对于传统的普遍的观点来说，最烦人的是作者提出的文本在后来的解读中突破了原先的传统；例如，对于斯宾诺莎的解读突破了斯宾诺莎主义，对于海德格尔的解读与海德格尔研究的关联已经较为隐晦。但这还不是全部。真正触怒一些读者的是这种哲学并不是作为文本分析来检验过去或当代的作者的是非对错。相反，我用它来推进一个全新方向的论证，比如，把我们所能想到的最具代表性的反先验论哲学家昆汀·美亚索和最不典型的唯物主义思想家伊曼努尔·列维纳斯置于同一对话之中。这种看似难以接受的将两者并列的做法，目的不是为了平白无故地激怒读者或故意曲解作者，而只是为了催生一种不同的思想，完全相信如果哲学停止无休无止的文字游戏[41]并将其富于变化的丰富内涵融合在一起，哲学会走得更远。

这指引我提出称之为策展哲学的概念。不得不再次说明，将这两者如此并列无疑会让众多读者不寒而栗。如果策展是一种具有不确定性的活动，继承了不同的学科传统而且缺乏学术重要性的话，那么，哲学就必然与之无关了。相反，相对于策展而言，哲学太枯燥、太偏重文字、太抽象，所以它必须被限制在策展人最熟知的范围内：视觉性材料和对文学艺术无知者最后的毫无意义的避难所"实践"。我对于这种保守的伪学科或后学科的区别完全不感兴趣。对我来说，最重要的事就是提出一种适用于所探求课题的解决问题的方法，一种在可能的情况下形式和内容在某种程度上相互匹配的方式。因为策展现在已经渗透到世界各地很多人的生活中，因此需要一种新的思维方式以适应策展这项广阔事业。这就是策展哲学预期的目标。然而，其目的并不是将两个截然不同的领域拼凑在一起（例如，艺术史和哲学）并预期一个最好的结果，而是为了思考时相互印证。在这里，策展有助于哲学，反之亦然。这种双重活动形成了一种开始重新思考并试图打破体制化或规律性的体系和机制的思想，因为意识形态的错误会毁灭包括思想本身在内的一切。

这种新型思维的主要方面是它以策展和哲学为己任。一方面，它并没有将哲学的文本结构及其语境视为艺术、策展或视觉文化的理论化表达，而是严肃对待哲学在表达全部的生活和更具体的当代经验方面的可能性。另一方面，它同样认真对待所要探讨的文化元素，没有将其视作哲学论争的例证而是注重其内在的文化特征（如《图像》中所示）。这种双重探索产生了一种以本质上的不完整性为特征的思想。这并不是一种消极层面的理解（例如，缺乏实质性材料或没有充实内容的论文），而是为了在某种程度上积极地与生活中的实际情况相适应。因此，这种不完整感类似于弗里德里希和奥古斯特·施莱格尔所认为的碎片。正如菲利普·拉库－拉巴尔特和让－吕克·南希在评论他们的工作时说："（施莱格尔）将一种不需要装作详尽的陈述定义为碎片，这无疑与不完整的可以甚至必须出版（或者说出版的都是不完整的）的现代观念相一致。"[42] 以下章节将坚持这一观点：不完整并不是对于完整的需要，而是生命和思想本质特征的证明。

然而，这并不意味着因为是不完整的，就一定是缥缈无形的。策展的一个重要特点就是看似井然有序但如果略加审视总会发现漏洞。展览虽然总是给人整体性的感觉，但我们所看到的展览背后其实经过了机构、资助者、出借方和／或艺术家之间在各种环境下的多次的妥协、让步和权衡。策展的"有序性混乱"（参阅《天空》）也因此作为多学科领域的大杂烩而经常遭到批评或摒弃。我并没有对此提出质疑。然而，这个有缺陷的秩序也就是策展虽然备受诟病，但我同时也认为它还有别的可能性。策展表面上呈现的有序性背后隐藏着必要的无序，而这应该被视为对于一种生活本来面貌的反思。生活并不是完全的混乱，而只是伪装成某种今天看来有意义的面貌。真实地呈现这些伪装，就是试图揭示本质上的不完整性自身所呈现的东西。通过施莱格尔兄弟的碎片理论，拉库－拉巴尔特和南希让我们再次看到这一点："……任务不是要驱散或重新吸收无序，而是要在无序中有所建设或创造。"[43] 这并不是为混乱的展览或哲学工作找借口或辩护。相反，这只是倡导将策展哲学看作是对某种我们可以理解的陷入彻底混乱的生活的揭示，无论是将策展哲学视为一个整体还是两项独立的内容。它带来的将不会是另一个全面的体系，而是对超出所有体系范围的无序的一种情感界定，就像人类对超越人类的事物的感觉。

这种正式伪装之下的混乱被称为《策展伦理》，其呈现的内容如下：这本书分为三部分，每部分分十个章节。这三部分勾勒了伦理学的基本结构。首先是伦理学的本体论——存在论[44]结构（《神灵与凡人》）。我必须要有个切入点，所以我从贯穿全书的几个关键术语的定义开始：万物是如何从暗物质起源的，又是如何由物质构成的，凡人如何对待上帝，人们如何理解人与人之间的关系，等等。存在论结构小心翼翼地逐步推进，从几乎一无所有（参阅《暗物质》）到近于囊括一切（参阅《绝对》），并且是无穷尽的。第一部分是抽象的，而且从各方面来看似乎与策展格格不入，但它为伦理学划定了界限（尽管不可避免地常常是松散的）。

第二部分（《大地与天空》）制定了一些关于这种伦理的参量，也就是构成我们这里所探讨的《策展伦理》中的素材资料：文本和视觉证据、数字媒体、策展对象（艺术）的物质性、命令的比赛以及知识的游戏，等等。我们再次审慎地对于伦理学的界限进行了探索，从对策展活动的本体论描述（参阅《大地》）到人们在策展活动中的行为方式（参阅《名字》）。第二部分不那么抽象，更贴近策展的日常实践活动，为我们重新审视策展人的活动奠定基础。

第三部分，也就是最后一部分（《行为与目标》）确实着重于与广义上的策展活动有关的伦理问题：筹备、关怀、交流、施与。最后一部分涉及策展人的一些关键活动，不论这些活动是发生在博物馆内还是博物馆外抑或是网上的。这些问题涉及特定的伦理困境而具有典型意义。显然，这些问题并没有囊括策展人所面临的所有伦理困境，对有些问题也没有作出建议，例如，付给艺术家多少钱在道德上是公平的，或者策展人应该如何回应"我也是"运动（按：美国反性骚扰运动）。最后一部分所探讨的活动只是一般意义上的较为突出的伦理意义上的策展困境，而不是最迫在眉睫的伦理问题以及／或如何处理它们。

在这三个部分中，每一个简短的章节都针对一个特定的主题以及这个主题如何在伦理学的整体结构中自我交叠。奇特的是，这些章节也许并不一定是按顺序联系在一起，而是在每一个部分形成一条连续的论证线索。对于传统哲学家来说，这将是这个论题最令人讨厌的方面，但一般来说对于策展人而言这可能是最清晰有条理的。这种缺乏连续性的背后是有意将变化重新按顺序调整，来规避传统学术命题的逻辑。但是每个部分里相应的变化不是毫无依据的。它们谨慎遵循展览策划的逻辑，从而使每一个独立的篇章都可以代表命题的整体阐述之中的一个论点，就像在展览中展出的作品。因此，目录表就像一张展览地图，而正文部分的相互参照（用 cf. 标记）是沿途的路标。这并不破坏每一章的特殊性或其独立性。这些章节可以独立于整本书或各个部分来单独进行阅读。因此，相应的变化应该被视为阐述伦理学时经过特别选择的思考的片段。当然，对于任何展览而言，都不可能构建一个可理解的、包罗万象的体系，总的轨迹只是在思想必要的不完整性中引起一系列的思路。

目　录

第一章 神灵与凡人

暗物质

　　暗物质不是反物质。它是没有光的物质。这是极度混乱的结果。暗物质是一种没有明显迹象就能达到的效应。因此，它只能是一种假说。为了凸显其重要性，它有一些能量。暗物质令人印象极其深刻。这是一种极度的愚蠢。它要求我们必须保持沉默。心灵和暗物质亲如同胞，任何秩序性都无法与之抗衡。然而它确实不是无关紧要。因为表现和重新表现自己，就产生了物质。因此，它也带来了天地之间的冲突。

　　暗物质代表着不在这一页上的所有事物。它既非标题或文本，也非字体或纸张，更不是印刷品的光泽或字母之间或字母周围的空间。暗物质愈加不是把书页固定在一起的黏合剂或者为持有这本书的电子装置提供动力的电力。当然，暗物质也不是它周围的、或与它相近或距离很远的空气。令人沮丧的是，暗物质甚至不是组成这本书的新的或继承而来的思想和概念。暗物质是一种难以捉摸的事物，因为它没有重量（可从科学、理智或艺术的角度来计算），然而它也不是重量的对立面；它不是绝对的轻，也不是完全缺乏密度或厚度。更糟糕的是，暗物质甚至不是物质的反面。它不是反物质。它并不是由反粒子或者任何隐藏的有可能构成这本书或地球上其他任何地方的任何图书馆（无论是数字图书馆还是别的类型的）里的任何一本别的书的物质所构成的。如果暗物质是反物质，那么它马上就会被科学理解为是组成物质的反粒子，例如，拿着这本书的手或设备。

不，暗物质只是物质，只是没有光。这的确很难想象，因为任何地方的任何事物都可以在永远的光亮之下持续得到科学的审验。如果《物质》是构成宇宙中所有可以观察到的、我们可以投射光线在其上的实体的一般性术语，那么暗物质就是所有无法被观察的、不能发光的、不会照亮任何人的一切事物。没有粒子对撞机能给它带来光明。这并不意味着暗物质就是黑暗的原子。恰恰相反，暗物质摆脱了光线甚至常常也会把自身排除在外，即使所有的目光都投向它。无论是去挤压、碰撞、测量、分析还是简单地触摸暗物质，暗物质都是难以捉摸的，其部分原因是暗物质没有其他一切物质的内部/外部或具有同一的/其他特征的结构。暗物质没有与可见物质的"外部"对应存在的黑暗的"内部"。暗物质不与任何事物"同一"或"相异"。暗物质渗透并围绕着一切重要的事物，包括由质子和中子核及绕核旋转的电子云组成的亚原子粒子。

尽管暗物质不会照亮任何人，但它仍然是一种超混沌的效应（参阅《绝对》）。然而，这并不意味着它可以被理解为一种对这种混沌产生反作用、反射甚至是回响的物理现象。超混沌没有产生或泄露任何事物，也没有任何事物进入或转变为超混沌。如果不是这样，那不仅超混沌与暗物质都可以被识别，而且超混沌将变成一个可记录的事件，可测量的暗物质的来临和消失，是科学家、哲学家和艺术家等的欢乐。暗物质是一种无法记录的超混沌效应，并且严格来说，这种超混沌并没有可辨认的原因或起源。就对物质的影响而言，暗物质是一种效应。暗物质对于作为物质的一部分正有效运行的另一些事物产生重要影响。正是这种影响导致没有任何记录的形式，确切地说，甚至没有任何概念化的形式，包括这个。这种影响并不意味着暗物质因此成为在超混沌或物质范畴之内或之外的鬼魂、心灵、迹象或神秘力量。暗物质只是一种没有迹象的效应，其影响在于事物并非它们表面看起来的，还有别的利害攸关的事物。

因此，暗物质只是一种假设，它不只是存在于天文学以及宇宙学（占总质量很大一部分的物质似乎从宇宙中消失了），在艺术和哲学中也同样适用。暗物质是科学的假设，一是因为暗物质既没有发出也不反射足够的可以直接观测到的电磁辐射，二是因为只能从引力效应对可见物质的作用中推断它的存在。因此，它永远会与人们的预期有所出入。暗物质在艺术和哲学领域同样是一种假设，因为它不是无形的，难以捉摸的或空灵的——这些迅速确定的名称具有深刻的形而上学的洞察力和艺术的眼光。如果抛开所有这些容易理解的名称，那么暗物质只能是一个假设，因为它甚至不能被理解为缺乏基本原理的事物。这是一种超越一切逻辑的非理性，一种超越一切话语的疯狂。因为规避了科学、哲学和艺术的审视，因此暗物质只能是一种被假设的事物，能对包括根本无关紧要的或可以被我们恣意抛弃的事物在内的所有物质产生影响。

尽管只是一种假设，但有一件事却是恒定的：暗物质本身绝不是能量（明亮或黑暗）之类的事物。如果它是能量的话，那么，它就与地心引力相对，而我们也会像失重状态下的宇航员那样，在太空里蹦来蹦去。暗物质本身不是能量，只是因为它有一些能量。如果没有这种微小的能量，则不会对物质产生影响，而且没有事物会具有动能或重要性，比如"暗物质很重要"。令人再度感到沮丧的是，暗物质的适度能量永远无法观测到，它需要被单独计算，因为这是一种仪器无法检测而词汇无法清晰表达的能量。具有一些能量意味着，暗物质在根本上从来都不是微不足道的。它所拥有的能量足以让人怀疑其自身，从而鼓励世界各地的研究人员（科学家、哲学家、艺术家）不断地用猜测、观点、感情和想法来消耗自己，形成越来越多的假设。与一些完美的研究者不同，这是一种不需要自我消耗的能量。暗物质会燃烧一点，但还不足以引起注意，因此有可能被利用和交易。

从词源学上讲，我抛弃了"物质等同于实物"这个错误的等式，物质（matter）来自拉丁语母亲（mater），意为"父母""培养""母亲"。在 16 世纪 50 年代，这个词有了更广泛的含义：促使其他事物发展或形成的事物。象征没有光亮且看不见的事物，因此暗物质这种超混沌效应的影响就使物质可以自我形成而不需要去重新构建起源。再次强调，超混沌效应强调暗物质和物质之间，不存在连锁反应。这里的黑暗只是将印记加在物质上以表达和再表达自己（参阅《物质》），是一种无法控制和无法确定的超混沌效应。毕竟，难道宇宙初期不是不透光的，而作为宇宙大爆炸印记的黑暗，这个存疑的起源要来表达和再表达自己？暗物质带来深刻的印记。这种昏暗而迫切的丰富性永远无穷无尽。它让所有的主题都成为需要处理的对象。它使得物体、文字、图像和名字具有了意义，包括本书中的词语。如果不是因为暗物质难以捉摸且丰富广阔，那么我们可能无法进行沟通（或策展）。

除了作为物质起源的影响之外（暗物质），这个假设也是不合理的。这是因为理性被这种具有深刻影响的物质中具有引导或误导性的方面难住了。对于这种陈腐的问题能作什么样的回应呢？为什么会有物质而不是什么都没有？因为并没有合理的答案，由于暗物质带来物质的产生，因此它只能作为没有管理者或管理权的管理，一种源于复杂判断的效应。暗物质的确是有所给予。这简直是一种极其丰富而深奥的愚蠢[1]和绝对丰厚的赠予，尽管对其意图保持沉默，但仍然设法回应物质——任何辨别力（先天的或其他的）都无法理解的愚蠢的支出。这种丰富看来仿佛并不明智，似乎不知从何而来、为何而来，有诸多不便且不为任何人。

所以暗物质作为一种假设和超混沌效应，将其自身沉浸于想象。由于它是不可见的，我们想象它盘旋在物质周围，穿透它，给人留下更多的梦想和幻想，从而挫败了这个总是想要确凿证据、总是通过度量和图表来确定的相当恼人的世界。没有人完全接受能够规避各种形式的审视和确定性或者陷于虚构假想中的事物。最重要的是，这种虚构假想并非轻而易举。它需要清空所有的概念以便能够专注于规避所有概念的事物。为了对暗物质展开想象，我们有必要抛开所有先入为主的观念。正如哲学家让-弗朗索瓦·利奥塔尔所说，一般而言，大多数物质进行这样的尝试需要"一种无意识的精神状态 …… 才能形成一些事物"[2]。没有声音而且无法言说，暗物质反过来也要求我们沉默不语和静默无声，从而让想象力的发挥不受约束。这是一场沉默无声的博弈，它反对所有形式的表达，并呼吁一种并非纯粹幻想的假想或者说一种不断更新的，可以对抗一切困难以及一切空想、幻想或妄想假设的效应。

奇怪的是，由于它如此明确地呼吁想象，所以似是而非的、也许还有些神秘的是，暗物质还与人类的精神有关。这并不意味着它和人类的思想是一样的（参阅《物质》）。因为它需要一种无意识的状态，以便确实可以通过想象形成一些事物，精神和暗物质有效地相关联。如果不可能理解精神，那么用同样的方式也不可能理解暗物质。两者的闪烁躲避将它们在本质上联系起来。利奥塔尔又重申了关于一般意义上的多数物质："人的精神也是它想掌控的'物质'的一部分 …… 精神和物质之间的关系不再像具有自我意志的智慧主体与呆滞迟钝的客体之间的关系。现在它们是亲缘关系。"[3]精神和暗物质如同堂/表兄弟姐妹或亲兄弟姐妹，因此，它们的共同特征是总能在被捕捉之前就自我消失了，从而避免了各种形式的被表达、论证或者别的表现方式。它们总以同样的方式走向消亡，黑暗进一步消隐于黑暗中，精神进入极乐的无意识状态。

以这种方式，暗物质就像充满想象的精神一样，反抗掌控和支配自然的笛卡儿主义的程式。它宣告了这种程式的结束，这种程式粗暴地将其意志强加于一切事物尤其是物质之上，从而使其都转向所谓的现实世界。暗物质恰恰并未受到这种极为糟糕的控制而不需转变。没有什么能把暗物质转化为光。这在任何地方都永远不会真实发生，因此也不会引发诸如冲突之类的事件（参阅《冲突》）。因此，这是一种放弃所有权力意志（在利奥塔尔学说的意义上）、所有秩序简化、所有程式化转变的非物质。暗物质通过自我表现和重新自我表现对所有物质产生影响，暗物质是对于所有这些努力的颠覆，是令人或者说令所有人难以接受的事情，无论是信徒还是没有信仰的人，牧师还是哲学家，艺术家抑或非专业人士。永远脱离人类的掌控并不是什么让人兴奋的事而只会让人沮丧，这只不过是一种极大的解脱，一种掌控、理性和祈祷再也没有用武之地的全新之感。

这并不意味着暗物质最终等价于绝对的虚无——所有物质的根本对立面——当然，它又很重要。就像包括伊曼努尔·列维纳斯在内的很多人之前所认为的，虚无已经是一种内在；它已经是可以被观察、解析、探讨、储存及／或忽略的事物[4]。然而，暗物质是没有内容和形式的，因而无法构成虚无甚至无法形成空虚的氛围或凝聚空虚的感觉。正如前面提到的对于外部／内部和同一／相异的规避，暗物质无法进行任何辩证关系的探讨，甚至不能绝对否定万有一切。不可避免的，也许具有反讽意味的是，暗物质因此永远不可能成为消极或积极的神学素材，在成为某物或其他事物的渺茫希望中无休止地去否定或假定它是这样或那样。暗物质以一种游戏的姿态，同时通过规避和证实对这些进行嘲弄。在在场与缺席以及物性与虚无之外、下面、底部甚至是内部的，因此，暗物质是无可比拟的。只有梦或幻觉——也许还有笑声或眼泪——才能容纳这种令人恼怒的不可捉摸的特点。

暗物质对我们产生影响，但它究竟赋予了我们什么？在我看来，就是物质。但这意味着什么呢？就如我们将会看到的（参阅《冲突》），通过带来影响，暗物质至少有两种方式可以形成物质。一方面，它带来了大地的绝对不透明性（参阅《大地》），也就是形成了无条件的自我区分。如果没有暗物质，那就没有沐浴在光明中的万物，也不会再有对光明的需求，无论这种需求是多么地毫无意义。另一方面，暗物质也产生了被理解为天空的明晰的物质（参阅《天空》），光线本身和其他一切在其中都是显而易见的。如果没有暗物质，那么就不会被点亮，也无法逃避来自光明的严酷审视。如果没有暗物质，那么也就不会再有理性或非理性、观念或祈祷的庇护。如果没有形成与黑暗带来的对立和比照，那么我们生活中的被照亮的事物、物体、思想也将失去意义。通过产生影响，暗物质将一切置于天地之争中，包括这一页上的文字、纸张或屏幕的白度，当然还有握着这本书的手或设备。

物质

　　物质生发于黎明。这种黎明伴生着暴力。这种暴力黎明的物质无所不在，一模一样。物质既是精神也是实体。就其本身而言，物质善于表现自身。它可以完全进行自我表达。它总是而且早已是无限的。它没有支持、出口或外在。作为表达，它也是一种再表达。有了再表达，也就有了理解。它揭示了总是尚未达成的理解。它是一种平衡却永远无法实现。

　　从暗物质中诞生了物质。然而，物质的显现并非什么重要的大事（参阅《冲突》）。譬如说，物质不会在日出时缓慢地或突然出现，然后在日落时逐渐或立即消失。这种黎明不是一种事件，因为物质既不能看作是（譬如在正午或柏拉图式的阳光[1]下）被通体照明，也不能认定是（譬如黑夜或列维纳斯"存在"的黑暗[2]下的）完全不可见。物质总是在这种黎明中发生，不管是在白天黑夜或在别的什么时候或者别的光明或黑暗的事件。因此，物质作为一种显现有效的发生，它永远不会变成别的事物，只会变成显现的物质。它总是展现自我却永远不会达到最终的展现。就像暗物质（参阅《暗物质》），这并非意味着内部和外部的逻辑。这两者在一方和另一方之间犹豫不决，尽管暗物质极为丰富地生发出物质而物质总是在光的一边，一种永远无法足够明亮的光。连太阳也是以这种方式独自升起，因为它是向自身展示自身的物质。这也同样适用于描述漆黑一团。至少还得有一点光的时候，才可以认定是漆黑一团，因而这种黎明至关重要。

这种显现就是暴力，物质将自身与暗物质撕裂开来的暴力，不断地爆发而没有停顿。这暴力不是一种旨在伤害、损毁、扼杀或破坏某人或某物的物理的作用力，也不是一种强力或自然的创造性或破坏性的力量。否则，物质就会与诸如惰性、死亡或和平等暗物质所特有的平静相对抗。物质的显现是暴力的，因为这是物质生发的唯一方式。物质本身并没有可以自行支配的暴力。它只是进行暴力的活动，这是它的基本特征[3]。以这种方式，即使物质是完全平静的，物质的显现也是暴力的，譬如，和平与宁静的草本植物的领域恰是物质最暴力的所在。火山的爆发、婴儿的安眠、垃圾填埋场的恶臭、脉冲星、兔子在原野的跳跃、电子绕带正电荷原子核的运动、新鲜烘焙面包的香气：所有预示着物质显现的暴力，以一种没有外在显现的方式不停歇地运转着。

物质的显现在所有地方都是一样的。对于这个复杂的问题，贝内迪克特·德·斯宾诺莎也谈了他个人类似的观点："物质在任何地方都是一样的，其中并没有独特的部分，每一个地方都是一样的，除非我们将物质设想为是通过各种方式改进的。那么，在这种情况下它的各部分是有独特性的，不是真正的，只是形态上的。"[4]换言之，即使当我们设想物质有不同的组成部分，而它依然自相矛盾地在所有地方呈现出同一性，因为引用斯宾诺莎的话来说，这些不同的组成部分只是在物质本身的"形式"上有所不同。斯宾诺莎举了一个很好的例子来解释这种认为物质没有不同组成部分的可能性。他建议我们试想一下将由不同部分组成的水看作是水（一氧化二氢）而不是物质。在物质这个层面，水是不可能分离或分裂的[5]。因此，物质始终是新生物质——在这里，在那里，奔涌或流淌，静止或飘忽不定，恢复或消散，死或活，在地球和（只能假设从这粒灰尘的可怜视角来看）宇宙间极为暴烈而无处不在。

新生的物质在所有地方都是一样的，但它还是矛盾的、多焦点的、多姿多彩的、多义的、多语言的、多样性的、多色的、多形态的，等等。新生物质在多重性方面是无穷的。这并不意味着存在特定的属性和/或形态，按斯宾诺莎的话来说，是可以识别的或无法明辨的新生物质的独特性。举例而言，物质的多义性应该被理解为纯粹的定性方法。新生物质有许多声音的特质，一种无法用许多这个词来准确形容的情境，这并非因为它是无限的，而是因为它从未实现过。例如，在地球上，物质激烈地以多种方式发出声音：猫的叫声，玛丽亚·卡拉斯的颤音，健美运动员的咕哝声，白鲸的啾啾声、吱吱声和咔嗒声以及妮琪·米娜的说唱。在这里重要的不是多样性，而是这些事件都是由声音轨迹组成的，并且从未达到完美而不断提出更高的要求。物质的未来维度确实是阻止它作为声音而被削减的原因，即使它可以为后人记录保存。对于可以勉强称之为神的凡人（参阅《引言》）而言，一大烦恼就是除了新生物质总是会有很多别的东西。

此外，当涉及新生物质的多重性时，物质和精神、物质和灵魂、物质和苍天之间就不再有区别。实体的物质与通常认为的空灵的或超然世外的事物之间也没有完全割裂。举例来说，再次命名暗物质的远亲时（参阅《暗物质》），物质既涉及石头等纯粹的物质性，又关乎精神的非物质性。物质就是精神，反之亦然。这并不意味着两者可以互换，如果我们考虑物质本身以及两者严格意义上的差别的话，这是不可能的。这也并不是说包括石头在内的一切都是精神的，而是只有单独来考虑的精神（如果这是可能的），仍然意味着物质的生发，也就是说，物质用思想、观念、改变自我的方式激烈地启迪自身，物质影响物质。这样一来，一切都是物质，包括天使和鬼神，留心关注和心不在焉，有名无实的上帝及其完全的缺席（参阅《上帝》），以及我们所依赖的难以驾驭的神发出的所有讯息。

奇怪而矛盾的是，考虑到上面本体论陈述的用法，如"物质是……"物质最终并不是一个名词。它只能是一个动词性形容词。首先来看它的动词形式。物质不是在重要性层面上关系重大，而是在表达某种东西甚至无所谓是什么东西这个层面上关系重大。如果暗物质带来影响，那么物质则是表达出来。动词"表达"的词源有助于理解这种奇怪的表达性；它来自拉丁语中的压力、密封，"向外地""保持按压"。因此，表达是通过持续挤压使摆脱或远离暗物质。物质始终表现为初现的物质。这个表达并不意味着与此同时还有别的体现存在的事物。表达和存在在这里是没有区别的[6]。表达就代表了一切。存在只是我们想象中的一个虚构，是我们思维中对于可以确定的以及可以表达的持久性存在的幻想——即表达的假定持续存在的状态可以被称为未知数。物质表达自身；也就是说，它只是在完全的不透明性和／或透明的清晰性中，在天与地的对抗中进行挤压（参阅《冲突》《大地》《天空》）。物质关系重大，也就是说，物质强烈地将自身与暗物质区分开来。

当黎明的时候，物质绝对地表达自身。这里的"绝对"不是指绝对事物（参阅《绝对》）。"物质绝对地表达自身"仅仅代表物质具有绝对的属性，这也因此引出它的第二个方面：它的形容词形式。具有绝对的属性并不能使它成为恰当的、真正的、真实的、实际的或是正确的。它只是强调物质开始出现的时候表达自身不受约束或限制。物质不受任何事物的控制。没有任何东西，包括黄昏，是与黎明相对立的。就像没有灵魂、精神、强力或能量在物质之外或与其对抗物质，在物质的周围、内部或外部，也没有他者或彻底的他者[7]。物质绝对地表达它自己，而且既没有得到帮助也没有遭到阻碍。这并不是将物质假设为所有事物和所有思维的起因，例如斯宾诺莎关于行为和思想的一元论。如果是这样的话，那么还会有能够产生物质的事物：如，上帝或自然（参阅《上帝》）。就像暗物质一样愚蠢地生发（参阅《暗物质》），物质强烈而绝对地表达自身，因为没有什么能阻碍、引导或控制它。

这样，在"物质绝对地表达自身"这一表述中的"绝对"丝毫不涉及任何有关无限的事物。这两者不能混淆。"绝对"指的是物质自我表达的方式。物质无法用如"无限"或"有限"来判定。严格来说，物质既不是有限的也不是无限的，它总是非有限的，这是一个奇怪的合成词，既不同于这两个词（有限/无限）中任何单独一个，也不同于两者的组合（无限）[8]。如果物质的绝对表达性是无限的，那么这既可以是一种积极的丰富，也可以是一种消极的缺乏，它是不可思议的、无法表达的、超越理性的，例如，积极的或消极的神学家的快乐。反之亦然，如果物质的绝对表达性是有限的，它会与某种称之为无限的事物对立，我们将重新开始辩证思想的旋转木马和/或以否定或肯定方法获得上帝知识的游戏。物质从暗物质中完全地爆发出来。可以这么说，这是一种无限的暴力的显现，并且通常难以判定它是有限还是无限的。

这种绝对的表现形式在表达自身时必然总是无限地而且无法通过理解来验证，因为这样做就会脱离物质并使得隐藏在这个动词性形容词中的离奇过程仿佛来自外部（比如，客观地）或来自内部（如，本能地）。现在的问题是，的确没有一种形式（例如，精神的或计算的），可以理解为超越物质的出现并仿佛从内部或外部对其进行思考。当物质开始显现时，表达就强有力地表达自身，并且在这一阶段里有了理解反思机会的诸种时机，而非总是反过来只能定格所谓的过程。理解总是来得太晚。因此，没有对物质的内部或外部的观点。只有当物质显现时，包括眼睛浏览或阅读这页时，大脑才能够进行评估或判断。因此，不可能有外部的居于支配地位的同义反复（例如，"上帝"）从上方或内部构造物质。只有一种摆脱暗物质的逐步展开的物质具有重要影响，而这种展开没有最初的折叠。物质无所匮乏，亦无所需求。它只是单纯地显现并表达自己，不为任何也不代表任何。

然而，不可否认的是，物质为了表现自身，需要能够重复地自我表现。如果这只是其中一个层面，那么第二层面则表明，正如吉尔·德勒兹在他对斯宾诺莎作品的表现主义所进行的无可辩驳的解读中告诉我们的，为了表现自身，物质的生发需要自我的再表现。这种再表现有效地带来了物质的出现——不仅是可见的、可感知的、可识别的，等等，也包括那些带来理解的事物。正如他所说："表现中有充分的理由进行再表现。"[9]这种再表现显然不是重复或继承。如果是那样的话，那么一切都会是没有差别的，到处都是一模一样的复制品。再表现并不是死亡，相反地，再表现给了我们物质塑造时空的方式[10]，并且在这种情况下，也使它自身经受审视和考量。如果没有再表现，那么将不再会有事件、冲突、地、天、凡人或神灵（参阅《凡人》《神灵》《冲突》《大地》《天空》），而且，不寻常的是，我们在下一章（参阅《法则》）中将看到有充分理由反对一切形式的表现主义。

不可避免地，但同时也是出人意料地，如同物质表现和再表现自身，物质也能自我理解。换言之，物质在它重新表现自身时也能理解自身。这并不代表着物质在理解方面能取得（好的或坏的）进展。这仅仅意味着，在它缓慢或迅速的、成功或失败的自然增长中，再表现不可能脱离理解。然而，人们所理解的永远不会实现。举例来说，理解的确从未设法循序渐进地引入物质的对抗力量，可理解的事物最终战胜了自然法则的物质。正相反，在物质、再表现和理解之间存在一种均衡。在重复表现自己的过程中，物质能够理解自身，在理解的对象之中同时又作为理解的对象，也就是作为物质本身且在物质之中。同样，这并不意味着在表现和理解之间存在时间滞差，例如，"思想总是物质的产物"。两者结合在一起，不是并排在一起，而是通过重复的表现合二为一。通过重复表现会带来理解，甚至是没有任何理解。"目前还没有人能断定身体能做什么。"[11]

这种理解是无法实现的，因此，它在人们之中不加选择地任意生发，可能是在杀人凶手的野蛮姿态里或者僧侣高深的沉思、博士论文的浮夸或婴儿的咿呀学语之中，等等。理解发生在这些可能的每一个事件中。在理解力强弱之间不存在层级问题。物质表现自身，并通过在任何语言、代码、脚本、声音或噪声里重复表现而任意地理解自身。这是它不利的一面，总是处于暗物质的边缘，处于光亮的尖端，在无限显现的边缘。物质的理解总是激烈地出现，并不存在一种理解（例如哲学）能够胜过其他理解（例如人类学）（参阅《助产》）。本体科学奇怪地陷入了这种虚假的竞争，仿佛他们想要超越对方的愿望使他们等同于神（参阅《召唤》），而事实上，神本身、这些凡人、这些物质的显现，总是以奇怪的信息方式始料不及地挫败一切努力，总是扰乱所有形式的理解、各种形式的训练的极限。在不断更新的、暴烈的、多样的显现过程中，新生的物质使一切理解平等。

法则

物质的重复表现意味着某种法则。这个法则是什么？这不是权变法则。权变基本上是一种混乱的知识。权变不仅仅是混乱的知识，更是一种错误的观念，因为它没有扎根于当下。权变法则因此总是被冠以价值错误的污名。因此，主宰再表现的法则只能是其他自身的绝对异质性。正是法则动摇了确保事物不变的一切因素。

不论是破晓还是黄昏，或者在正午的烈日下甚至在最黑暗的时刻，只要是有光亮透出的时候，物质都会无处不在地在一切事物中有所显现。物质毫不畏缩地表现自我，在注重表现方式的同时总是寻求再表现。反过来（严格来说，转变不是单一的），再表现总是破坏那种终极表达本身（例如物质的终结）的可能性。这种坚持应该有重复表现的观点，有些执着，表现从不固定。尽管参与其中的人都弄不明白（参阅《物质》），它还是揭示了一些法则——不是规则或命令，也不是原则或定理，而是如同事实一样不可分割的或者像任何事实一样可怕的或高雅的法则，如果有如此执着的再表现，那么必然有某种法则在支配着它，激起对再表现本身的表现。换言之，如果没有某种使其不知不觉地或无差别地相互转化的法则，就没有表现或再表现。物质的核心法则是什么？

为了回答这个难题，我们有必要再来看看吉尔·德勒兹，这或许有些自相矛盾。在对斯宾诺莎的包罗万象的一元论的评论中，德勒兹的确闪烁其词地指出了这条法则。在德勒兹看来，当表现变成再表现时，或者按他的话来说，当构成转变为分解时[1]，这条法则就产生了。他写道：

> 斯宾诺莎曾说，在无穷变化时，相能够保持不变。他暗指的不仅是关系的构成，还有关系的毁灭和分解。这些分解（和构成一样）无论如何都不会影响相关关系的永恒真理。当各个部分开始被纳入时，一种关系就构成了；当它停止实现其中的部分时，关系就会分解。分解、破坏最后只能这样发展：当两种关系不能直接联合时，包含在其中一种关系的部分将决定另一种关系的部分进入（根据某些法则）可以与前一种关系结合起来的新的关系。[2]

根据某些法则：这种模棱两可的说法令人难以置信。什么法则能支撑这种构成和分解的关系或者我们所说的表现和再表现的关系？什么法则可以维持这种有意的坚持？德勒兹没有说，也不可能说，因为这样说会将超越信以为真，承认失败：不是所有事物的发生都是在固有的内在层面上。为了使相[3]在无限变化的同时又能保持同一，为了使一个部分的运动能够包含在另一个部分中，为了具有表现和再表现，一定要有一种法则允许这种改变，而且要引发并维持物质的运动[4]。那么再次提出，这个法则是什么？

这个法则不是偶然的、随机的或者意外的。它甚至并非机遇的法则或者诗人斯特芳·马拉美关于此法则的著名描述：即冒险的法则[5]。如果你遵循德勒兹关于斯宾诺莎的观点，那么这种偶然性或意外性就是那些不知道相的运转方式的天体的结果，即宇宙运行的方式。在这一点上，德勒兹坚持最严格的斯宾诺莎主义，决不允许任何像偶然性这样的错误和误导参与运作。我们也许对事物的运作方式感到困惑或者完全一无所知。就像斯宾诺莎在《伦理学》中所说："我明确表示，每当它感知遵循自然普遍规律的事物的时候，人的头脑本身并没有恰当的认识，而只是关于其自身、自身主体和外部主体的混乱认识。"[6] 因此，机会、偶然性、意外事件、际遇、随机性就是一种混乱的认识，因为我们还没有体现出表现和再表现的全部必要性。这样一来，无论它看起来多么像一个决定再表现或分解的随机事件，法则仍然是固有的一部分。所以这个法则本身不可能是偶然性法则。谈及对立面将误解了绝对的内在性。

但德勒兹并没有局限于此。他还提出假设这条法则就是偶然性、就是被幻觉所误导。与斯宾诺莎的箴言相呼应，他犀利地评论道："可能如同偶然性之类是幻觉。"[7] 为什么就是幻觉？因为如果把这个法则定性为偶然性法则，那就等于假定了一种虚幻的时间透视：已经过去或尚未到来的偶然性。换句话说，选择位于再表现或分解核心的偶然性就是被幻觉所误导，因为这样的偶然性不会只限定在当下。我只能见证过去或预测未来；我永远也不能确定当下正在发生什么。物质必然通过表现和再表现自身的内在关系（表现/再表现、构成/分解等）以及外在决定（出生、死亡、情感，等等）。法则在当下的必然性中运转，反对没有限定在现在的各种观点。通过这种方式，我们试图确定的法则只能被理解为物质的一部分，作为表达的一部分，因为最终没有任何偶然性能够如此执着地坚持，如此不屈地再现。物质（参阅《物质》）的发生不是由于站在或坐在物质内部或外部的非时间透视所强加的法则。

但是，这并非全部。物质只是叠加自身而又从未形成形式上一清二楚的因果关系链。为了弄清这一点，让我们以德勒兹的斯宾诺莎学派的毒药为例，同时进行头脑中的分解。他写道："自然界的一切都是合成。当毒素分解血液时，它只是简单地依照一种能够决定血液成分进入一个新的能与毒药结合的关系的法则。分解只是合成的另一面。"[8] 此外，宣告了一条神秘的法则。这个法则显然既不是因果的，也不是无意识的，血液学也无法精确地探测到它。这个法则实际上是不可估量的；这是一个任何科学都无法确定的法则，因为它在这样或那样血液里、在这种或那种物质里每时每刻都在变化。因此，物质受到一些不断变化的法则的支配，确切地说，这些法则永远不可能长久地保持不变而被限定和计算为因果关系。如果我们要认真对待这一法则，我们必须因此永远不要忘记该法则控制再表达或分解并反对所有形式的计算，包括科学家对于因果关系计算的裁定。

然而，我们能满足于这样不可计算特征的描述吗？德勒兹解释说，最终认为这个法则不可计算更是赋予它一种虚假的、实际本身没有任何价值的先验价值。换言之，我们认为它不可计算是因为我们认为这是一种虚假的先验价值。他试图理解事物（例如，合成和分解）之间的区别并写道："这已经不再是一个通过特定或一般特征来建立存在之间的外在差异的问题，而是存在的某一概念或与同等范围的存在的一些概念，既可以赋予一种先验的价值，也使一些虚无形成对照（存在或非存在、一致或多元、真或假、善或恶、有序或无序、美或丑、完美或缺陷）。"[9]这些话再清楚不过了：随着时间的推移，为了弄清事物之间的区别，人们总是赋予一种实际上毫无意义的先验价值（即它是不可计算的）；为了修饰这个不可计算的法则而错误地赋予了它一种毫无价值的属性。

有人可以反对并提出：无论如何这条法则最终揭露了死亡，在不断的再表现的过程中，在表现的核心不能再表现的时候，在分解不能与合成在同一范围内共生的时候，在宇宙大坍缩的时候。最终，物质一定会有它的结局。不幸的是，死亡，甚至完全湮灭或绝对末日，都无法中断再表现或同一范围内分解的发生，因为这样的活动永远不会与它假定的对立面，如：起源、出生、发生、繁荣等并置。只要有表现，只要有物质存在，就会出现有生命的转变、从表现到再表现的过程、合成再分解再回归合成。物质的恒定只是所存在的表现能力的不断变化。因此，死亡并不是预示着别的什么（比如来世）也丝毫不会中断任何事。因此，死亡不是法则。确切地说，再表现诚然既非有限的也非无限的。正如我们所看到的，它总是无限地运行着（参阅《物质》），漠视死亡或彻底的毁灭，将其视为另一种混乱的知识或幻觉。

但我们真的能满足于这种激进的观点吗？即使我们承认这个法则只是我们错误地归因于事物之间差异的一种误解，一种令人困惑的知识，一种错误的价值，那么是否可以在这么奇怪的基础上进行再表达或分解？这种介乎表现和再表现之间的、永不休止的滑动，真的了解那种执着坚持中的专制性吗？如果没有超验气息的影响，还能理解这条法则吗？提出这些问题并不意味着通过另外的途径重新引入先验。相反，目的是，作为缓解物质探求在表现和再表现自身过程中的内在专制的一种方式。法则不能被简化为甚至连死亡也无法体现的一些误解、混乱的知识、错误的价值等，如果不是这样，德勒兹也不会把它放在括号里；尽管如此，法则一定使得物质在无限的尖端消逝。

这里，可能会有所助益的是不间断的再表现的主要属性。如上所述，它总是在对抗所有的规则、章程、模式、结构以及科学的真实性和普遍性。这种非同寻常的对抗揭示了执着的再表现是完全不可控制和不可比较的，用一个词来说，就是异构。物质的不停息的再表现或分解实际上是一种"绝对的异质性"[10]。因此，再表现或分解可以称之为绝对异质性法则。这个法则并不是指诸如表现与再表现、构成与分解、好血或毒血之间不可计算的因果（或非因果）关系。可以说，这个法则是所有物质的核心的异质性标志。它是破坏所有同一的确保、动摇无限再表现的协调性的异质性。只有在地球和火星上存在物质。只有物质在我的皮肤下面和MACS0647-JD星系中的这个未知行星上面，这个初期的星团，大小只相当于银河系的一小部分，距离地球 133 亿光年。不过，如果没有这种绝对异质性对无序性概念的挑战，也就没有无所不在的无序了，这种绝对异质性揭示了无序必然会有的问题，因而成了再表达的牺牲品。

不要害怕——这里没有任何超验的迹象。即使有一种如此绝对的异质性，依然不存在任何的无底洞或世外桃源，也不存在一种被"绝对的"这一形容词完全包揽的法则。仍然只有物质。内在性仍然不知道精确的干扰或中断沿任何轴线（时间或空间）展开。这并不意味着物质和绝对异质性法则是可以混淆或互换的。物质就是物质。它在写作的黄昏或者说在第一缕光线投射的阴影下伸展开来并有小小的停顿。物质、再表现和这个法则之间的关系从来都不是自发的，也就是说，是像这样辨识或协调的[11]。它仅仅代表"与自身异相"，用伊曼努尔·列维纳斯的警句来说[12]，"内在性"或者相永远不会固定下来。如果暗物质和物质摇摆不定，那么这种情况之所以会发生是因为异质性了解：异相永远不会沉寂下来。物质是由这个法则构成的，它甚至可以逃脱死亡本身。如果不是这样的话，我就无法展开这个命题。

凡人

　　在物质的无限表现力之中，使我们与众不同的是我们的有限性。这种有限性是一种刺痛，即死亡的不确定性／必然性。这种反讽并不能使我们与动物区分开来。逃避这样的反讽就是我们成为凡人的过程。逃离不是一项任务，而是一种无法自我决定的情境。这是一种在场—缺席（拥有）的情境。它将我们聚集在一起（倾泻）。容纳是一种付出。

　　每个人都终有一死。这个陈词滥调实在是令人困惑而难以置信。它象征性地统一了所有的凡人："每个人"代表全部的、普遍的，是无法逃避的。我们最终都难免一死。然而，这句话也将所有凡人区分开来："一个人"不是"每个人"。一个人的死亡是独特的，而且只有一次。因此，这句话中的区分性强调了一个根本性的条件："我会独自死去，这就是我的全部。"死亡定义了我，并且每个人都是如此这般，因此，这需要展开长篇的分析。对此进行了最深刻分析的思想家是马丁·海德格尔。他这样说："就我的存在而言，我是垂死的。垂死首先赋予了总和以意义。"[1] 换言之，"我将要死去"不只是出现在"我将要"之前，同时也定义了"我将要"。死亡的必然性不仅仅是优先于存在，同时也赋予了存在其难以企及的高贵及具有象征性的标志。这就是这种陈腐说法背后真正的利害关系。这就是在可以完全表现和再表现自身的无限的物质之中，之所以能够定义和区别人类的所在（参阅《物质》）。每个人总有一天会死，即使没有什么真正的打断再表现的执着。

某一天。这个"某一天"的不确定性同样令人震惊。虽然"每个人都会死"是绝对必然的，但"总有一天"将这种必然性置于危险境地。人类确定他们难逃一死，但却根本无法确定什么时候死亡会来临。"某一天"可以是明天，一年后或20年后。海德格尔再次非常精准地探讨了这种"必然性—不确定性"："死亡随时来临。这丝毫不会削弱它到来的必然性，反而对它是一种刺激，使它具有了最大的、恒定的可能性的特征。"[2] 人类因必然面临的死亡的不确定性的刺激而受到伤害。人类对于自己必须面临但又不知何时来临的死亡的事实感到痛苦、烦乱、苦恼。人类终其一生都背负着这样伤痛的刺激。海德格尔甚至说，凡人不仅背负着这样伤痛的刺激，而且他们每天也在逃避它。人们让自己忙于工作和其他事情，以逃避这种必然会死却又无法确定何时会死的刺痛。直到某一天，人类从这种痛苦中解脱。

每个人。让我们暂时回到这个含糊的术语上来。很明显，"每个人"在这里指的是每一个代表着人类的个体。然后不可避免地会产生这样一个问题：当我们谈到凡人，难道是单指人类吗？动物也包括在这个"每个"里吗？如果遵循海德格尔的理解，人和动物虽然同样终归不免一死，然而两者之间的界限是很清晰的："凡人就是指人类。他们被称为凡人，因为他们会死。死亡意味着当死亡来临时能够死去，只有人会死。动物只能是丧生。在它本身之前或之后都没有死亡。"[3] 因此，动物就被剥夺了人类的专属特征：动物无法死亡。因此，凡人是唯一的在死亡来临时能够死去的存在。我们已经吸取了教训。然而，另一位伟大的思想家雅克·德里达给我们上了关于有限性的另一课，他告诉我们两者之间不可能存在明确的界限：本质不再决定我们理解人类和动物的方式[4]。

因此，当涉及"每个"的问题时，不可能清楚区分人类和动物。

在死亡来临时能够死去和单纯的丧生之间并没有什么区别。所有的终归不免一死的生物都会以某种方式毁灭或死亡。因此，问题不是区分到底谁或者什么是会死的，什么是不会死的，而是（人类或许包括动物）与这种必然的不确定性之间的关联。凡人是如何与他们充满不确定性的必然死亡产生关联的？与死亡的关系并非一项可以计划和／或有程序来安排的工作。这是一个有意识或无意识地睁开双眼或紧闭双目来接纳和承受未来的"某一天"的方式。一个人如何能真正接受并带着这刺痛、这无法避免而又不可宽恕的事实活下去？海德格尔回答说："众生必先成为凡人。"⁵这里需要强调的关键词是：成为。虽然一个人从出生就开始走向死亡，但还是必须学会接受有一天我们可能会毫无征兆地患病甚至倒下的事实并与之共存。这是解决每时每刻都在伤害我们的刺痛的唯一办法，而德里达在这一点上认为，无论一个指的是人类还是可知的动物。每个人总有一天都会死，这意味着每个人都必须先成为凡人。

成为凡人是很奇怪的。严格来讲，和一些通常的观点相反，"成为凡人"并不是一条单向度的轨迹。成为凡人既是对死亡的抽离，也是对死亡的趋近。这就是动词成为在这种特殊情境中的含义。更确切地说，成为凡人代表着一种"情境"，恰如赖纳·舒尔曼在对已故的海德格尔所作的最细致的一种解读中所说的那样，成为凡人，意味着一种"情境"，由此，绝对的缺席立刻获得回应（所以也有了"我还活着"的困境）却又遥不可及（所以又是令人烦恼的"我还没有在场"）。他写道："凡人意味着完全披露的不可能性。在任何情势下，死亡都是向着缺席牵引的。从这个意义上说，死亡是一种情境。"⁶我不能公开表示我还没有死，而我正要死去。因此，成为凡人就是把拉力和推力结合起来，去实践一种无法控制或解决的情境。不幸的是，我们成为凡人所伴生的刺痛是永远无法打破或克服的情境。成为凡人无疑是种奇妙的情形，因为它表明凡人在每一次的呼吸中，既不能将自身从死亡抽离，也不能将自我推向死亡。

因此，不管喜欢与否，凡人终其一生都会承载着存在与离去。尽管他们坚持不懈地作出了种种努力，他们心中既没有绝对的充实，也没有彻底的空虚。此外，正如舒尔曼所说："'凡人'之所以如此命名，是因为对于他们而言，从未有过根本上的完全的存在……他们是离去的轨迹。他们既属于又不属于现存的一切。"[7] 凡人因此被剥夺了完全的存在与离去，而他们是在某种程度上某一时刻的存在与离去。他们在没有实现完全存在的情况下就出现了，他们又在没有彻底将自身抽离的时候离去。因此，他们总是面临这样的境地，总会犯诸如此类的错误，或缓慢或激烈地、或懒散或决然地成为凡人。最终，因为他们无法彻底洞察存在与离去，他们都只是不断地被存在与离去的情形所刺痛。

当然，这并不是全部。此外，除了仅仅被刺痛的情形，凡人还"做"一些别的事情。他们要参与到生存现状中去，也就是说，他们每天都要面对各种观念、事务和项目。正如我们所了解的，在这个过程中，人们逃避了不知道死亡何时会到来的刺痛。逃避，凡人让自己沉浸于理则（参阅《引言》）。希腊语的动词 legien 从理则（logos 逻各斯）一词变化而来，意为"聚集一起"，代表着"聆听""深思""考虑"。这就是凡人所做的。这就是他们躲避刺痛的方法。这并不意味着除了作为存在与离去的轨迹，他们是具有理则/逻各斯支配的自动的理性存在。legien 这个动词的含糊性在于当"聆听""深思"和"考虑"的时候，其行为并不一定是具有理性的（参阅《行为与目标》）。换句话说，凡人会理性或者非理性地做事。他们聚集在一起；他们倾听、深思、考虑。也就是说，他们会逃避刺痛。因此，这种聚集和对理则的沉迷没有任何系统性；它不依赖于任何形式的社会经济、政治或技术的表现（习语、社会环境、文化、政治等）。凡人仅仅是聚集在一起；他们让自己沉迷于理则中。这就是他们所做的，尽管他们是孤独的并且所做的一切都毫无意义。

因此，当一个人同时考虑他们的"情形"和他们的"聚集"时，凡人和那个著名的壶罐并没有太大不同。在海德格尔经常被引证的文章《事物》中，对壶罐这个"事物"作出了存在主义分析。换句话说，壶罐是如何"成为壶罐"的（例如，并非只是一个壶）。这个壶罐的功能有两方面：它能握住并倾倒。握住代表着可以容纳，倾倒则代表着给予。对于凡人而言也是一样[8]。他们自身作为拥有在场与缺席的轨迹"情境"，当他们在理性中实践自己的生命轨迹活在自己的生命中——他们聆听、深思、考虑（"聚集"）。正如海德格尔写道：

> 容纳需要相对应的虚空。用于容纳的虚空是在给予中形成的性质。但是，给予比单纯的流出显得更意味深长——给予，如同水壶就是一个水壶一样，体现为既容纳又流出。我们称之为容纳与流出的双重集合，这种集合率先构成了给予的完整存在：流出而成礼物。[9]

因此，用壶罐作比喻并非毫无道理。它确实代表了凡人，并揭示了他们如何在保持缺席 / 在场的"情境"的同时，又在付出与给予的过程里"合二为一"了。人类聚集在一起倾听、深思、考虑，无论他们唱歌、交易、祈祷、偷窃、绘画、杀戮还是爱恋，这都是一种倾诉的表达。这是一种既涉及本体论（情境）又涉及真正的本体性考量（聚集）也可以称之为"分离时的相聚"的奇怪状态[10]。

上文很清楚表明，不可能将凡人作为单一的个体来考量。他们既不作为主体联合统一，也不通过持续性的冒险行为来自我延伸。他们比这些简化更令人烦恼。因此，为了理解这种非同寻常的凡人化过程的途径，有必要放弃所有形式的本体论的或僵化的本体论以及所有类型的变化无常的投射，同时接受一种相当不讨人喜欢的思维方式，即认为凡人处于双重的立场上，也就是说，既容纳又付出，即处在一种并非严格意义上的同步状态。这种想法是令人讨厌的，因为它违背了作为逻辑特质的一切形式的秩序。不管有多方便，凡人不只是作为交易的存在，他们不只是成为可交易的对象。他们在这里，却又不在这里；他们既包容又给予；他们是不会凝结成某种事物的聚集。这些说法并不仅仅是悖论。他们代表着不同的、更丰富、更复杂的看待凡人的方式：既非死亡，亦非生存，但是，在其付出时有一种同时在场—缺席的轨迹，这是心理学上一个几乎难以完成的课题。

但是，凡人给予的对象是谁呢？他们将这种规避了所有形式的秩序并不求回报的"发自内心的礼物"给予谁呢？他们在分离的时候将谁召集起来呢？海德格尔在《筑·居·思》一文中明确地告诉我们：人类给予神灵（参阅《神灵》）。这就造成了一个非常棘手的情况，使我们难以对凡人进行修饰溢美并以一种圆满的方式完成分析。凡人不能被理解为自成一体的、与把他们带到光明中的黑暗无关的独立存在（参阅《大地》）或他们所沉浸的中间色调中的光（参阅《天空》）。如果没有这些神，那么，凡人就难以理喻了，后者在神面前是流出/倒出的礼物。作为凡人意味着与天、地及神灵之间的密切关联。这种令人懊丧的情形迫使我们同时去思考黑暗和光明、天与地之间的凡人与神灵。在这种情况下，这是一项艰巨的任务，通常需要容易识别的单一语言单位（如存在、有、变成、实体、思想、灵魂，等等）来减少在场与缺席及汇聚成虚假或想象的实体、装置或密码等的荒谬情况。

如何才能完成如此非同寻常的任务呢？如果不将凡人还原为奇特的自我管理的实体，一个人该如何思考凡人？如何在天地之外将凡人和神灵放在一起同时思考呢?（参阅《神灵》《召唤》《痴迷》）

上帝

在物质构成的事件中，上帝是全能的体现。这种全能没有界限。它以自己的方式进行展现。我们对于上帝的表达和理解如同上帝对自身的表达和理解一样。因此，上帝是思考和存在的统一。因此这是一个名义上的事件。然而，这个名义在语言中没有任何意义。它只是一个关系。这个关系伴随着现在失去的事物。这种失去总是令人烦恼而且充满矛盾地消解着上帝的全能。上帝在保持控制的同时隐匿了自身。

在物质完全地重复自我表现的有限过程中，可以肯定的是：上帝[1]并非无能为力的。相反，上帝[2]是全能而强有力的。"强有力的"是一个奇怪的形容词。它只能用"力量"（源自拉丁语 potent，意思是"强大而有力的"）这个词来定义它，然而力量与能力没有任何关系[3]。事实上，强有力指的是一种能力（比如，能够勃起并射精对于一个男人而言是有能力的）。因此，强有力的作为一种能力，指的是事物可以保持一定的时间（例如性交的时间）。在这种情况下，强有力意味着"掌控"或"保持"。当说到上帝，在大多数情况下，全能意味着上帝很长一段时间一直保持全能——因为时间太长，所以事实上，没有人能确定它的开端或者是终点，而上帝的"掌控"往往被认为在宇宙中是随处可见的。上帝一直是全能的，上帝的全能无时不有、无所不在。不会出现无能为力的情况，而是一直坚定不变地掌握所有。

在《伦理学》一书中，斯宾诺莎通过谈及这个牢固而普遍的掌控来定义上帝。他简洁的论述广为人知："上帝的能力是他的独特本质。"[4]换句话说，上帝的本质是能力，是对万事万物的掌控。斯宾诺莎并没有用拉丁语的权力（potesta）一词来表示能力；而是使用了能力（potentia）一词。我在这里运用了拉丁语的版本："Dei potentia est ipsa ipsius essential."[5]是因为这样下文就更清晰了。斯宾诺莎却没有止步于此。在《伦理学》中，他进一步将这种能力延伸到由上帝创造的一切事物。他写道："对上帝而言，必然有关于他的本质和所有一切的观念必然是由其本质所决定的。"[6]用拉丁语则可以表述为："In Deo datur necessario idea tam eius essentiae，quam omnium，quae ex ipsius essentia necessario sequuntur."[7]这两者的意思非常明确：一方面，上帝具有能力，这是他的本质，无论这种本质会生发什么，从这个本质得出的任何东西都同样是能力。此外，上帝的力量是毋庸置疑的。上帝具有掌控力，而正是这种掌控赋予了上帝以及上帝所创造的一切的特性。

斯宾诺莎通过将上帝的能力与世俗社会的君主的能力、掌控力进行对比，进一步解释了这种能力与上帝之间的关联。他有些轻蔑地写道："通过上帝的能力（潜能），普罗大众得以理解自由意志以及上帝对于所有事物的权力……此外，人们经常将神与君主两者的能力（潜能）进行对比。但我们已经驳斥了这一信条……我们证明了上帝的行为是出于对自身的了解和相应的需要。"[8]现在撇开理解的问题，单纯关注斯宾诺莎对于神与具有最高统治权的君主的比较。为了便于理解这样的比较，我们有必要先把目光投向吉尔·德勒兹：最勤于解读斯宾诺莎的学者之一。德勒兹这样解释斯宾诺莎对凡夫之神的不屑和摒弃以及将神视作一种能力："伦理学的基本观点之一是否认上帝具有任何类似于暴君甚至是开明君主的权力（天权）。（上帝的）意志只是依据他的本质或理解所产生的结果而形成的一种模式。所以，上帝没有天权，只有一种与他的本质适应的能力。"[9]因此，潜能是大有裨益的。这正是上帝与所有形式的特定的世俗君主统治权所不同之处。上帝保持从容，而追随上帝的君主们，只会执着于虚幻的天权。

但不止于此。德勒兹还强调了斯宾诺莎关于上帝能力的两个方面。与通常人们所认知的上帝是先思考再行动（行使天权）不同，斯宾诺莎认为上帝是同时思考和行动（能力）的。德勒兹解释道："神的力量确实是有双重性的：现实存在的绝对力量，它需要一种创造一切事物的力量（以及）绝对的思考力，因此也就是自我理解的能力，同时需要理解所创造的一切的力量。这两种力量就像上帝的两等分。"[10]因此，我们有两个相互支持的思考的力量，我们需要使上帝思考，并且在存在中，我们使上帝自我认识。这在斯宾诺莎的书中得到了进一步的强化，并显示了在思考和存在之间的矛盾的平等性。"作用于思考或理解事物思想的力量，并不比作用于存在和行动的自然的力量更强大。这是一条清晰而真实的铁律。"[11]换句话说，思想并不比行动更伟大。在这里，我们对于上帝能力这种双重性的解释，无法在行为和思想中或存在和思考中进行判定。

然而，众所周知，问题在于斯宾诺莎的铁律只是在某种程度上是可以有效论证的。如德勒兹所说，"如果从已经存在的上帝开始，那么各种力量的平等性就能得到更好的证明。"[12]仅仅从思想开始是不可能的，因为想法显然无法去论证，更不必说去刺激上帝的存在。抛开笛卡儿[13]。因此，上帝行为和思想、存在和思考的双重性本质的铁律，取决于上帝是存在的这样一个假设。换句话说，不管《圣经》在开始是如何阐述的，它都需要在观念上设想为可以发生的，即使两者后来就被认为是不可区分的（"《圣经》与上帝同在，《圣经》就是上帝"；《约翰福音》第一章第一节）。不过，由于有思想和存在的缘故，一定有某些事物一开始就引发了这些，再一次，两者合而为一。如此，斯宾诺莎需要从一个已经存在的上帝展开论证。论证的逻辑无法克服理则的局限性，因为思想和行为必然是有区别的；《伦理学》（或《圣经》）不能克服的其语言的局限性。如果有可能，怎样才能规避这个首要的老生常谈的问题？

这就是有必要改变思路的地方，为了改变思路，至少在上帝的思想层面上，必然要专注于上帝的名称。这一命名确实至关重要：没有这一名称，上帝将不复存在。斯宾诺莎没有像他在前文引用的拉丁文句子中用拉丁文 Deus 来指代上帝，而首要思考的是用一个专有名称。根据德勒兹的说法，斯宾诺莎很明显是将名字纳入上帝的属性之中来解决这一首要问题[14]。这里的关键是属性必然是动态的活跃的形式。他写道："属性指的是上帝内在的本质，上帝是一种形而上学必然的原则和结果。因此，在斯宾诺莎看来，属性确实是具有表达价值的词语：它们是动态的且不属于变化的物质，而是归为具有独特本质的东西。"[15]上帝的名称包括每一个单独的字母，可以作为思想潜能的表达价值。命名和思考同样是全能在行为上的两个不同方面。因此，命名的问题是需要优先解决的思想的重要部分。

然而，有些事情仍然令人费解。如果我们只能从果及因，因为正如我们已经看到的，我们只能从"已经"存在的上帝开始，"上帝"这个名称是否显露过什么极其高深莫测的其他因素无法表达的东西？是否思考和行动的努力的二元性无法自动将上帝作为一个空洞无谓的重复？即使把它当作一个动态属性，为什么这个特殊的词要突出表现它所包含的一切？更糟糕的是，是否上帝的专有名称最终并不指向那些不属于潜能的东西或者能避开上帝绝对控制的一种无意义的媒介？最后，上帝这个特殊的名称（即，这个特殊的结果）不容削弱上帝全能的力量？所有这些问题再次揭示了在思考斯宾诺莎完美平等性的逻辑时语言的必然局限性。无论上帝的行为和思想如何，斯宾诺莎的命名都指向了超越上帝的东西，即上帝的行为和思想。理则仍然以这张名为"上帝"的王牌占据上风。换句话说，上帝"在行动中"的思想实际上是无意义的，因为它不知道代表着什么。要理解这一点，有必要转向犹太法典《塔木德经》的解读者：伊曼努尔·列维纳斯。

列维纳斯确实提醒了我们，上帝一直都是语言边缘的专有名词。他写道："第一点，《旧约》中我们习惯翻译为上帝或迪乌斯或西奥斯等希伯来语的特定词语，是根据《塔木德经》的祈愿而来的专有名称。上帝之名通常被认为是《圣经》中的专有名称。上帝一词通常不会出现在希伯来语里面！一神论的好处之一是既不存在神性的物种也不存在用来表述其属类的词。"[16] 作为专有名称，上帝这个名称在语言中从不用来指代任何事物，也不用来表达在希伯来语、拉丁语、希腊语或英语中有意义的任何事物。而事实上，与列维纳斯的观点相左，上帝的含义如此狭窄以至于它可以被通用词或非专有名称名字来替代，如 12 世纪的迈蒙尼德有句名言："根基之根本、智慧之基石在于知道这个名字是存在的而且是首要的存在。"[17] 通用词或非专有名称名字也可以用来指称上帝。上帝就是名字这个词，一个相较于三角形[18]、自然等具有稳定的指代的其他词所不同的词，更确切地说，它必然会从语言中奇特地脱离开来[19]。

因此，斯宾诺莎的独特描述是某种无法指涉的东西。即使在自然中也无法确定[20]，这种命名仍然表达不能表达的东西。因此，它命名了无法成为思想本质的东西。最后，斯宾诺莎所指的上帝只能用来表示一种关系。此外，就像列维纳斯所说："我们所说的上帝，在法语中用'迪乌（Dieu）'来表示，而德国人是用'戈特（Gott）'来代表上帝，俄国人则是用'博格（Bog）'一词……首先是引起了隔阂（就像我们所说的'绝对'一词）。值得特别注意的是，这一术语因此命名的是存在方式或来世的存在方式而非本质。"[21] 关系和非本质。如果没有与未知的无法掌控的或可以从背后动摇上帝全能的事物在名义上的联系，就不会有潜能，也不会有掌控。这就使得无法对相关事物进行假设；如果不能超越思考自动地推动进展，那么这只是强调使用如上帝这样一个词的不可能性。即使作为一种属性或者表达，上帝命名了一种与潜能无关的关系、一种超越一切属性的前进，而这是不需要假定任何形式的实际的超越。

诚然，这就是所有一神论的缺陷：单纯依赖于一个词，而其历史不是指向其他地方，而是指向一个被遗忘的地方。这是列维纳斯最重要的理论，他把上帝的关联性从空间转移到时间，特别是转移到无法追忆的远古[22]的过去，一神论涉及的人性就是《圣经》中的人性。圣经的传统提供了超越这种传统的路径。尽管一神论涉及的人性的哲学主张是设定为自我和非自我的起源，承认在文字体系中，所有历史的踪迹甚至更早的史前的痕迹仍然能够被记住[23]。换句话说，每次我们使用上帝这个词的时候，其实是继承了来自亚伯拉罕的传统，而我们所指对象的本来意义往往是已经丧失了。以斯宾诺莎为例，这种非同寻常的丧失带来的后果是显而易见的：无论这种掌控多么强大，多么普遍，多么有效或者多么凝固，上帝都可以将自己隐藏在其名称后。上帝在创造的同时，将自身从他所创造的一切的记忆中抹去。上帝别无选择。忽视这种遗忘则不能真正地理解神的全能。这种遗忘的情况也完全在他掌控中。伴随着上帝思想和行动的特殊动态。否则，上帝对于世界的掌控就没有意义了。

这种遗忘并没有把我们带回到普通民众所深信的上帝作为世界的创造者或主宰者的时候。相反，它不仅使得上帝的思想和存在保持活跃，而且与在遗忘的夜晚所消失的事物相关联。这不会再次复原辩证地消除或消解那些积极的与消极的神学理论之间的差异性。当思想和行动重复表现自身并因此在一切最无约束的条件下显现自身时，遗忘总是捉弄我们，让我们听不到思想或存在的另一面，不是无效或无力，而是必然与全能的上帝之名不一致。在这个名义下，遗忘不仅在使得"无所不在"出现失忆或显得衰老，而且在某种意义上，使得"那圣者，愿他受福"

所指称的对象总是随着时间的推移不可避免地使上帝从历史上消失。作为并不了解本质或所指对象的彻底的非本质，遗忘不再是无所不在的对于过去的嘲弄，而正如我们即将看到的（参阅《召唤》《痴迷》《直觉》），它是来自还无法预测的未来[24]的戏谑，是一种超越所有秩序和哲学的关系。终归，上帝可能并不是无所不在的。

神灵

　　神灵也是凡人。他们获得了冗余的永生，并且没有感情。因此，他们不是独立的实体。他们只是生命中固有的一部分。如果凡人是会犯错的而且是不完美的，那么神灵是绝对正确而完美的。但他们冗余的永生和他们的缺乏感情恰恰就是使凡人存在和感知的东西。这种内在的相关性在终有一死的情况下，并不是否定性或逻辑辩证。这是一种紧张不安。这紧张无止无息。构成天地之间冲突的因素是代表着爱情或战争的语言。

　　在物质完全再表现自身的无限事件的过程中，凡人给予；他们是不需要给神灵回报的上天赐予的礼物（参阅《凡人》）[1]。但谁是神灵呢？神灵不是凡人的对立面，而是凡人自己。他们既接受凡人的表现，也面对凡人淌入其间的未知。接受者和未知事物两个词在这一阶段只是初步的。它们只是为了表明所暗示的事物的可接受性和根本性，这里对于事实是暗示而非陈述，因为神灵并没有公然地、确切地展示自身。神灵往往是在一半的色调和一半的时间中发挥作用，在不一定明显的地方而且有时也不一定是及时的。那么人们如何理解这些从未出现的神灵呢？我已经在"引言"中对这些神灵进行过暗示。这里我希望将以可能的最为世俗化的方式再次展现他们。为了做到这一点，我需要借助于将凡人世俗生活中奇特一面揭露出来的海德格尔。在研究这一主题方面的各种文献中，我将着重关注他对德国浪漫主义诗人弗里德里希·荷尔德林的解读，特别是他对诗歌《莱茵河》第 8 诗节的解读[2]。我们有必要研究这个特殊的诗节是因为海德格尔就是在此用最简洁清晰的方式揭示了他对凡人 / 神灵的理解。

以下是荷尔德林诗歌《莱茵河》的第 8 节：

> 对于神灵自身而言，
>
> 他们已经足以永生不灭，而如果唯一的
>
> 天国所需要的
>
> 就是英雄和人类
>
> 以及其他凡俗的人类。
>
> 最幸福的人感觉不到自己的存在
>
> 想必是有必要的，如果可以说这样的话，
>
> 以神灵之名
>
> 他需要
>
> 另一种情感的参与；
>
> 而他们自己的规则
>
> 是自己的家园损毁。
>
> 而他的至爱
>
> 像敌人一样斥责并埋葬自己的父亲
>
> 孩子埋于废墟之下，
>
> 如果有人想成为他们那样的人
>
> 而不愿容忍不平等，慷慨激昂的人。[3]

以下是荷尔德林这首诗的早期草稿：

> 为了准确无误地行进，他们直视前方
>
> 从最开始到注定的结局
>
> 总是高唱凯旋之歌，无论如何
>
> 他们的行为和意愿都是一样的。
>
> 因此那些受到祝福的人感知的并不是自我，
>
> 但他们的快乐是
>
> 探讨并谈论人类。
>
> 不安地降生，他们的心被这些天国的幸福
>
> 抚慰，在远处透露
>
> 这种神的爱；然而他们的规则……[4]

这是什么意思呢？首先，有一些事实值得注意：神灵本身并不是永生不朽的；他们只是有太多不朽的东西。这是第一个事实，它并没有建立一种存在的状态而是一个条件：充满不朽。这种思想并不容易理解。为了让它更简单些，可能需要从相对的一方面来考虑：人类无法永生不朽。因此，现在反过来应该更容易去想象。第二，神灵不能自己去感觉，所以他们没有感情。缺乏感情意味着他们并不像凡人依靠他们那样需要凡人，因为只有凡人才有感情。最后，无论对凡人的依赖程度有几何，神灵都有能力引发浩劫，随意夺去生命——尤其是当这些凡人具备了成为神的胆量。这种能力并不意味着神灵对凡人的态度反复无常。他们不是万能的、超然的暴君。我将重新回到这一点（参阅《召唤》）。与此同时，我们可以这么说，神灵对人类的依赖毁了凡人在世上的时光；毁了他们短暂的一生。这就是神灵对凡人的依赖给凡人带来的损害——一种奇怪而似乎不公平的情况。

凡人在这里似乎确实处于劣势。但事实并非如此。海德格尔在诠释

这首诗时，强调了当涉及神时最为利害攸关的一点：作为凡人存在的事实。我们必须永远记住的是，神灵并非如同影子一样潜伏在凡人四周并与之共同存在的独立自足的实体。神灵是凡人存在的内在组成部分。没有神灵这天赐的礼物，凡人就没有情感的倾注。冗余的不朽和无法永生之间的关联性，有感情的人和没有感情的人之间的密切关系，给予者和需要者之间的关系，满怀抱负者和缺乏自制力者之间的关联，等等，在融合的程度上都是坚不可摧的。因此，这首诗所阐发的所有事实都是连贯的，尽管从表面上显而易见的原因来看，它们缺乏条理的逻辑（即本体论的确定性），例如："这里是一个凡人，那里是一位神灵。"让我们进一步挖掘当凡人 / 神灵发生紧张冲突时，作为凡人是如何展露自身的。

海德格尔阅读草稿后评论说，神灵就是永远有福的。这里没有优越性。如果凡人因为不可靠和不完美而并非有福的，那么神灵一定是相反的，也就是神灵绝对可靠且完美无缺，并因此是有福的。正如海德格尔所说："神是有福的 …… 有福的意思是没有过失，总是凯旋的，保持同一的。"[5] 永远正确、胜利、同一，并不是凡人可以夸耀的东西，但这并不意味着它不能成为凡人存在这一事件的特征。这里需要谨记的重要事情是，这种幸福通常已经是隐藏的（参阅《引言》）。换言之，这种幸福没有明显迹象（尽管有大量证据表明凡人的不幸）。因此，与凡人相对，神灵是神秘而确定地带来幸福的。因此，荷尔德林从未"描述"这种幸福或关于这件事的任何其他方面。正如海德格尔所解释的："这样的（事件）并没有被描述 …… 它是隐晦的，在隐匿之处和封闭之中，带来幸福的神灵不需要将存在于自身的本质上的东西显现出来。"[6]

海德格尔的这句话是至关重要的，因为它解释了凡人和神灵之间的密切关联性：神灵什么都不需要，而这种无所需求显露于凡人。我们该如何理解这种奇怪的情况呢？在关注幸福之外再关注情感，或许可以阐明问题。神灵丝毫没有感觉。正是这种对于感情的缺乏使他们依赖于可以独立感知的凡人。让我们听听海德格尔怎么说的："从本质上严格来说，最终的描述是："他们对自己完全没有感觉。"过度的完满甚至将他们与存在隔绝开来。然而这至高无上的自我满足和这种由于过度完满而造成的封闭，是他们另外有所需求这个事实的基础。"[7]因此，凡人和神灵之间的关联性不是存在于完满与缺乏之间，而是在于封闭和它的揭露。神灵作为带来幸福的存在可以与自己无法感知任何事物的情感和谐共存。这种过度的和谐反过来恰恰可以让凡人感受到。如果神灵没有对于感情的匮乏，凡人就不会有任何感情；他们不会哭，也不会笑，如果不是神灵无所感知，凡人也就不会有喜怒哀乐。

这就是神灵的意义所在。一切都围绕着缺乏需要这个问题及对其的揭露而展开（参阅《引言》）。神灵拥有的太多了，而这冗余作为对凡人的依赖公然显现出来。换句话说，没有需求的烦扰呈现出来的是对凡人的依赖。让我们对此作出分析。神灵是与凡人相对的，因为他们拥有一切却无所需求，而凡人拥有甚少，欲望甚多。然而，神灵绝对的富足表明，无论如何，他们仍然依赖于凡人。这不是一个荒诞的矛盾（毕竟，绝对的完满未必是绝对的）。恰恰相反，这标志着如果依赖那些所有甚微的凡人，那么拥有一切者（即"一位"神）只能如此。反之亦然，也不会有凡人不需要神灵的帮助。使用另一种语汇来表达，这还意味着凡人会死，但如果上帝没有流露出冗余的不朽，他们的死将无足轻重。我们将会看到，如果没有形成这样的一对组合，那么神灵对于凡人是尤为棘手的相对的存在。

因此，他们之间完全是相互依赖的。这并非是一种否定性问题，而是神灵与凡人、没有感情的神灵与富有感情的凡人之间的一种冲突。这种冲突也不会产生同一者（凡人）与另一者（神灵）之间的辩证逻辑。这种冲突超越所有否定性和辩证逻辑。因此，海德格尔强调，这并不是建构神灵与凡人之间关系的"但是"，而是"因为"，也就是一种逻辑对应关系。草稿的确如是说："但他们的欢乐在于／人类的言论和谈话。"海德格尔评论道："它不仅仅是描述性的优于人类的'但是'，而是提供理由的'因为'。"[8]这种逻辑上的对应，这种"因为"，只说明了一件事：逻辑对应（理则）支配着凡人与神灵的关系。这就是在感知与无法感知、必死与永生、幸福和不幸之间确立其相互依赖的关联。这种利害攸关的冲突不会在作为凡人的事件中被削弱、割裂或打破。在没有冲突的情况下，就不会有海德格尔所说的"优于"凡人或神灵。

正如我们所看到的，在这种紧张关系中，凡人给予；他们是流向众神的礼物。他们正是那些总在付出、给予的人——有时甚至是他们的生命。这种付出最终否认了特定的限制，成了一种与拥有一切的神平等的愿望。这份付出的礼物是一种克服限制的诉求，一种打倒众神的渴望。凡人痴迷于神灵（参阅《痴迷》）；他们永远不停地模仿神灵，总是假装和神灵一样。然而，他们爬得越高，摔得越重，因为神灵只会通过以恶性肿瘤摧残身体或在兄弟姐妹之间发动战争等方式来打破凡人的这种自以为是的强行的欲求[9]。他们的依赖消除了这种绝对丰富、缓和紧张冲突以及任何形式的统一的可能性。凡人渴望平等；他们用语言平息紧张冲突。然而神灵必定阻止这种愿望，因此粉碎了任何形式的以信仰为名义的语言的迷惑性。众神没有选择的余地。他们的幸福和完全无所需求击碎了那些总是有太多渴求的凡人（参阅《召唤》）。正如海德格尔所说："神灵必须亲自击碎他们所'依赖'的人。"[10]凡人和神灵的冲突是无止无息的，只要他们还存在。这种凡人与神之间的冲突最终构成了诸如语言的战争或者性行为——性行为也是一种冲突：最大的敌意无外乎是最亲密的关系（参阅《冲突》）。正如海德格尔所总结的：

> 因此，极为严肃地说，冲突可以转换为（事件）本身的根据。然而，这种最原始的敌意却是最真实的亲密关系，而我们不可否认，这是不可能尤其是不被允许以人类感情的标准来评估。因为这个纯粹涌现的事物的起源是神秘、纯粹而简单。神秘仍然存在，即使是那些纯粹涌现的事物满足于自身并设法解决使之正在涌现的。[11]

形成偶发事件的人类与神灵的紧张关系其实是一种冲突，而这种冲突、这种原始的敌意同时也是最真实的亲密关系、是一种神秘，不是因为它超越理性或人类经验，而是因为它无法自我说明。它只能是紧张的。这种冲突不能表达其本身的事件；它只能把这事件割裂再整合起来。这是天地之间的冲突（参阅《大地》《天空》），战争或性行为将必死和永生，凡人和神灵既汇聚在一起，又割裂开来。因此，尽管凡人和神灵之间存在根本性分歧，但两者之间并没有特定的区别。这两者揭示了作为凡人的紧张冲突。

总体来说，这里的困难在于从不完全削弱它们中的任何一个，而是把它们作为整体考量，或者更准确地说，把它们看成是在冲突中的分离（参阅《引言》《凡人》《冲突》《大地》《天空》）。在这种紧张关系中，凡人以及神灵，都在表现自己并形成这样一种特点：既非"一体"，也不"存在"，永远不是真正的凡俗，也不是什么神圣，既不在场，亦非缺席。我们认识到了这种紧张关系，再次完全禁绝任何别的价值以及持久性的实体，或者我们解码胜局，貌似至上而下地（例如站在一种无所不包的本体论的、主题的或其他存在意义的立场上）取代或调节这种关系，这就促成了一种（不仅仅与道德而且还同社会、文化、政治等方面）有关这一事件中关乎一切的东西的再组。不仅是以凡人的秩序对地球进行开拓，呼吸和污染上面的空气，扮演神的角色，而且一切进展顺利。在四个维度中，只有一种棘手的冲突，但不是一方凌驾于另一方之上，而是现在一切都恰恰相反。作为凡人就是这样一种冲突，而在此冲突中，人类和神灵彼此召唤（参阅《召唤》）；也就是说，他们为自己展示了可能。

因此，写到关于这个的时候，我不再是写给知道自己终将死去的另一个凡人，他可以毫不含糊地商议开发地球资源，暗地里或大声地谩骂他者，甚至通常是无意识之中。我将此写给一个永远不能恰当地展露自己的人，无论面临多么巨大的诱惑，他与别人聚在一起却从未成为"一个人""这里"或"那里"来对此进行解读和判断（即，某些人已经对此主题化）。更确切地说，我写这个给那些实际上已经不再或还没有成为某个"人"的对象，因为他也是天地，是无休无止的无所不在的冲突。在与天地的紧张冲突中撕裂，这个作为凡人或神灵的读者，从如此遥远的甚至连名称都没有的过去开启了这个无法企及的未来。读者啊，你就是在付出 / 接纳，在不可估量的大地和天空之间区分自我，既是神，也碰巧是凡人。

召唤

神灵是如何击碎所有凡人追求平等的愿望的？他们象征着"我的死亡"。这并不是影响凡人的外在事件。他是凡人实现不可能的可能性。为什么？因为神灵无法忍受比较或重复。他们释放了未来的可能性，即使他根本没有未来，即使他本身就是不可能的。因此，他们召唤未来。"我的死亡"召唤。神灵召唤。他们每时每刻都在刺痛着凡人。试图聆听神的召唤如同预测我的死亡时间一样徒劳无功。

在前面的章节中，我试图说明神灵既是一个接受者同时也是一个未知数，而且他们能够击碎凡人的妄自尊大、妄图平等。多少有点不言而喻的是，凡人本身既是一个接受者，也是一种未知数，因为凡人被理解为同时在付出／接纳，事实上，他们也能粉碎所有对伟大、祝福和平等的渴望，这可能有点奇怪，因为这意味着一种造成死亡的戏剧性力量，一种永远削减凡人的渴望和梦想的方式。因此，众神给人的印象是代表着死亡。他们会给凡人带来死亡。然而，因为我们在这里讲的是作为凡人的事件，这是一个既不能自我封闭也不能向不属于他的事物完全开放的事件，神灵显然不是死亡的先兆，他们仿佛是完全独立的如同君王一样统治着人类并能随心所欲地杀死他们并免于受到惩罚。如前所述，神灵一直都是人类自身偶发事件既定的固有部分。因此，没有凡人就不会有神灵，同样地，没有神灵也就不会有凡人；凡人的必然死亡蕴含着神灵无限的永生不朽。但人们如何理解这种作为凡人带来的冲击震荡？

前文提到的死亡带来的伤害和刺痛（参阅《凡人》）在这里再次出现而且非常关键。凡人并不是每天都能感受到死亡的刺痛；他们从出生起就与之共存，每一声叹息、每一条皱纹仿佛是每一次伤害的印记。凡人既然存在就会死亡。但这伤害性的刺痛和神灵有什么关系呢？之前（参阅《引言》）我们有看到神灵释放了未来的可能性。它们会触发无法追忆的或无法企及的保留下来的事物（参阅《痴迷》《直觉》）使之再也无法藏匿。因此，神灵为凡人开启了未来；他们促使凡人超越自身思考更多；他们会引发不健康的痴迷，甚至达到激情的程度。但这还不是全部。除了释放未来的可能性，神灵也解放了不可能的事物的可能性，也就是死亡。因此，神灵在这伤害性的刺痛中扮演着重要的角色，因为他们对于凡人而言也是不可能的可能性。他们通过打破死亡的进程，在凡人走向死亡的过程中同样扮演着重要角色。

用这种方式去思考不可能之事的可能性，就不可避免地要遵循海德格尔的经典理论，虽然这里是在思维中对神灵论证。这个著名的理论是这样的："在从存在到死亡的可能性中，一个人所具有的最贴近的密切是最大限度地远离任何实际的东西。越清楚地理解这种可能性，就能越纯粹地深入了解任何真实存在的不可能性的可能性。"[1]首先，很明显这里所指的刺痛（不可能事物的可能性）是无法被认知或描述的。虽然有时感觉它就像胎记伴随一生，但它并不是在身体上或其他地方可以辨识的东西。恰恰相反，它是如此贴近却又看不见、听不着或摸不到的东西。其次，矛盾的是，还有一个事实是，这种不可能的可能性（刺痛）是公开的。最后，死亡并不是完全无法辨识的。它到处可能发生而且无所遮掩。通过这两个看似矛盾而毫无关联的观点：其中一个突出了感知力的近乎完全缺席，而另一个则强调逐步的揭露，神灵在凡人形成过程中的角色变得更加清晰。神灵确实是最大限度地远离任何实际的东西（他们是永远无法认知的），但作为最贴近的密切，他们每一秒都在刺痛（他们揭示了凡人的真正面目）。以这种初步的方式，神灵不是代表一般意义上的死亡，更确切地说，是代表着"我的死亡"[2]，这种死亡召唤每时每刻都在发生而且是我所独有的。这就是神灵作为伤害性的刺痛所扮演的角色，对于不可能的可能性的释放。

但为什么把这种不可能事物的可能性，这种刺痛，称为神呢？只是因为死亡是独一无二的，而且只有这样独一无二的可以被称为凡人或神灵。死亡是一位神，是一种决然不代表其他任何可能性的独一无二的可能性。这一点可以从三个层面来理解。首先，这是一种无从比较的可能性；例如，没有任何其他事件可以与"我的死亡"相提并论。所有的神灵都是独一无二的。其次，这种独特性必须像地震一样地震荡，像刀一样锋利，像癌症一样潜伏；因此，它必定是一个不可复制的事件。我不能再死一次。一位神灵不会产生两次。神灵是不可能中的可能性，因为他们像凡人一样是独一无二的。第三，这种独特性并不意味着他们是通用的"一类"神，可以受到一切影响并影响所有。如果是这样的话，我们就会回到死亡并将其理解为一个非专属性的外在事件。死亡和神灵都不是"一类"（参阅《神灵》）。神灵、"我的死亡"，很显然一直是多样的，就像凡人一样，在物质的绝对再现性上是对于独特性的分散（参阅《物质》《凡人》）。这不仅解释了为什么不可能事物的可能性被称为神灵，而且解释了为什么在多种可能性中，神灵只能被理解为这些独特的不可能事情的可能性（参阅《痴迷》）。

必然地，如果一个人使用像"神灵对于凡人而言是不可能的可能性"这样的表达，那么他谈及的就不仅仅是独特性（神灵、"我的死亡"），而是现在无法呈现的未来再次转变为一个事件。神灵、"我的死亡"显然都必然是关于未来的。再怎么强调"我的死亡"、神灵和未来之间的可交换性也不为过。然而，并不像前面提到（参阅《上帝》）的那样，这里所说的未来至关重要，不是通常的可以预见的或预测的"未来—现在"。如果即将到来的确定性（神灵、"我的死亡"）只是某种类型的可能，那么还会有其他可能性、其他的未来可以从很多期待的视角来理解——例如，"我总能预测这些神灵的到来"。那么，神灵或"我的死亡"就会是一种可描述的概念、图像、事物。它将会是可比较和可重复的，而且最终发展为可交易的：一种经济产品。不，与神灵、"我的死亡"利害相关的未来总是根本性的；它代表了无法事先预料的。释放或然性（如未来或不可能）需要源自一种永远不会太桃花源的地方（无法追忆或无法企及的地方）。

同样地，神灵必然也不可能是通常的"未来—现在"，反之，它们也不会成为可确定并可识别的"不可能"的实体。不可能的事物是完全不可能的（通常是非可能的），肯定能确保而且预先可以实现的不可能则是低等的不可能。或者可以这么说，不可能的事物已经为生命预设了保障——比如说，"我们都知道，这永远不会发生"。此外，如果这是真正的"不可能的"，这将是一个计划，是可以计划面对的。这将会是因果关系或发展的一部分：下一停顿，"不可能的"。这将是一个已知结果并因此没有事件的过程[3]。但神灵不可能符合这种情况，因为神灵已经并一直都是存在事件的一部分。因此，神灵、"我的死亡"只能是一种通过带来死亡（可预测的死之前时间）或开启可能性（进一步延长可预测的时间）而形成的完全超越时间序列的不可能。神灵不可能总是像这样或那样作为不可能来确定，包括彻底的不可能本身。

所有这些都可以用另一种词汇来进行不同的表达。例如，人们可能会说，神灵缺席会刺痛他们，但这种缺席并不是一无所有；它是彻底的不再（无法追忆的）或尚未（出乎意料的），是两个全然悬而未决的。不管是不再还是尚未，这种缺席实际上是一种隐藏地呈现其自身（参阅《神灵》）的"完满"，也就是一种存在。正如海德格尔所说："神性的背离……是一种缺席。但缺席并非一无所有；相反，它恰恰是一种隐藏了完满和丰富的……存在并因此而聚集的存在……这种不再就其本身而言，是尚未实现取之不尽、用之不竭的自然的隐匿的降临。"[4] 确切地说，在这个隐匿的降临中不再（一个并没扎根现在的无法追忆过去）或尚未（一个没有生命保障的不可思议的未来）有神灵的存在发生（参阅《痴迷》《直觉》）。

因此，这些神灵只能是"召唤的使者"[5]。作为不可能事物的可能性，他们还能是别的什么？作为这种来自无法追忆或者无法企及的地方的神秘来客，他们还会是别的什么人呢？来自冲突而且业已作为冲突的一部分的痛又意味着别的什么呢？为了理解这个海德格尔式的奇怪表达，"召唤"让我们回到他对荷尔德林赞美诗的释读上来。他解释道：

> 无论是谁召唤，都不会引起别人对他的注意——譬如，他就站在某一个地方，可以找到他。准确地说，例如，当分开时，召唤就是当距离增加时保持接近；反之，当到达时，召唤是在适度的接近之中，普遍存在的距离的显现。然而，神灵只是在召唤，这是他们的本色。[6]

因此，召唤意味着至关重要的接近或远离。但是再次强调，这不是任何可测量意义上的接近或远离。召唤不需要计算（例如，测量远近）。召唤只是强调不可能的可能性展露自身的方式或一个无法追忆的过去的或无法企及的未来是如何来临的：在不确保这段距离会缩短或者这种接近将是适度的情况下，它标志着远离或接近。这就是刺痛发生的方式——既表明确有其事却尚未明朗。召唤强调神灵、"我的死亡"如何在完全暴露的情况下展现自身。

因此，"我的死亡"向我召唤，尽管它已经迫近，而我仍然活着。神灵从过去还有未来召唤我，但我不知道它会变成什么形状。不管是哪种情况，不论是神灵还是"我的死亡"，都表示一种发生，一种每时每刻不断刺痛我的提示，都在召唤我，提醒我，我的时间快到了但还在继续。不能放任不管。无论是萎靡不振还是极度兴奋，不论是散步、欢呼还是睡觉，它每时每刻都在发生。这些召唤的启示实际上不是特定地发生在特殊情况下抑或在日常的世俗中，而是随时都会发生，总是以有不确定的启示、对于远离或接近不明朗的推算而让我迷失方向。我永远不可能对死亡或意外做好准备；我永远不可能对神灵的启示做好准备。每每陷于远离和接近、无法铭记和无法预料之间的两难境地时，直到有一天启示突然不再起作用，不再降临，那么，冲突就结束了，即使它的再表现永远不会停止（参阅《物质》）。

不幸的是，不管人类抱有多大希望，这些神灵如同"我的死亡"一样，都无法经由奇思妙想或科学智性而获得解释。试图读懂神灵的启示如同试图预知我的死亡时间一样都是徒劳无益的：只能是一种至高无上而空虚的谵妄、一个无用的偏离。凡人能做的只是表明已经接收到召唤的使者所指明的：尽管无法追忆的过去或无法企及的未来最终一定是缺席的，但（矛盾的是）它们总是如刺一样存在着。这就是海德格尔在其著作中所指出的："它就在我们被传送的已然发生的过去之中，在这样的传送中，可能有未知的事物。"[7]海德格尔的话很明白："已然发生的"向我们提供了"无法预知的"。此外，无法追忆的过去和全新的未来之间的可交替性不仅给我们留下最终轨迹，而且推移了我们正在处理的事件的边界（神灵、"我的死亡"）。它们都不能被精确地识别或科学地测量。这不是思想的失败，而是伴随着每一次呼吸，只要一息尚存，每每促使我们不断重新思考由凡人／神构成的生活。

最后，在回答我们最开始的问题的同时，仅仅因为不可能有时代的共生，由此引发了存在核心的破碎；最后，在回答我们最初的问题时，存在性事件的核心之所以破碎，仅仅是因为不可能有时间的共生；无可追忆和无法企及，或远离和接近，从来都无法通过在场的谵妄（一种终极快乐的巧合）走到一起。作为凡人仅是禁止它，并总让我们陷入死亡随时可能发生并且已经降临的境地。因此，我们无疑要依赖于这些拥有这种可怕的能力并有可能破坏我们生存的时光的神灵。意识到这些带来启示的神灵的复杂性将使我们从各种不确定、焦虑和恐惧中解脱出来。因为最终是凡人一直在传递这些启示并破碎了自身（参阅《痴迷》）。纵然小行星会带来终结，"我的死亡"依然是我自身的。纵使潜在的疾病将夺去我的生命，我也会感受召唤和刺痛。神灵即是凡人。凡人亦是神灵。只要凡人和神灵的时空持续运转，只要事件继续存在，召唤就永远不会停止。

当然，这不仅仅是力量的双重作用；这是作为凡人这个事件。神灵或"我的死亡"发生在远离和接近之间，在天与地冲突之中（参阅《冲突》《大地》《天空》）。不会有启示之神灵，不会有"我的死亡"，如果不是大地与无可估量的天空的自我区分，提供了地面与空气，那么就不会有在场的出现，不会有死亡之痛，不会有可能性的释放，也不会有那种不懈表达的不可能性的出现机会。但为什么要以四重性来重新标示或详细论述作为凡人的事件呢？因为，如前所述，只有通过考虑一系列相关的事物，我们才最终可以在对存在和死亡的简化的划时代的认知中继续前行（参阅《引言》）。神灵召唤的启示不会发生在隔绝的真空中或发生在一个每时每刻都面临着死亡的孤绝存在的至高无上中。如果有可能的话，他们需要在物质涌现的昏暗光线中（参阅《物质》）发出讯息或者被聆听，而这种昏暗光线是通过绝对异质性法则来建构的。

痴迷

　　什么可以证明神灵的多元性是合理的？凡人的思想超越了他们的极限。他们充满不可比较性或不可替代性。他们的外在充溢着无形的东西。这每一种都构成了痴迷。我们痴迷于凡人/神，是因为他们在召唤。他们能够召唤是因为战胜了所有的主题化。他们所做的达到了激情的程度。这种激情是永不满足的。因此，多元的神灵并不是上帝的某些观念的人格化，也不是上帝的化身。他只是提醒世人，神通常都是个体的，不是因为上帝是独一无二的，而是因为凡人自身是不可比拟和不可替代的。

　　还有什么是真正独一无二的呢？如果"我的死亡"是一位神明（参阅《召唤》），那么还有其他独特的凡人的神明吗？什么可以证明贯穿并超越了存在事件的多元性是合理的？这些问题很难回答，因为若想真正理解并修饰神灵的多元性，有必要思考诸如"我的死亡"一样无与伦比的且不可重复的、不同于其他任何的独特事物。而且，它还必定是某种能够从无法追忆的过去也即是无法企及的未来（参阅《直觉》）召唤而来的东西。不可思议，时间不解红尘俗世，但确切地说仍然能够以某种方式被认定。这种独特性并非易事。例如，上帝不是一个种类中的一个或是众多其他神灵之中的一位。上帝必须真正不同于其他事物，他并非一个特例，而是真正意义上的不可调换或者说无可取代。既然"我的死亡"不同于任何他者的死，那么又怎么会有同样的独特性呢？我们必须认真考虑多元性的问题，以便摆脱作为凡人和神灵之一"我的死亡"的限制，有时甚至像患了幽闭恐惧症一样。

在哲学领域，伊曼纽尔·列维纳斯为我们指出了识别（另一个）神的法门。他在《主体性的混乱无序》中写道："理解神的观念的非逻辑性的本体论的神学途径是通过分析人际关系而非进入意向性的架构，其思想内容则通常与它本身相适应。"[1]列维纳斯是严谨的。他没有说关于神的非逻辑性的本体论的神学途径，而是关于神的理念。因为他明白不可能有直接接近上帝的途径；这种途径通常都是间接的，通常是一种观念。他真正目的在于探索神灵是如何出现在我们的脑海里，而不是神灵本身（参阅《神灵》）。因此，让神灵投射在脑海中的唯一方法就是关注人与人之间的关系，特别是关注人类——这些凡人——在所有目的性之外如何相互联系。换句话说，让神灵在脑海中出现的唯一方法就是关注这些凡人的思想，这些思想能够使我们有所突破进而到神灵的理念。这是唯一可能的研究神灵意念的非本体神学的方法。

但是这些凡人的思想并不仅仅是由思考产生的观念。如果是这样的话，那么这些思想将只是可以以这样或那样的方式进行诠释的可重复和可交易的产品。如果是这样，它们只是与神灵如何出现在脑海中完全无关的观念。为了接近神灵的理念，发生在人际关系中的思想需要超越自身（参阅《引言》）。正如列维纳斯所写："思想超越了界限，如欲望、探求、质疑、期望——这些就是比可以思考的作了进一步思考并且比想法可以包含的有更多内涵的思想……"那恰恰就是对于先验统觉的统一性的突破、战胜和背离，就像在每一步行动中对于最初的意向性的背离。仿佛在开端之前，这里就存在某种东西："混乱无序。"[2]启示是很明确的：为了让神灵出现在脑海中，人类的思想需要脱离一切确定的开端，所有关于起源、出发或到来的观念。它需要脱离已经存在的语言，脱离被看作是外部位标的语言。因此，神灵的理念并不是来自一个观念，而是来自凡人思想中对于人际关系的超越，是对所有意向性的超越，是混乱无序本身。

因为我们这里关注的是人际关系，所以问题必然不是"什么样的思想让我们比所能思考的作了进一步思考"（因为确定这些思想必然让我们回到思维就是秩序），而是"谁能让我们比所能思考的作了进一步思考呢""谁能在每一步行动中违背最初的意向性"，只有真正从是"什么"到"谁"转变为从"本质"到"他者"的转变，神灵才会在脑海中出现。所以说是谁呢？列维纳斯随即回答："另一个人。"他写道："他者（Autrui）不是无法衡量的，而是无可比拟的；也就是说，他无法在一个主题内保持不变，也不能出现在意识中。"[3]他者无可比拟的方面在这里是至关重要的。他者永远不能像另一个思想的客体那样出现；另一个人永远不能被简化为一个主题，而只是另一个人：无与伦比（参阅《召唤》）。恰恰是这种不可比拟性允许他者超越所有概念、所有刻意的缩减而激发思想的奔涌。如果不是这样的话，那么所有人的想法将很可悲地都是一样的。因此，在思想奔涌时上帝的理念在头脑中出现，而这种思想的奔涌来自真正无可比拟的东西：他者。但这是如何不证自明的呢？

列维纳斯在同一篇文章中继续说道："（他者）是一种外在，而且这种对于外在的不可见性成为痴迷，一种并不是因为我们所做的事情微不足道，而是因为象征的方式完全不同于表现、演示及由此产生的视觉。"[4]首先，这里的缺乏可见性既是无与伦比的，又是至关重要的。超越外在的可见性代表着秩序，他者总是以这样一种不能被看到的或者一种逃避所有可能的概念化或主题化的演示方式来表示。众所周知，对于列维纳斯来说，如此奇怪的表示通过外在而发生。即使在充足的光线下，在外在的表达体系中是看不见的，本身从来是不可确定的，例如，从来不能简化为面具。正如列维纳斯的天空所重复的，正是这种奇怪的无形精确地象征着某种并非主题化或表现的意义。他者则表示，透过他们的外在，上帝出现在脑海中是各种形式的无形的事物。换句话说，外在的不可见性意味着上帝的理念作为一种藐视和背离所有可以简化和概念化的东西。

但是列维纳斯并没有止步于此。与其说这种无形是一种魅力，不如说是一种痴迷：我们尊敬他者，我们成长，我们渴望与他们联合，我们与他们一起工作和玩耍，我们庆祝他们的出生，我们与他们在战争中并肩作战，我们杀死他们，我们哀悼他们的离世。在每一种情况下，我们之所以痴迷，是因为它们的不可见性，因为它们永远不只是简单的表现、演示或物体。我们痴迷于它们，因为它们带给我们的超乎想象的更多，即使我们已经审判并判处它们死刑。我们痴迷于它们，因为它们粉碎了所有的意图性。反过来，他者不能将其意义恰当地主题化；他们不能把自己简化成一个概念、一整套建议，即便是在他们死后或在传记中也不能，这也是同样使得我们痴迷的地方，令我们要么崇拜、奉承、偶像化，要么是沮丧、愤怒甚至讨厌得要命。所以我们永不放弃。我们也永远不能放弃。我们痴迷于它们，是因为它们的外在有一种奇怪的不可见性。

我们对它们痴迷的原因并不仅仅是因为它们外在神秘的不可见性或者因为它们以一种完全不同于表现的方式表示，而且最重要的是，它们总是与我们的时间不一致——用一个词来说，时间错乱。这种时间错乱使它们彼此无法替代。正如死亡，它占据了一段我无法掌控的时间，一段只属于死亡的时间。这种不可替代性使我们之间不会出现任何形式的完全同步，不会有时间上的完全融合或完全一致。你总是与我的时间有冲突。这里讨论的奇特的时间错乱富含意味，但令人烦恼的是永远无法彻底理解，更不用说建立平等关系。正是它让我们在所能思考的之上作进一步思考，它击败了所有的意向性和所有语言。在所有秩序的互换中，在所有这些看似同步的事件中，这种时间错乱的现象再次使我们迷乱。它是"一种失衡，一种超越开端的谵妄，比开端更早上升……"，在任何意识出现之前就形成了[5]。超越既定的事物，超越语言的专制，人类通过这种泛滥的时间错乱而彼此联系。

因此，他者是一种时序错乱，总是代表着另一个"迟的……而且无法掩盖自己的延迟"[6]。这意味着，如果一个人试图在别人身上寻找神灵，如果一个人试图了解神灵"那里"，显而易见他只能失败，因为他注定太晚达到（参阅《召唤》）。即使有启示、幻影或顿悟，或有激情之爱，也不可能同时发生。即使同时发生，这也是一件不能确定的事情、一件值得怀疑的事情，令人遗憾的是，它需要信仰来为这种无法预知的、难以控制的准时性辩护。所以他者仍然是一个时序错乱，他们只能颠覆所有的秩序、分类标准和至高无上的统治权。它们貌视语言，从无法追忆的或无法企及的时间维度进行召唤，而时间维度再度使我们痴迷，因为它们在某种程度上可以被识别却完全缺乏可见性。神灵的观念是通过这个奇怪的时序错乱而出现的，它从未使我们所有人安定下来，总是让我们处于争执和差异之中。

因此产生激情。痴迷通常会转变成激情。对他者的痴迷总是以激情告终。这种激情不单单是一种强烈而难以控制的情感，一种强烈的性冲动，或者对某物的强烈欲求。它也不是对痛苦的描述。痴迷转变成激情，而凡人的交谈也会聚焦到不知会如何发展的小心思上。这种神秘力量是由他者外在的不可见性引起的，而这种不可见性是永远无法被彻底合成或证实。换言之，他者作为个体的凡人，使我痴迷甚至神魂颠倒，因为我从来不能把可见事物变得完全不受语言限制。激情在时序错乱中生发。如果一个人关注这种激情，那么他必然被警告：这并不适合懦弱之辈。它是一种极端的激情，在这种激情中，"意识本是遭到打击或伤害；意识能够没有任何先验地被理解（他者总是意外相遇——他是"第一次露面的人")。在判断和客观化发生之前，遭遇一种冒险的热情，激情不正是这样发生的吗？"[7]

当然，这种激情与欲望无关——也就是说，它以渴望的方式寻求回报（也就是一种需要）。为了让神灵的观念针对他者混乱的时间观表明自身，就需要某种不厌其烦的东西触及人的意识。正如列维纳斯严肃地写道："带着这种激情，意识被无法满足需要的东西所触动……在与他者的关系中没有性欲；这是最卓越的反性爱的关系。"[8]因此，我们总是痴迷于一些已经不想要的东西——不是因为它有危害、令人反感或不快，而是因为它不能提供任何形式的秩序。不可能有人想要、渴望或贪求时序错乱。此外，如果有这种情况，那将是一种错觉、幻想，一种救赎、拯救，狂喜、绝对知识的承诺。这是一种没有目标、没有投入、没有教理问答或佛法的激情。严格来说，我们无法从这种激情中获得任何东西，恰恰是因为它依赖于没有内容、起源或目的的意蕴。

因此，这就是他者是如何使我们脱离、战胜和背离先验统觉的统一性的。在这种独特性和不可替代性中，他者允许这种战胜，不是因为他们神秘地认为自己是神，而是因为他们洋溢并超越了思想，从而中断了语言和一切起源。如果我进一步推进列维纳斯的论点，那么这将意味着这些凡人同类实际上是神，因为他们使我进行了超越自身的更深思考；他们允许这种脱离所有可识别的开端、所有的起源地、出发地或到达地；他们允许这种偏离语言的行为。他们是神，还因为他们确实是独一无二的、无与伦比的。我不能为他们而死。他们的"我的死亡"和我的死亡一样无与伦比。顺着这一轨迹继续延伸，我们也可以说，我们人与人之间最终的关系是神的关系，因为它表达了这些洋溢的思想。我们的关系是神圣的，因为它始终是一种古老的关系，永远无法被确认为原始的或最终的，永远无法用适当的语言表达出来。毕竟，如果我被允许走这条不同寻常的捷径，难道不是恰好能在所有的凡人中都找到上帝的形象吗？即使以色列人总是被召唤着在日出和日落时来听到上帝是唯一的

（真神）？

凡人也是神灵，是因为他们打破了理智的形式；他们让彼此进行了超越自身的更深思考；他们促进了痴迷和激情。在这种转变成激情的痴迷中没有上帝的人格化。没有凡人被赋予神的特质。也没有具现，那种需要热情、虔诚、祈祷的具现。在这种情况下，那么在这种痴迷、这种激情中，仍然会有一些至关重要的、超脱凡俗的东西。凡人会在大地或其他地方，以这样或那样的方式来代表某个上帝。它们将成为在其他地方可以替换的符号，容易产生崇拜、盲目崇拜和肖像化视觉形象等倾向。但这就是全部事实。这个时序错乱既会发生在崇高的空间中，也会在肮脏的环境中，既可能面对着冷酷的罪犯，也可能面对着虔诚的圣人。痴迷 — 激情只不过是凡人像神灵一样聚在一起。凡人和神灵汇聚一起；他们互相侵染，创造共通体和集体；他们创造既没有阴间也没有天堂的世界，这样的世界独一无二、无与伦比、不可复制。这就证明了神这个词的复数形式的合理性：人类开玩笑地提醒彼此，神灵通常是个体的，不是因为上帝是独一无二的，而是因为他们自身是不可比拟、独一无二、不可替代的，是所有主题化形式的坚定破坏者。

冲突

物质重复表现自身。在此过程中，它发生了分离断裂。这种分裂创造了事件。而这个事件是在大地和天空之间。大地和天空自我发挥作用，这是引发事件的原因。这里没有消极性。这种双重的自我肯定是不知道外界的。它发生在无限之中。但是什么使冲突保持冲突的状态呢？作品就是创造变化，让大地变成天空的东西。这包括作为抗争的作品。它们一起创造历史。

物质很重要。就如我们已知的（参阅《物质》），由于绝对异质性的法则（参阅《法则》），物质在作用过程中在表现与再表现自己。这种再表现尚且不是一个孤立事件，而是可以发生在光明和黑暗、不透和透明、深不可测和不言而喻之中。这无关紧要，因为它像黎明一样可以在任何地方都发生。现在最重要的是，通过再表达，时间−空间[1]也会分裂，不是空间以某种方式从时间分裂，而是两者彼此分离；时间顺应时间本身，空间分隔空间本身。这种时空区分将再表现变成了一个事件。这种区分表明物质就是事件，不断地表现与再表现自身，或此地，或彼地，或任何地方，而事件的发生通常没有"为什么"或"为了谁"，仅举尘世的例子：一个女婴出生，寄生虫找到宿主，男人打嗝，闪电劈开岩石。我们将会看到，如果没有这个分裂的时空作为物质存在的条件，而且是作为物质存在也就是被作为事件的唯一方式，那么历史就不会存在。

因此，物质事件是一种分裂，一种时间间隔。海德格尔谈到"时间–空间分裂瞬间的地点"，[2] 这不是传统意义的物理学。这里的时间–空间不是指可计算的时间–空间，而是指物质事件，这个冲突使得当下发生在这里、此时、到处。因此，有了海德格尔的奇怪表述："瞬间的地点。"这个表达将空间和时间两者结合，把空间（地点）交给时间（瞬间），把时间交给空间，在每次相互分裂、每次事件的引发以及一些新的或无法预知的事物之中[3]。但是为什么要分裂？海德格尔解释说，所有的事件构成了分裂，这不是两种存在（时间和空间）拆分、隔绝或分成两个实体，而是新的爆发：时空、事件。瞬间的地点、时空的分裂不仅仅是关于这里或那里是什么。还关乎发生了什么，现在这里迅速地或极其缓慢地发生了什么。

但这一切并不是发生在美丽的虚构的抽象中。这种物质分裂的事件，正如我们前面所举的为数不多的例子所暗示的那样，是一种从本体论科学看来可以观察和证实（例如科学证据）的具体事实，从宗教的角度看来，它是"上帝的恩赐"或深不可测的奥秘。这个具体的现实就是物质的事件，可以具体地看作是生发和沉浸在昏暗不明中的事物：成长中的孩子、寄生在宿主体内的寄生虫、有消化方面问题的人、从山上滚落的石头等。这个事件总是发生在昏暗不明的情况下，正如我们已知的（参阅《凡人》《神灵》），它永远不能完全启悟，永远不能被完全理解或完全证实，总是在各种形式的仔细查验中（giving the slip to）出现失误。总存在一些有缺陷、遗漏或歪曲，执着地拒绝观察、验证或不容置疑的信仰。昏暗不明是物质分裂事件的唯一方式，这种分裂可以理解为需要处理的具体现实。

海德格尔对此有具体而明确的表述：天与地[4]。时空分裂成天与地。正如我们下文将看到的（参阅《大地》），地并不是指区别于天空或海洋的陆地表面，也不是指区别于天堂或地狱的人类现世的居所。地甚至不是指太阳系中距太阳由近及远的第三颗行星。复数形式的"地"指的是任何致力于启发科学研究的东西，任何在天空下迎着光或逆着光显示自己的东西。同样，正如我们下文会看到的（参阅《天空》），天不是指一般意义上的从地球看向天上的大气层和太空的空间区域。复数形式的"天"指的是任何散发光芒并能自行隔离"地"的东西，任何照亮"地"自身所呈现的东西。我们将回到这两个几乎无法区分的事件上来。此时，物质的分裂发生在天和地昏暗不明的状态下，基本上通过总是使人迷茫的本体科学和总是令人困惑的宗教来体现。

当涉及天与地这个无可置疑的具体物质事件时，我们不得不面临一场冲突。在探索凡人和神灵之间的紧张关系时，我已经暗示过这种冲突（参阅《凡人》《神灵》）。但到底什么是冲突？我们说过冲突就是语言——一种无法表达自身事件的语言。但如果不考虑凡人和神灵，我们如何理解这一点？这里地与天的维度会有所助益。冲突是摩擦的一种，但并非类似于对立双方的宿怨或战争。与时空的分裂不同，冲突是由于双重的自我表现而产生的一种摩擦。地与天自我表现，这是导致冲突的原因。正如海德格尔所说："（天）[5]与地的对立是一种冲突。但是，如果我们把冲突与不和谐和破坏混为一谈，我们肯定会很容易地歪曲它的本质。相反，在本质上的冲突中，对立双方通过对本性的自我表现而彼此提升。"[6]地与天的冲突代表了它们显示自身本性的方式：地代表了自我区分、黑暗，而天代表了自我开放、光明。但这场冲突不只是某种空间上的事件。这也是一个时间性的事件。时间空间构成了冲突，这个地和天的重要事件永远没有别的终点，只会重新回到冲突中[7]。

为什么会重新回到冲突呢？正如我们所见（参阅《神灵》），无论是时空的分裂，还是天地的冲突，显然都不是消极性的。另外，那样就太简单了。在冲突中没有他者。没有什么（也没有人）期待这场冲突。冲突只是一种爆发或激化运动，以冲突的形式保持自身；它使差异化的事物在其差异性中占据主导地位[8]。用另一个词汇来表达，我们可以说冲突就是一种延异性，唯一的区别是这里的差异/延迟是特指的地与天空，以及产生并沉浸于昏暗光线中的事物。这种令人好奇的焦点表明，与延异性不同，冲突不会向另一早已不变的他者——即激进的他者——敞开自己，而是要彼此敞开。冲突是一种偶然事件的运动，既不知道起源，也不知道目的地，而且从不明言失误，也不会到达（暂时的）超越。正是在某一冲突中，每一方都在没有外力（大地的自我区分、天空的开放、出生、寄养、打嗝、休息等）的情况下获得自我确认[9]。

没有开端或终点，也没有他者，因此冲突只懂得自身。只有作为与天相对的地，地才称之为地；天只有在作用于地时才是天。天地有着无限的联系并合为整体。正如海德格尔所言，"在从中心'彻底地'将天地结合在一起的关系中，天地永远属于彼此。之所以称之为中心，是因为它居于中心，也就是居中，中心既不是天地，也不是神或人。"[10]此外，天地的无限并不是通俗的无限，不是会计师的无限。它并非有可预计的或无可预计的终点的无限。这里所讨论的用连字符断开的无限一词，必然是尚未确定的；它处于有限与无限的交点（参阅《物质》）。天地为了维持其冲突而无穷地相互作用。现在，有一个中心……令人烦恼的是，这个中心与圆周或球面上的每一点（例如地心）的距离并不相等。中心是一种调解；它"在"大地和天空之间，并不构成中间、核心、中央、要点、中心、内核或内部（参阅《神灵》）。中心只是对于无限的关系以及天地的自我维护构成的冲突进行调解。

冲突自明其身，可是，是什么令其如此？什么参与到对冲突的保持中来？是否有一些特定、容易被所有人识别的东西？海德格尔明确指出，使冲突保持为冲突的东西——也就是，使天地保持自我认定的东西就是工作。他写道："在天地确立之时，工作引发了冲突。这样做不是为了让工作同时在一个乏味的协议中解决和结束冲突，而是为了让冲突保持冲突。在天地确立之时，工作就完成了这种冲突。"[11] 工作并不一定是指需要脑力或体力的付出才能达到某一结果的事件。这里应该从最广泛的意义来理解工作，而不是着眼于唯一的功利目标。工作只是处于那个中心，严格来说，它不是使地变成天或与天相对立的制造变化的东西。这意味着同时有"正在进行中的工作"和"不在进行中的工作"，例如，阻止工作实施的难题。看不到开端或终点，冲突的工作只是保持自身的冲突，尽管从表面上看，一切都倾向于给人一种发展、进步以及通过自然和人类可以实现的目标的印象（无论身处何处，都极目远望）。

如果没有发展，那么冲突只会始终贯穿。这让人们对秩序有了不同的理解。确实没有必要通过争斗来获得利润，因为争斗只会强调争斗本身。工作的争斗是天地之间的冲突，因为冲突只会在冲突中弄巧成拙，工作也是一样的：争斗会在斗争中力不从心。难道斗争就没有止息吗？这个除了不断重复地争斗不知道该将何去何从的秩序，难道就没有停顿的余地吗？海德格尔简明地回答了这个问题："工作本身的停息存在于它所呈现的与冲突的密切关系中。"[12] 答案显然是否定的。所有暂时的停顿都是冲突的一部分。所有从秩序抽离的尝试也仍然是冲突。这不是一种失败主义或法西斯主义的观念或意识形态[13]。相反，它是天地所处的既不能破裂也不能融合的敌对或亲密关系以及所有参与其中的有利可图以及毫无利润的工作的实现。

因此，冲突必然也是历史，不是指与特定的某个人、群体或事物相关的可确定或不可确定的按时间顺序排列的一系列事件，而是"天地之间的冲突的演绎（Bestreitung des Streites）"[14]。冲突发生了，事件产生了，历史也是可记录的。在冲突中冲突的力不从心留下的（历史）印记几乎与冲突是一样的。这并不能减少同类名称的冲突下的一切。这仅仅揭示了这一进程和该进程的展露。工作和争斗也是如此。斗争发生了，工作或非工作进行了，历史随之创造了。这种工作或斗争留下的印记与斗争、进一步的工作、进一步的斗争几乎是一样的。同样，这里既没有循环性，也没有自闭症，既没有因果关系，也没有目的论，只有作为事件的物质，没有"为什么"或"为谁"：一个即将死去的老妇人、一个被驱逐的寄生虫、一个在节食的男人、因水的作用变得圆润光滑的石头。认识到这一点是放弃进步进程中的第一步。作为凡人或神灵，欣然接受冲突带来的敌对/亲密，让天地之间的冲突和斗争充分演绎。

绝对

如果不是极度混沌，上述一切都不会发生。它不是一种源于必然或偶然的混沌。确切地说，这是一种没有任何理性或规则可以约束的混沌。这种混沌主要具有无懈可击的秩序和狂乱的无序。这在哲学和科学上都是不可想象的。它不受规则所支配，甚至不受混乱无序所左右。它是宇宙的偶然事件。它是事物的真相。它是存在事物绝对的和可以想象的属性。

如果不是由极度混沌引发混乱，上述所有（参阅《暗物质》《物质》《法则》《凡人》《上帝》《召唤》《痴迷》《冲突》）就不会发生。这并不意味着极度混沌会使上述任何一种变得条理或混乱。如果是这样的话，那么就会有一种更高的存在对所有这些进行辖制、组织，抑或完全不是这样。使混乱就是赋予一个潜在组织及其彻底破坏的可能性。该动词以连字符连接，因此也必然是未确定的。极度混沌以某种方式打乱了一切，它允许暗物质释放物质，让物质进行自身的表现和再表现，赋予绝对的异质性来分解和构成物质，让人类在他们情感付出中聚集，赋予上帝的名义以另有所指的权利，并使难以驾驭的神灵可以带来幸福从而让凡人为他们的不平等而困扰。极度混沌在这一事件或冲突中打乱了所有这一切，让深不可测的白昼、地球和天空变得清晰。极度混沌是没有界限的甚至没有界限本身的极限。

然而极度混沌到底是什么意思呢？为了理解它，有必要区分不同种类的混沌。昆汀·美亚索帮助我们作出正确的区分。他说道："我们习惯上认为存在两种不同类型的混沌：一方面是必然的混乱，我们认为它由一系列存在的必要过程组成，但最终没有任何特定目的性的目标——即这是一种确定性的物理混乱，但在其他方面没有呈现出感性的意图。另一方面，混沌的概念也可以表示随机的混乱，因为它的过程是由独立粒子之间的偶发性碰撞或因果序列所控制的。"[1]总之，混沌的类型有两种，一种来自必然的过程，另一种来自偶然。这两种混沌都不是利害攸关的，因为前者意味着理性原则（否则必然性就没有意义），后者意味着法则的稳定性，以确保可能性仍然是可以理解的（例如，概率）。在这两种情况下，这些混沌被纳入所能想到的无序或混乱中，因此依赖于特定的空间和时间视角（例如，人类）。

在放弃了通常所理解的混沌之后，美亚索接着解释了他所理解的混沌，而这种混沌既不附属于理性原则也不附属于法则。他说道："我在这里思考的混沌能够改变甚至重构自然法则本身。我把这种既非确定性也非随机性的极端混乱称为极度混沌……（它）独立于思想之外，而且能够引发思想的出现和湮没。"[2]这里的困难在于想象一个无序到没有理性和法则（甚至不受到必然性或偶然性的支配）能够约束的混乱。因此希腊语的前缀"hyper-"表示一种超越传统理解的混乱。这种混乱是超常的，在某种意义上，它令人难以理解，但矛盾的是，正如将在这里所要展示的，它可以通过思考得出。

美亚索指出一个事实，不能将极度混沌理解为对于必然或随机的混乱的强化。在补充说明中，他谦虚地承认了过去所犯的一个错误：

> 我曾一度使用"超混沌"这个词，因为（"极度混沌"）似乎给

了我错觉，我曾尝试将混乱视为比它之前的在各种哲学体系中的混乱更无序、更荒谬狂热（前缀"极度"在现代语言中错误地具有了加剧的内涵）。现在，我所面对的混乱就像狂乱的无序一样能够产生一种无可挑剔的秩序——由此产生了"超混乱"的概念，它指的是古老的形而上学的秩序和同样古老的混乱的无序。但是我决定将拉丁语前缀（sur-）和希腊名词（chaos）结合在一起成为一个非规范的语言现象，这样就回到了"极度混沌"，我认为这个词的意思可以很清楚地表述出来，以避免模棱两可。[3]

那么，这里就不存在语言的不规范了。因此，基于希腊思想[4]的仍然存在问题的极度混沌指的是一种既能产生必然的、随机的混乱，也能产生彻底的任意破坏的混乱。

我们该如何理解打破所有先前探索的秩序的极度混沌呢？极度混沌"仅仅表示，一切都能够或不能毫无理由地改变；它可以持续不断地变化，也可以无限期地保持相同的状态（就像"普遍的"物理法则所表现的那样）。事实上，完全可以想象，极度混沌可能会导致一个完全由固定物体组成的世界，而没有任何变化。"[5]情态动词could（能够）和might（可能）的使用清楚地表明，美亚索在这里思考的是一种不受约束的可能性，它可以给予永恒的变化或（和）绝对的不变。更进一步，它表明了一种无限制的可能性，如果一个人一直推动他的逻辑，就如他所说的那样，这种可能性甚至有可能"径直"成为不可能（参阅《召唤》）。科学家们必然会回避一些不符合某种普遍接受的规律的观念。这种疯狂的观念在科学上和哲学上都是不被接纳的，这是真正不受欢迎的。那么，美亚索怎么敢于去思考这种不可思议的极度混沌，甚至拒绝理论上可能性的观念和事物的可能性？

不可避免地，美亚索只能把极度混沌看作是时间的一种形式。正如他所说："极度混沌意味着一种时间，在那里一切都可以轻易被摧毁，就像一切都在永恒地坚持变化一样。从极度混沌的优势来看，一切都是偶然的——甚至是无序和自我转变的。"[6] 现在时间不是任何别的时间，而是指特定的时间。为了提出这个特殊的时间，他需要舍弃对时空的通常理解，他在称之为"本体时空"的概念中正确地将两者归为一体[7]，即现代科学所理解的时空（例如物理学、历史学或心理学的时间）。他写道："在我们的世界里有时间空间，受到物理的或其他确定法则的约束。但所有这些时空都是本体的，也就是说，它们是偶然的存在，它们无缘无故地出现，也会毫无征兆地消失。"[8] 美亚索思考的是一个不遵守任何物理的或者其他既定法则的时间。他将这种脱离本体时空的时间称为：极度混沌的时间，用大写字母 T 表示。"极度混沌是指时间（大写的）毫无理由地摧毁或创造所有本体时空的能力。"[9]

因此，极度混沌是一种特殊的时间，它有能力创造或摧毁所有其他类型的时间空间，包括那些构成暗物质、物质、异质性的结构法则以及分裂的冲突事件、凡人、神灵、地和天。这是时间的一种类型，它可以创造或摧毁时空的事件、冲突的事件、四重性事件（参阅《引言》《冲突》）。这是一种让人只能惊呼"哇！"的时间，因为，如他所说，这个时间"可以带来非矛盾对立的可能性……并提出新的法则，而这些法则并不是'潜在地'包含在一些确定的可能性中"[10]。因此，极度混沌是一个能够创造新现实、新宇宙、新法则和新原理的时间，并且能够随心所欲而毫无理由地摧毁它们。这里的关键是，这个时间创造了新的时间情境，而没有同时作为所有这些本体时空背后的影子而永久存在。此外，极度混沌的时间并非上帝随意创造和毁灭时间空间，而是一个完全随机的时间，它甚至不遵从创造和/或毁灭的基本原理。正如他所说："我想建议去思考一个不受法则、无序法则或未来法则支配的时间。"[11]

因此，美亚索的极度混沌的时间摆脱了所有的考古学和目的论的限制，从所有的物理法则和形而上学的原则中解放出来，因为它有能力"摧毁每一个确定的实体，甚至是神，乃至上帝"[12]。没有什么能制约极度混沌的时间。它代表着整个宇宙的偶发事件，这种偶发事件并不会被我们生存的小小蓝色星球、它上面的居民或东西所限制，无论是活的还是死的、早已被遗忘的还是潜在的。美亚索用最精彩的方式描述了这种超级混乱：

（这是一种）极度混沌，在这种混乱中，似乎没有什么是不可能或不可想象的……我们所看到的是一种相当具有威胁性的力量——一种不知不觉的力量，它能够毁灭事物和世界，能够产生怪诞的荒谬，然而也可以什么都不做；它能够实现每一个梦想，也能实现每一个噩梦；它能产生随机的、狂乱的转变，或者反过来，能够创造一个始终静止不动的世界，直到它的最深处，就像即将带来最猛烈的暴风雨的阴云，然后是极为诡异的一段明亮的时间，哪怕只是在令人不安的平静的间歇。[13]

因此，极度混沌就是如此，由于极其混乱甚至可以有秩序，它是最令人绝望的稳定性，也是最令人欢欣的永生不朽。

思考这样非同寻常的时间，必然会思考一些理性所不能理解的事情。极度混沌的时间实际上是不合情理的。美亚索对于这一点是非常清醒的，例如，他说："非理性……是时间的一个极其强大和混乱的属性……可以完全改变，但现在依托于一个没有法则、不合情理、完全难以企及和永远不为人知的过程。"[14] 因此，极度混沌的时间是一种暂时性，它缺乏所有的理性，因此也能够拥有任何和所有的理性，无论这听起来多么矛盾。如果它不是完全非理性的，那么它仍然会遵守某些法则或原则。与人们所期望的相反，这种非理性的时间并不是我们无法思考时间的标志，而是事情的真相。地球上和宇宙中所有事物的真相确实只能是非理性的。正如他所说："当我们偶然发现所有事物的不合理，我们并没有触碰到我们知识的界限，而是我们触碰到了知识的无限性：事物自身的永恒属性在于它们可以没有理由地变得不同于其本来。"[15] 这清楚地表明了极度混沌的时间作为所有事物无所不在的根本特征（当然，它本身没有根本）：不合理性。

当然，不管怎样，这并不意味着一切都是不合理或荒谬的。美亚索意识到，从我们有限的视角来看，一些普遍规律会随着时间的推移而持续存在，一些合理的本体原则在极度混沌的时间里仍然会持续一段时间。从我们的立场来看，在这种极度混沌之中确实有一些不变的东西；否则就不会有四重性，也就不会有天、地、神、人这样的事件，科学也将永远不能强求自身掌握某种暂时的真理。他将这些透视科学有限的不变因素形容为极度混沌之中的飓风的风眼："世界上非凡的恒常性就像是飓风的风眼，没有开始也没有结束，我将（极度）混沌称为飓风……处于所有事物明显的非理性的中心。"[16] 所以这并不是完全的无稽之谈、彻底的破坏或是愚蠢的闹剧。有一些局部的不变因素让我们能暂时清楚地表达我们的事件，但这些不变因素既没有内在的必要性也没有特定的理性，只是保持这样。天、地、神、人只是以这种方式偶然发生，例如，一套合理而短暂的局部性法则的偶然出现。

当然，最后也许在一开始的时候，极度混沌的时间只是一个原理。美亚索在《有限之后》中提到了这点。因此，极度混沌的时间是不能直接体验的[17]。仅仅作为凡人，仅仅作为神灵，我们只能理解我们的事件、那种将我们与生物性的死亡、我们神圣的局限性以及我们的大地与天空等联系在一起的举足轻重的环境。同样，这并不意味着思想的失败。相反地，这标志着真理的内容："存在之物的绝对性和可思考性。"[18] 极度混沌的时间是可以想象的，不是因为它依赖于思想，而恰恰是因为它是摆脱了思想，最非理性但并非不合理的思想，它代表着发生的真相。美亚索以最直接的方式强调了极度混沌时间的这一特征："我们所认为思想的缺漏实际上是认知；因此，事实性（更确切地理解为主要的事实性）转化为极度混乱的偶然性。"[19] 如果当今世界有什么更具体、更真实的存在，那就是这种规避所有的科学和哲学的审视的极度混沌时间，它构成了所有一切的核心和外围，包括暗物质、物质、法则以及将各部分合成一体的冲突事件。

第二章

大地与天空

大地

大地：任何让自身处于光线和观察之中的东西。天空：任何能够通过光线观察的东西。它们静静自处，如果有可能的话，大地会粉碎所有洞察的企图。它们避免任何展露，保持隔绝。大地的自我隔绝是允许进入光明的原因。但是大地采取了什么模式和形状呢？《纽约诗人》。《纽约》展现了天空的杀戮以及大地的自我隔绝。凡人的事件参与了这种自我区分。策展人的事件也参与其中。

从思想的失败中——也就是说，由于没有科学能够照亮它而只能从想象、推测和假设中（参阅《暗物质》）——产生了大地的物质。它不仅仅是物质本身（参阅《物质》），而是被称为大地的物质活动。如前所述（参阅《冲突》），大地指的并不是有别于天空或海洋的世界的表面，不是有别于天堂或地狱的人类当前所在的居所，也不是太阳系中距离太阳的第三颗行星。无论多么想把一切都归结为一个很容易理解的判定（一个表面、一处居所、一块岩石）或将与之相对地还原为一种轻率而简明的断言（一个广阔的空间、一个穹顶、一个宇宙），活动本身远比这个要复杂。这个词在这里被设定为复数。不是只有一个大地，而是有多重大地。复数的形式让我们将大地不是看作一个迷失在太空中的独一无二的存在，人类在其上构建他们的梦想和梦魇，一些假想的神处于傲慢和骄矜的地位，而是将其视为令自己身处于光亮和科学审察的任何事物。同样，并不是只有一种事件叫作大地，而是有很多重要的事件叫作大地。

所以说，大地的情况远远要更为复杂。正如我们下文将看到的，当大地与天空相对时，这种复杂性会进一步增强，但并不处于逻辑或辩证的关系中（参阅《天空》）。就像大地不会对单一的、轻率的判定作出回应，天空也同样不能进行简单的能够充分理解的分类。天空不只是从地面或太空看到的大气层及其外层的空间区域。复数形式的天空是指任何能够在光线中被审察或被光线审察的事物。因此，对于天地关系的衡量不是一种逻辑对比（例如黑暗和光明、固体和空气）或相抗衡的力量（例如，物质与非物质的），而是具有互补性和不相容性的矛盾，这两者构成了称为大地和天空的重要事件：冲突（参阅《冲突》）。天空和大地的事件给科学带来了麻烦，然而既有趣又烦人的是，它们恰恰构成了怀疑主义者的极为强大的素材，因为它们都无法以科学的精确性区分开来。如果对大地进行思考，那么我们很快也需要思考天空。它们之间的纽带或对抗或冲突没有止息、无法轻易消除或治愈。

但是大地意味着什么呢？大地把自己交给光来审察意味着什么？大地的最重要的特征之一是自我隔绝。为了理解这一点，有必要求助于海德格尔给出的一个简单的例子：石头[1]。他写道：

石头向下压，显出它的沉重。但是，这种沉重对我们施加了相反的压力，使我们无法穿透它。如果我们试图用这样的穿透力来打破岩石，那么即使是它的碎片，仍然没有显示出任何内在的已经显露出来的东西。石头立刻又退回到同样沉闷的压力和大块的碎片中。如果我们试图以另一种方式来把握石头的重量，把石头放在天平上，我们只是把重量转化为计算重量的形式。这种对石头或许精确的测定只是一个数字，但重量的负担已经逃离了我们……因此，大地粉碎了每一个探察它的企图。[2]

以石头为例，海德格尔向我们提供了关于地球为何自我隔绝的线索——也就是说，它们为何拒绝暴露它们自身的可能性，无论是作为整体还是作为碎片。无论受到多么细致的审察，大地总是破坏每一次探察它的尝试。大地将自身与光隔绝。因此，无论是何情形，无论是单独的还是多重的，黑暗都是大地物质事件的首要特征。

但大地并不仅仅是自我隔绝的。如果是的话，它们就相当于变成事件之前的物质、拒绝被仔细审察的暗物质（参阅《暗物质》）。与暗物质不同的是，大地的第二个特征是自相矛盾地在自我隔绝时上升。海德格尔说："大地不是单纯隔绝的，而是在自我封闭中上升。"[3] 这种上升并不是自我隔绝的逆向运动，而是自我隔绝真正展现出来的唯一方式。那些所不能揭示的只有一种自我隔绝的途径：通过上升，通过自我展示，通过显示审察发生的可能性。海德格尔再次强调："大地是食物的载体，开花结果，在岩石和水流中延伸，成为植物和动物。"[4] 或者："大地是建造的承载者，用它的果实滋养，抚育水和岩石、植物和动物。"[5] 因此，大地的自我隔绝使山脉得以上升，树木得以开花结果，水流得以奔涌，动物能被放牧，尤其是包罗万象的地球得以自我运转。如果没有大地的自我隔绝，任何重要的事物都不会成为值得用永恒的光来审察的事件。

然而，我们不要沉迷于轻松的田园精神。以自我隔绝的姿态上升并不一定意味着大地还代表着在阴云密布、狂风骤雨或蔚蓝的天空下的土地、植物或动物的生命。大地的多元性防止了这样轻易的还原。正如我们所看到的（参阅《冲突》），这里的问题是，为了有大地，需要有一种行为。自我隔绝是由于天地之间冲突的行为而发生的。这一行为不应被理解为纯粹的自然过程，而应被理解为保持自我隔绝的意志决心。海德格尔以人类作为参照来对此进行解释:"大地独立自足,毫不费力而不知疲倦。历史上,生存和出现在这个世界上的人们,在其上建立自己的居所。在世界确立的过程中,这种行为展现了大地。在这里,我们必须严格地按照字面意思来思考这种展现。这种行为使大地本身进入并保持在开放的世界中。这种行为使大地成为乐土。"[6]我们与许多人一样,处在大地的自我隔绝之中,人类劳作,这样的劳作展示了大地的隔绝,就如他们自身在天空中升起一样。换句话说,通过大地的上升,人类的努力参与到其自我隔绝中。天地之间的冲突显然无视植物、人和动物的躯体或建筑物之间的区别;一切都是作为自我隔绝的行为。

但是,在人类的行为中,有什么可以最可能代表大地的自我隔绝?大地的自我隔绝不可能是适用于所有物质事物的通用的、统一的"隐藏的存在"。它必然以无穷无尽的各种纯粹的模式和形态展现自身[7]。否则,无法证明多元性是合理的。那么,这些模态和形态是什么? 我们可以从海德格尔的作品中选取许多例子来展示这些模式和形态:桥梁、雕塑、绘画、诗歌。我想用一种不同的语调和参照来描述这种上升的自我隔绝。正如本书《引言》中所述,目的确实不是严格遵守特定的语料库,而是为了开启哲学家的词汇,从而展示一种不同的角度或视角。在这种情况下,目的就是通过"阐明大地的自我隔绝"这样一个不同的例子来展示海德格尔所理解的东西。为了展示这一点,我需要借助对海德格尔的语料库完全陌生的另一个视界。这另一个视界是海德格尔同时代的作品,一位也写过关于大地的诗人,尽管很明显他用了不同的词汇并带有不同的目的。

这位诗人是费德里科·加西亚·洛尔卡,他的作品《纽约诗人》以最清晰的方式揭示了大地日益提升的自我隔绝。人们从多个方面分析了这本诗集,包括作为诗人自身当时的情感危机的表达:他的同性恋身份、他的疏离感以及他无法成为父亲的缺憾。据人们分析,诗集作为超现实主义者对他先前作品提出的严厉批评的回应,其中许多诗歌体现了超现实主义的论调，以证明他并不是一个没有创新、老套刻板的吉卜赛抒情诗人从而取悦弗拉明戈戏剧爱好者。最后，还有分析认为，《纽约诗人》是对城市文明以及现代世界尤其是纽约精神空虚的深刻谴责，这些分析通常与洛尔卡对黑人文化的推崇（哈勒姆文艺复兴）相结合，这本诗集是唯一可以弥补现代性形而上学空白的作品。虽然所有这些理解（以及同时存在的其他许多不那么广为流传的理解）都同样有一定的道理，但我想展示的是《纽约诗人》对于大地日益提升的自我隔绝的表达。

《纽约诗人》第一首诗的第一行已经反映了很多对于自我隔绝的思考。洛尔卡在《散步之后》这首诗中写道："被天空杀死（Asesinado por el cielo）。"[8] 按照西班牙语的字面意思，不是"砍倒"而是"被杀死"，或者更准确地说，是"被天空屠戮"。诗人在城市中的第一次散步展现了天空是如何压迫大地甚至到了杀戮的地步，或者换句话说（按我们的方式来讲），大地是如何避开天空的杀戮的。在下一首诗中，洛尔卡以倒序的方式强调，纽约是一个不再沐浴在光中的城市："光被埋在锁链和噪声之下 / 在对无所根据的科学的贸然挑战中。"[9] 换言之，由于噪声和机械化，纽约杀死并埋葬了光，从而挑战了科学这门通常需要更多光的学科来理解它。在这两首诗中，很重要的一点是双重运动所隐含的：一方面是一种进入光并向着光的提升，最终以杀戮告终；另一方面是在这种自我隔绝中不可能有任何光明。自我隔绝的大地在这里接触从未得到满足的天空之光。

显然，洛尔卡认为天空蓄意杀戮的主要证据是纽约的天际线。他在回忆自己纽约之旅的讲稿中写道："那些棱角分明的建筑高耸入云，但既无关乎云彩，也不向往辉煌。哥特式建筑的角度和边缘从死者和被埋葬者的心中涌起，但这些冷漠地向天攀升带着一种没有根基、没有渴望的美。"[10] 后来，当诗人离开纽约前往哈瓦那时，他在远方这样记录，"不再有高楼直入云霄，不再有成群的窗户吞噬大半个夜晚……天空战胜了摩天大楼。"[11] 这场特殊的战斗再清楚不过：摩天大楼代表了有着尖利棱角的工业和机械世界，它们高耸入云，除了摧毁天空没有其他目的，即使这片天空在远方始终是胜利者。这场特别的战斗清楚地突出了自我隔绝的大地和天空之间的激烈冲突。纽约的残暴是大地最黑暗的升高和天空对所有这些努力的不断阻挠最明显的证据。

但是纽约的天际线并不是天空胜利的唯一证据，也不是大地不断地自我隔绝的提升的唯一证据。通过他们的运转，人类也参与其中。洛尔卡谴责纽约人缺乏形而上和精神维度的东西，他把华尔街的工作人员形容为"一群数不到三的人，一群数不到六的人，轻视纯科学而对当下着魔般尊重。可怕的是，遍布这条街上的人们相信这个世界永远都是一样的，他们有责任让这个巨大的机器昼夜不停地永远运转。"[12] 这种批评不仅仅是一种反物质主义或反资本主义的平淡形式。它还强调构成大地要素的一种方式：人类忙于通过他们的行为促使大地自我隔绝的提升。正如他在诗歌《纽约》中所说："当你飘荡在办公室电话中时，你自己就是大地。"[13] 同样，这也不完全是消极的。这也表明了凡人劳作的重要性，使得大地飞升，逆天而上（参阅《冲突》）。正如洛尔卡在其他地方说的："纽约真正的人，是社会的中坚。"[14]

通过它黑暗的高度以及人类的行为，纽约因此成为自我隔绝的大地上升的一个例子。摩天大楼高耸入云，人类通过他们的工作参与到这个过程中。然而，我们不要太还原。这么说不一定就是将大地以及人的所有努力都还原为某种都市化的高耸入云。相反，它揭示了大地的运动，无论这种运动可以怎样去理解：孩子的欢笑、火山的爆发、临终的哀鸣、深海琵琶鱼的消化、流言蜚语的扩散、污水的恶臭、寺庙的香火、阿塔卡马沙漠藻类植物的生长、金融市场或空间站的震动。如此，任何劳作都使得大地的隔绝水涨船高，而不只是凡人肉眼可见的劳作而已。所以，一切均可知觉，一切都将自身付诸永不满足的天空之光的事物皆为大地自我隔绝的见证。通过这种方式，没有任何天际线可以单独定义、概述或象征这样一种从未停止自我隔绝的运动。大地的许多不同表现形式都是没有极限的。

以这种方式，所有的运作都参与了这种隐蔽的表现，包括我们这里特别关注的无论以何种媒介进行的策展人的工作。一个展览或项目，无论它的性质或位置，无论它的大小或规模，都包含着大地探向天空的自我隔绝。没有任何策展作品会是例外，甚至是世俗的照片墙或品趣志的策展的尝试。任何将投入策展的东西（空间、艺术品、图像、声音、气味、信息等）都是由大地构成的，不是因为它运用了观念派艺术的材料，而是因为它参与了光的审察，这光永远不会停止阻挠参与其中的一切。即使是最无形的展露，这里我想到了美国艺术家罗伯特·巴里的《惰性气体系列》（氦、氖、氩、氪、氙《从可测算的体量到无限的膨胀》，1969 年）——代表着大地的自我隔绝，不是因为它的短暂和易逝的特质，而是因为它将自身投入光，即使光没有能够感知它逆天而上："在（所有）上升的事物中，大地作为庇护者出现。"[15] 总的来说，策展之美就在于它总能展露大地的自我隔绝的行为，即使展览本身很失败。策展作为一项事件，如果没有展露自我的提升是不可能发生的[16]。

天空

　　天空指的是任何能够通过光线观察到的东西。因此，它们本质上与凡人相关。有了天空，人类就可以用没有衡量标准的东西来衡量自己。反过来说，没有衡量标准的东西（天空）是人类的衡量标准。这种不可计量表现在事物的视觉和外观上。它也像是凡人的命运轨迹。巴尔扎克的《驴皮记》将天空描述为人类的命运轨迹。未被打理的商铺表明了天空的尺度是不可丈量的。英雄在衡量中迷失了自己，这就是他的宿命轨迹。

　　由于科学无法解释（参阅《暗物质》），令思想受挫但可以激发猜想和假定的就是天空的物质（复数形式，参阅《大地》），此外，它不是物质本身（参阅《物质》），而是被称为天空的物质事件。如前所述，天空并不是指从地球或太空看到的大气层及外层空间区域。复数形式的"天空"，指的是任何能够在光线中观察到的事物。这是一个奇怪的定义，它永远不能使自己完全游离于大地之外，"任何允许自己存在的东西"暗指被视为在自我隔绝中不断上升的大地。天地之间的这种亲密也是一种敌意（参阅《冲突》），因为它们彼此相互补充、相互对抗。如前所述，地球和天空之间的联系 / 不相调和从未停止，容易削减（这样或那样），或恢复。即使（或当）不再有一个叫地球的行星并且人类散布在银河系中，也没有什么可以重新接受或超越这种亲密或敌意。这种被称为天空的物质的事件依赖于地球，但这并不是因为地球是可以从太阳看得见的第三颗行星。

我们该如何理解关于天空的这个奇怪定义 —— 任何可以在光线中被观察的事物呢？光在天空定义中的作用为我们提供了一个线索：光是刺激视觉并使事物可见的自然作用力（例如，阳光或路灯）。因为它主要与视觉有关，因此天空本质上（但不完全）与凡人有关（参阅《凡人》）。天空不仅给人类看到的可能性，而且也提供了他们看到的所有物质。换句话说，天空的光亮赋予凡人看到自身以及世界的可能性。不像大地在自我隔离中的提升，天空沐浴在光亮中并赋予在光亮中出现的一切以意义。如果没有天空，那么我们将什么也看不见；所有一切都将自我隔绝，视网膜也无法捕捉任何反射在物体表面的光。这并不意味着天空只属于拥有一双眼睛的凡人。天空属于可以感应光线的任何人或事物 —— 例如，在温暖的海水中珊瑚礁对光线的反应。

因此，对于天空，有一种特殊的衡量方式。例如，视网膜能够衡量（无论视力好坏，基本无关紧要）什么沐浴在日光中或像光一样熄灭，什么可以点燃或陷入黑暗。天空允许视网膜衡量从大地上产生的东西；允许它们评估、比较、分析并 / 或丢弃任何需要衡量的或（尚未）符合衡量标准的东西。对于天空衡量的无限可能带来的问题是，似乎没有明确限定什么是可以测量的，例如，即使是波长不属于人类视网膜的范围的电磁辐射也会作出回应（例如，约 390 纳米的紫外线和 740 纳米的红外线之间）。天空似乎没有极限是由于天空同样永远不会停止挑战人类的极限，包括他们脆弱的视网膜。对于天空，没有任何东西能发出足够的光；如果人眼变得更为精细复杂，那么一切都可以变得更明晰、更清楚、更可辨识。只要天空还存在，只要大地还未将一切都吞没在黑暗中，对天空的慷慨宽容的挑战就会持续下去。

因此，视网膜的工作和这些推动视网膜工作的机器的运转是没有止境的。这就像凡人永远无法停止衡量（包括衡量自己）某些可识别而反过来自身又没有极限的东西（天空）。换句话说，就好像凡人永远不能停止衡量那些没有起点和终点的事物——也就是没有衡量尺度的对象：无限的天空。如果实在要有终点，无论采取什么样的衡量尺度，无论这种尺度通常认为是多么可靠的和可以科学地验证，凡人和他们的视网膜总是被天空挫败并杀死，像洛尔卡在他的《纽约》组诗中所暗示的（参阅《大地》）。因此，视网膜从事着一项不可能完成的任务：尽力地眯着眼睛，以便总能捕捉到蓝色的远方之外的东西，比如气象模式、如同穹顶的大气层和星座——也就是一些非常遥远的东西。凡人对于创造物和理想化事物的细察永无止境；哲学家、艺术家和诗人对于天空的冥想是永无止境的；视网膜及其可选择的修复术的工作是永无止境的。为了理解似乎引出了限制而其实并没有限制的这一不同寻常的情况，首先有必要阅读海德格尔对荷尔德林的诗歌《在柔媚的湛蓝中》其中一段的简短评论：

> 上帝是未知的吗？
>
> 他是否像天空一样显化？我宁愿
>
> 相信后者（天空）。这是衡量人的尺度。[1]

我们不必要令自己害怕。这跟"上帝已死"没有关系。这是关于上帝所代表的未知。荷尔德林认为这种未知的显露就像天空一样——也就是说，它代表着没有极限的东西，而这种无限恰恰是衡量人的尺度。因此，上帝不是衡量的尺度；相反，未知才是衡量标准。正如海德格尔所评论的："未知的上帝通过天空的显化以未知的形式出现。上帝的出现是人们衡量自己的尺度。"[2]这样，未知就不再是超脱尘俗或人类所不能及的，而是一种无限却又熟悉的东西——就像人类头顶的天空一样熟悉。但人们如何理解这种陌生的熟悉感呢？海德格尔回答说，天空是"一切的闪烁和绽放……一切声音，一切芬芳，一切来来往往、起起伏伏，一切呻吟和沉寂，一切黯然失色，一切模糊不明。在这些对凡人来说是极为亲密而对神来说是陌生的世界里，未知的东西透露出自身，以坚守其作为未知的存在"[3]。正如这段描述所显示的，天空确实是无限的，这个未知的事物坚守其作为未知的存在，帮助人类衡量自身和其他一切，包括根本不需要视觉的东西：声音和气味。

此外，让我们不要太过于担忧这种无限或未知，它们作为某种超验的界限而允许人类（字面上或隐喻性地）超越天空的浩瀚无垠。这里没有任何迹象表明凝视天空会让我们更接近上帝或神性乃至任何其他一种领域。无边无际的事物（如天空）带来的衡量的事件，必然是通过语言来引导的，而且正如我们所了解的，首先但并不完全是通过可见的方式。正如海德格尔所说，可见在这里意味着"某个事物的景象和外观"[4]，因此这里的语言又回归到视网膜及其修复术的工作。按照这种方式，无限的天空主要是通过事物的视觉和外观来引导的，也就是说，任何来自大地的在其自我隔绝中上升的东西，作为某种被衡量的东西、作为语言以可见的方式暴露在光中。而且，这里也没有神秘主义。这只是一个具体的真实。由于天空的无限性，我们可以衡量从自我隔绝的大地上产生、首先但并不完全出现在我们视野中的一切事物。

因此，天空不是所谓的苍穹，不是天堂，也不是地狱，而恰恰是给予凡人衡量一切的可能性。海德格尔写道："（天空的）高度的光辉本身就是它遮蔽一切广度的黑暗。天空中那可爱的蓝色是代表深度的色彩。天空的光辉是黎明和黄昏，遮蔽了一切可以清楚显示的东西。这片天空就是衡量尺度。"[5]注意这里的高度和广度、黎明和黄昏是如何相互遮蔽以保持天空永远是无限的、不可衡量的、不可测算的和未知的。没有什么能限制天空，甚至连即将到来的夜晚或太空的深处所带来的黑暗也不能。由于缺乏明确的边界，因此天空的衡量意义不是作为凡人确定事物尺寸、数量或程度的工具，而是衡量所有的尺度：衡量相对于所有限制的无限性。如果不是这样，凡人就不会向天而升，也不会抬头仰望天空，希冀或计划着这个或那个。天空确实是衡量尺度。

因为天空本身并不是一个物体，因此作为量度，作为不可取代的东西，天空代表着凡人注定的轨迹。这并不意味着天空代表着某种命运、运气、天意、宿命、因果报应或定数。注定的轨迹应该单纯理解为被束缚凡人的、可见的大地的移动。在对无限的事物进行衡量（和衡量自身）的过程中，人类在指引自身并打造了自身的轨迹。这种指引不是隐秘或独立的运动，而只是从大地自我隔离的起伏中出发并遵从之。如果凡人不在无限中自我衡量，在衡量中创造他们自己的命运轨迹作为大地起伏的可视化表达，凡人将不再会有他们所拥有的生活。例如，策展人的工作（参阅《大地》）最鲜明地标志着这一注定的轨迹。例如，一个展览包括诸如艺术品、策展人、艺术家、博物馆或收入等，总是对以天空为背景的一系列注定的轨迹（大地自我隔绝的涌动）的视觉化表达。这也正是当大地显而易见地转向天空或标记一种命定的轨迹时发生的事情——此乃以无可估量的天空为背景时可想而知的冲动。

但如何更具体地阐释这一点呢？可以用什么样的视觉来展示这种从自我隔绝出发逆天而生的命定轨迹？我们在这里特别关注的是，什么样的策展活动会将这些天空揭示为一种没有限制的尺度，让凡人得以获得与大地一起涌动的命定轨迹？在洛尔卡之后，出现了另一个与海德格尔相去甚远的可以想得到的例子（如此之远以至于海德格尔自己也很可能不会赞同）。但这个想法很简单，再一次（参阅《引言》）避开了海德格尔作品的基调，因此，天空并不是一个更具体的现实，但至少是一种不和谐的共鸣，有助于将策展与所有衡量的尺度联系起来。在巴尔扎克的小说《驴皮记》尤其是其中对古董店的著名描述中，极为清楚地讲述了作为这种衡量尺度和凡人命运轨迹的天空，由于其丰富多彩和发生于同时代的策展尝试，如此相似。

商店里的场景发生在小说的开头，不符合典型英雄举止的主角拉斐尔·德瓦朗坦决定在傍晚自杀，他走进一家古董店，来打发他在世的最后几小时的时光。至关重要的一个方面是，在生命最后时光中所逛的商店位于卢浮宫、巴黎圣母院和爱情桥等这些无法吸引他的地方："当反射天空的灰色调时，这些历史建筑似乎呈现出一种沉闷枯燥的样子，罕见的阳光闪烁给巴黎带来一股危险的空气……因此，大自然本身也在协力使这个垂死的人陷入一种痛苦的迷乱之中。"[6]因此，拉斐尔拒绝把博物馆和建筑作为减轻他自杀倾向的一种方式。相反，他的目标是"一家老旧的古玩店，目的是找到一些吸引他感官的东西，或者找别的东西在夜幕降临前打发时间。"[7]巴尔扎克用这样的词汇描述了这家商店，"它包含了许多种文明的遗存"[8]，"人和神的作品的杂乱混合"[9]，"一个什么都没有遗漏的哲学垃圾箱"[10]，"室内陈设、发明、时尚、艺术品和文物的海洋"[11]，"上面随意涂抹着人生中无数事件的巨大调色板"[12]，"人类愚蠢荒唐的大型博物馆"[13]，"是空间和时间的浩瀚"[14]，"是已知创造物的全部"[15]。

对于拉斐尔在这家非同寻常的商店的逗留，我们从多个方面进行了分析：这家商店揭示了工业革命如何带来过多无用物，艺术品如何成为纯粹的消费品，以及大规模的综合概括如何变得比审美眼光更重要。此外，通过店主关于道德的言语来分析店铺：英雄不应追求权力（pouvoir）或魄力（vouloir），而应追求知识（savoir），从而进入一种宁静的沉思生活。当英雄获得一种古老的图腾——驴皮时，他必然会选择权力和魄力，驴皮会在主人每次表达愿望时神奇地缩小。驴皮会持续提供权力和魄力，直到驴皮所剩无几——也就是直到驴皮的主人死去。在这里，巴尔扎克的道德观已经全部阐明：不要像守着一块不断缩小的驴皮那样生活，而应当寻求知识。只有这样，才能使自己获得长远而精彩的生活。我想要展示对商店之行略有不同的解读。

在命中注定碰到不断缩小的驴皮之前，拉斐尔在商店里遇到了所有已知的创造物。关键段落如下：

> 对他来说，这个室内陈设、发明、时尚、艺术品和文物的海洋组成了一首无穷无尽的诗。形式、颜色、思想概念重新鲜活起来；但是在他的脑海里却空无一物。他的诗人情怀竟要完成这位大画家的这些速写，而这位大画家已经把人生的无数事件以轻蔑的神情缤纷地涂抹在巨大的调色板上。[16]

这难道不是揭示天空所代表的衡量尺度的描述吗？首先，没有什么是完成的；所有这些都需要衡量。例如，素描和诗歌仍然需要完成。其次，这个陈设的海洋是由无数的意外事件组成的。这些意外事件显现了大地逆天而上的冲动，这种亲密或敌意是由凡人匆匆聚合的，仿佛在一个巨大的调色板上布满色彩和形状。最后，拉斐尔自己需要让更多的光继续闪耀在已经被照亮但仍然需要被赋予更多的光的东西上。没有什么可以阻止拉斐尔向大地上大量产生并已经沐浴在光中的事物提供更多的光。这里的无限往往需要更多的衡量。

但这不仅仅是一种景象。拉斐尔全部的存在都耽于这种没有最终标准的衡量。随着商店之行的继续，拉斐尔的命运轨迹发生了一个转折，开始强调在无限的天空下凡人衡量自我的方式。巴尔扎克写道："他被最奇异的形式所指引，被在生与死的边界保持平衡的美妙的创造所包围，他就像在梦幻的魔法中行走。的确，他对自己的存在有些怀疑，他觉得自己与这些奇怪的东西合为一体：既不是完全活着，也不是完全无生命的。"[17]这里的衡量显然不是某种戏剧表演，而是一种疯狂的存在之路：以天空为背景，物体和凡人伴随着大地最昏暗的界限而涌动——也就是说，任何事物都是在光之中被审视，而且还是由光来审视的。在这亲密而又矛盾的相遇中，天空从未让这些物体和凡人处于完全的光亮中。他们的运行总是处于半明半暗的状态，总是需要（更多）光亮。因此，在向着天空涌动时，拉斐尔和这些运行的物体时而一致，时而不一致，天空从来没有恰当地确立或区分任何东西，甚至没有生与死的区别。作为衡量一切事物的尺度，诚然，天空是凡人命运的轨迹，这些轨迹总是延伸到天空高处的光辉以及天空所遮蔽的广阔黑暗之间，揭示了冲突的本质：冲突。天空确实是极限，但其实根本没有极限。

客体

　　艺术具有预言能力的看法由来已久。康定斯基。艺术家是先知。没有对此提出异议者，只有这个认知的不断转变。预言的定义是预言的知识可以与自然的知识相匹敌。这里的自然被简单地理解为是没有原因的。因此，艺术和自然一样具有预言性。因此，艺术家不是寻求世外桃源；他们只展示物质的事件。他们的作品揭示了冲突就是贯穿自身的冲突。韦纳理论将大地转变为天空。非预言性的艺术途径具有策展潜力。

　　从大地逆天而生的许多物质事件之一就是艺术。长久以来，人们认为这种被称为艺术的事件具有预言能力。这种看法并不仅限于宗教的或精神的艺术。艺术是一种最卓越的媒介，它能够指向真理或其他任何媒介都无法实现的地方。它开辟了新的前景，以前所未有的方式照亮生活，着眼于当代的问题，阐明当前的情感，并让我们一窥世界真正是什么或应该是什么。同样地，艺术展览吸引了大量的人，他们相信在关于这个世界（或世界的一部分）现在或未来是如何出现的问题上，他们将被赋予一种情感的、感官的、概念性的、参与性的或表演性的视觉或体验（整体或部分）。乌托邦或反乌托邦，理想主义或末日论，弥赛亚或末世论的幻景比比皆是，即使——尤其是当它们隐藏在社会警戒、政治正确和／或道德立场之下，而这些立场的目的只是抨击世界的罪恶和错误。从艺术在画廊、博物馆或任何类似的环境下展出的那一刻起，它就不再严肃地对待形而上学的内涵和预言性的愿景。

瓦西里·康定斯基是较早提出这种尚未被普遍接受的隐秘看法（"艺术是有预见性的"）的学者之一。在《论艺术的精神》一书中，康定斯基将人类的精神生活比作一个面向未来的三角形：

> 一个巨大的锐角三角形被分成不相等的部分，最窄的部分指向上方，这是一个图解精神生活正确的表示……整个三角形移动缓慢，几乎看不见，向前和向上以及顶端代表"今天"，第二段是"明天"，也就是说，今天只能作为顶端去理解，其余的三角形，似乎是一个难以理解的无用数据，明天构成了第二部分的真实而敏感的人生。[1]

在这个不断向上变化的、指向未来的三角形上，艺术家有一个使命：带领其他人类进入三角形的上层梯队。在衰微时期，人类因为忽视艺术的作用而堕入深渊。在启蒙时期，人类上升到峰顶，聆听艺术家们，这些先知让我们接近情感、精神、政治、社会文化、道德和／或物质完美的空前巅峰。就像圣诞树顶上的华而不实的星星装饰一样，康定斯基把贝多芬放在了三角形的顶端，作为预言性视觉艺术的终极典范。

因此，艺术家是先知。正如康定斯基所说：

> （艺术家）看到并指明了方向。有时艺术家宁愿放弃他的能力，因为这仿佛是沉重的十字架；但他不能这样做。尽管遭到蔑视和憎恨，但他从未放弃，而是拖着大量人类抗议的重荷艰难前行，迫使他一直前进和向上，越过路上的所有障碍……这些艺术家中的每

一位，都能超越生存现状的限制，在这一精神进化阶段中，作为他周围人的先知推动永远固执的大量人类前进。[2]

孤独、英勇、无畏、富有远见的艺术家们，是将大量人类引入三角形上层梯队的先知。即使在今天，当艺术家们被认为在面临世界自身毁灭这个严酷现实而更能适应时，这种通常隐秘的渴望似乎也从未放弃。哪位艺术家，不管他是怎样的唯物主义者和固执的务实主义者，不管他多么热衷于社会和政治活动，无论他多么适合，都没有真正梦想过实现康定斯基的角色。如果他们对自己坦诚，可能很少有人会不承认。艺术形而上的维度需要它，无论是什么媒介。因此，在艺术世界，预言是隐秘的、羞怯的，或带有社交礼节上需要的恬不知耻。

然而，我们都知道，艺术品既不是先验的，也不是空想的，确切地说，既不是先见之明，也不是预言。不存在指向未来的三角关系，也没有什么能够真正描绘出人类进化的更高级层次。艺术家既不是预言家，也不是先知，也没有大量抗议的人类在跟随他们。这个简单的提醒并没有把所有的事情都归结为一些实用主义的"变得真实"，好像唯一重要的是日常生活的残酷现实。这样说并不是将未来归结为会计和商业计算的冰冷预测。人们普遍认为艺术家是先知，而他们的作品是预言，我们舍弃这种简单的理解，背后的目的不是为了指向另一个同样错误的方向，而是为了改变视角，改变人们对艺术家和策展人展出的东西的看法：物体。这里的论点是，艺术品不是预言性的，但最简单的是，它们是参与大地逆天而升的涌动的物体。艺术品并不向往世外桃源；它们并不渴望达到人类生存的峰顶，也不渴望此时此地得到真正的启示。它们只是回归了冲突：大地／天空。这意味着什么，我们应如何理解它？

要回答这个问题，就必须忘记所有这些毫不动摇支持康定斯基的现代主义的幻想，重新开始对预言设定新的定义。不出所料，正是最不倾向于预言的人——贝内迪克特·德·斯宾诺莎，为这个术语提供了一个令人振奋的新定义。他在《神学政治论》中写道："预言或启示是关于由上帝所透露给人的关于某些事物的确定知识。"[3] 这一定义清楚地假定，预言既是一种知识，暂时用斯宾诺莎的词汇来说，同时又是"由上帝"所赋予的。然而，斯宾诺莎同时指出，他对预言的定义也可能意味着"自然知识"，即脱离任何一种信仰、迷信或精神性的知识，此举毋庸置疑反映了他运用词汇的一贯性。正如他所说："从这个定义 …… 由此可见，'预言'一词可以应用于自然知识。"[4] 与人们所期望的相反，先知的知识并不排斥自然知识；其中一种与另外一种知识之间不是相互排斥的。但是人们如何理解上帝赋予的知识和自然知识之间的这种飞跃呢？斯宾诺莎怎么能假设这样的相似性呢？正如我将在下文试图说明的，这些问题恰恰指向了我们所谓的艺术品物质事件的核心。

要理解斯宾诺莎那奇怪的等式，唯一的方法就是回到他的著名论点，即上帝等同于自然。他写道："所有事物发生和被限定的普遍自然法则，不是别的，就是上帝的永恒法令 …… 无论我们说所有的事情都是按照自然规律发生的，还是受到上帝的法令和指示的限定，我们表达的都是一样的。"[5] 关于上帝等同于自然的等式，他写下了著名的"上帝即自然"，明确而必然地蕴含着：就预言而论，上帝下达的预言知识和作为自然产生的知识之间并没有任何区别。在这里，这种对等并不令人惊讶，因为它不仅使得上帝的知识与自然的知识持平，而且也因为它首先是彻底的。这两种知识是同一的；这种持平是毋庸置疑的。

当我们自负地清除了所有关于上帝的过时概念（和接近上帝的方法），高傲地去除了所有关于自然的过时概念，这在世俗世界里有什么意义呢？为了让这个等式在今天仍具有意义，我们有必要回顾一下这样一个事实：当谈到自然时，斯宾诺莎并不是在谈论与人类或人类的创造物相对的、包括植物和动物在内的自然世界或者说物理世界的现象。对斯宾诺莎而言，正如他的著名言论所表述的，自然是能创造自然的自然，也就是说，是一种内在的自因性事件而无关乎引发它或控制它的外部力量[6]。"能创造自然的自然，我们必须理解它本身以及通过它本身孕育出来的东西；即表示永恒和无限本质的物质的属性，或者说，……上帝，一定程度上是一个自由的原因。"[7] 这样，在宇宙中发生的一切都是自然——不是浪漫或田园意义上的自然，而是没有外因的自然，也就是说，除了它自身以外，没有任何外部力量引发的自然[8]。因此，除了它自身以外，自然（被理解为创造自然的自然）无关乎其他原因。

如果我们回到贯穿本书使用的词汇，则意味着一切都以暗物质或物质的形式发生；所有发生的物质事件，如大地和天空（参阅《物质》《冲突》）。因此，任何在自我隔绝中逆天而动的事物，包括凡人、神灵和他们的艺术品，都是斯宾诺莎所理解的自然：不受外因影响，除了自身以外，不因任何外在力量而产生。正如我们所见，物质是这样一种边缘或不可界定的地平线，没有任何外缘，又在视野之内。作为一种边缘，它表现和再表现自身，而没有人认真聆听、干涉、吸收或赦免所表达的动态。换句话说，物质分裂了；随着事态的发展，事情毫无缘由地展开了。这种展开不知道最初或最终的褶皱。物质事件无所依赖、缺乏、需要和给予。它就是这样，没有理由，也不为任何人。所以无论我们称它为自然还是物质事件，事实都是一样的。正是这事实，不依赖于任何外在力量。

在这种情况下，我们只能同意斯宾诺莎的观点，即不可能有通向另一个世界的（平行的、未来的或来世的）预言。预言性知识是自然知识，反之亦然。艺术品——那些理性和情感的感官对象——因此可以同时被理解为预言性知识和自然知识，而这两者是不可严格区分的。出现这种情况的部分原因是，在斯宾诺莎所说的自然界或者我们所说的物质事件中，不可能有外在的定位。预言或艺术品不能使自身与其他地方协调，因为没有平台、窗口或入口能摆脱自然或物质事件。并不排除这样一个事实：对于康定斯基和他所有的秘密追随者来说，令他们感到极大欢欣的是，就像上帝这个名字一样，艺术仍然是一个代表形而上学的术语（参阅《上帝》）。但是，确切地说，这种指向并不能开启未来，因为没有人、没有客体能够超越它发生的偶然性。艺术是一种关系的名称，而在这种关系中，有关联的东西并不存在。相反，上帝也不能与先知或艺术家交谈，因为先知和艺术家是自然或物质事件。

这让我们得出这样的结论，如同先知一样，艺术家只能向我们展示他们自身以及他们所操控或迫使成为这个或那个艺术品的物质事件。或者，用我们本书中的词汇，艺术家只能揭示冲突的作品（参阅《冲突》）。艺术品确实表现或再现了大地的起伏，反射和折射了天空的光芒：冲突。这是他们唯一的功能——这种功能缺乏任何一种先验的或形而上学的潜能、允诺或力量。艺术品正是冲突；它们就是让大地逆天而升的东西。无穷尽的艺术品的诞生使冲突始终如一，尽管艺术史告诉我们，一切都在向前发展、进化或进步——想象性的叙述（通常是危险的）是以一种对冲突的假定性勾勒为基础的，是大地有倾向性的运动，是令人眼花缭乱的天空之光的主观反射。如果没有这些虚构，艺术品只是一种无所不在的冲突，与其象征意义或社会文化、政治、经济价值没有关系。预言力量的尺度和所有相应而生的虚构在这里消散，最终揭示出唯一真正处于危险之中的事情：物质事件通过作品使人类和神变得平等，由此更带来敌意或亲密。

只是单一地想到这些大地的自我隔绝的涌动以及不可衡量的天空的尺度，是没有什么预言的力量的，仅仅是这种无所不在的冲突令人想起某一著名的观念艺术品。劳伦斯·韦纳的《声明》，许多彩色物体并排放置，形成一排由许多彩色物体构成的序列，并作为莱奥·卡斯泰利画廊个人展览的一部分，1979 年首次在纽约展出。随后，它在芝加哥艺术博物馆的一次群展中展出，后来被选入 1982 年举办的位于弗里德里安博物馆山墙的第七届卡塞尔文献展。这件作品被分析为消除所有涉及作者主观性的尝试（艺术家的手、技巧或品味的痕迹都消失了），对大众消费主义的批判（在超市货架上变出罐头食品），对博物馆游客的评论（肩并肩观看艺术），当然也可以作为对展览和博物馆学实践的评论（在博物馆和画廊的墙上排列着绘画或雕塑）[9]。无论视角如何——韦纳的话语表达十分不确定，不足以适用于任何系列——这部作品显然放弃了任何预言性的目标。这是一种事实陈述；它宣告了是什么使得大地转向天空：所谓自我隔绝的冲动进入和参照阐释的无尽蔚蓝[10]。用斯宾诺莎的话来说，大自然没有异象或启示地自明其身。

任何策展活动，如果试图远离艺术预言的目标及其伴生的许多虚构，都不能忽视韦纳的文字客体或冲突的运转，就像这里通过对斯宾诺莎关于预言的部分解读所揭示的那样。反思韦纳的艺术品序列以及上帝的等价性，自然及其知识往往是第一步。一旦摆脱了预言性愿望令人眩目的光芒，艺术品就单纯变成了自然或物质事件——也就是冲突的再现。如果从这个角度考虑，这些只能培育一种不再具有等级（在先知和人类之间）或意识形态（在错误解读的虚构基础上指出方向）的展览或项目，因为努力（冲突本身超越冲突）只是使这些毫无意义。就像任何其他艺术品一样，韦纳的艺术品序列，简单地融入了自然或冲突的重要事件。当然，总会有一些策展人选择支持他们的朋友，因为相信他们具有预知能力，或者他们只是符合想象的艺术历史的虚构。但并非所有策展人都必须如此。有些人可能会选择一条更为人迹罕至的路，在那里他们的展览或项目的对象体现了大地在明亮天空的背景下的涌动——这种涌动把所有凡人以及那些神灵聚集一堂，后者不再顺理成章地是预言家、先知或造物主。

不可避免的是，在这种情况下，最后的问题是：如果它们不是幻想的，那么一排非预言的物体表达了什么？如果他们不再是先知，那艺术家又是什么呢？答案很明确。首先，（在斯宾诺莎看来）艺术品只是自然知识的形式。这种自然知识与自然历史或自然主义毫无关系。它正表现了对什么是自我造成的东西的意识：物体显现冲突，揭示逆天而上的涌动，并与自然融为一体。其次，更谦虚地说，艺术家是自然主义者（或物理学家；参阅《提升》）。同样，这并不意味着他们是博物学的专家或学生，或者是自然主义的专家。作为一名艺术家－自然主义者或策展人－自然主义者，就要参与大地逆天而升的涌动，也就是说，参与大自然的作品。这个谦卑的作品没有故意摆出超自然的姿态，只是意识到所创造的客体只是对于冲突这项重要事件的再现。

天使

在亚伯拉罕、以撒和天使的故事中，亚伯拉罕转向天使，喊道："我在这里。"一种新的伦理被提出，它不是对社会的普遍责任或对上帝的信仰。这是一种基于对代表未来的以撒的认知的伦理学。然而，在这个故事中，有两个人消失了：萨拉和以利以谢。对他们存在的需要表明，不可能排除伦理学的普遍性。伦理学是对他者（以撒）和社会（萨拉和以利以谢）的双重责任。以撒和天使身上显示了作为凡人和神灵的两面性。这种认识导致策展人走向一种没有上帝的伦理学。

《旧约》中最激烈、最恐怖、最疯狂的场景之一是在最后一刻取消以撒的献祭（《创世记》第22章第1—11小节，《以赛亚书》第6章第8小节）。米开朗琪罗·梅里西·达·卡拉瓦乔在1603年送给红衣主教马菲奥·巴贝里尼的那幅名作中描绘了这一场景[1]。画家把情节设置到画面前景，使观众能看清所有可怕的细节：左边是天使，中间是亚伯拉罕，右边是以撒，远处是亚伯拉罕的妻子和仆人。天使在阻止杀戮。他的右手制止了祭祀，如我们所见，他的左手指向替代的祭品（以撒身后的公羊）及作为背景的远方——卡拉瓦乔罕见的风景之一，也许是罗马的阿尔班山。亚伯拉罕受到惊吓的面庞转向了天使，但他的手仍然抓着他的独生子，用一把锋利的刀压在他的皮肤上。以撒惊恐的脸凝视着观众，仿佛恳求我们停止这场荒谬的杀戮。卡拉瓦乔的明暗对比引导观众从左到右浏览画中情景：从天使的脸和张开的双臂到亚伯拉罕受惊的脸，再到他自己的胳膊，再到以撒惊恐的面庞和温顺的公羊，最后是远处背景中模糊的景象。卡拉瓦乔将惊骇、暴力和非理性与冷酷的感官体验和田园之美相结合。

伊曼努尔·列维纳斯分析亚伯拉罕杀戮的动态在最后一刻的停止，并激烈批判了索伦·克尔恺郭尔关于这一主题的著作[2]。列维纳斯的论证是，克尔恺郭尔对这个故事的著名解释中遗漏了一些东西：亚伯拉罕决定不杀儿子的那一刹那，正是卡拉瓦乔所描绘的瞬间场景。对列维纳斯来说，这个决定并不是像克尔恺郭尔所说的信仰的起点，而是一种新型伦理学出现的时刻。这种新型的伦理学与他者有关，这里特指以撒。这种关联体现在亚伯拉罕转向天使说"我在这里"。这一回应是关键的契机，当亚伯拉罕最终选择放弃他与上帝之间不可言说的一对一关系即他坚不可摧的信仰，并最终开口说话，从而使他回归到语言和生活中。换句话说，通过"我在这里"，亚伯拉罕不再被他的信仰完全蒙蔽；他回归了现实生活。随着这个向着天使和他的儿子的关键性的转变，亚伯拉罕突然意识到他不再与上帝单独在一起，信仰不足以成为伦理道德。

然而，对列维纳斯来说，回应天使和认识到在他的刀下的以撒的他异性并不意味着回归到普遍意义上的伦理学。差异是至关重要的。在列维纳斯看来，伦理意味着经过谈判、辩论转变成规则、准则、戒律、法则等普遍适用的东西（参阅《引言》《幽灵》）。从这个意义上说，道德就是某种语言表达的方式（参阅《图像》）：必须在他者面前解释、辩护并坦白自己的言语和行为。它要求对整个社会有一个总体的回应。因此，伦理作为普遍适用的东西，作为语言表达性的东西，将演讲、谈判、秩序和社会提升到高于同一和他者一对一关系的地位，在这个例子中，对应亚伯拉罕和以撒的关系。规则、准则、戒律、法则高于一对一的伦理关系。然而，按照列维纳斯的说法，当亚伯拉罕转向天使并说道"我在这里"时，他并没有回归到普遍适用的伦理学。总的来说，他还没有与他者展开有效对话；他只是承认有一种责任高于一般的信仰和伦理价值。正如列维纳斯所说："亚伯拉罕的耳朵听到使他回到伦理秩序的某种召唤，是这个戏剧冲突的最高潮……在伦理中，有一种对主体的独特性的诉求以及在对死亡蔑视中所赋予生命的意义。"[3]

伴随着转向天使并说道"我在这里"，亚伯拉罕由此进入了不同类型的伦理学。这种伦理学相较于与上帝的关系（由此与克尔恺郭尔相反）以及与社会的规则、准则、戒律、法则（因而与康德的观点相反）的关系，与他者的关系更为重要。这样，无论理性（普遍适用的伦理）还是上帝（作为信仰的伦理学）告诉了我们什么，我们必须首先回应对方："我在这里。"因此，天使的手并不单是阻止了杀戮；最重要的是，它使亚伯拉罕意识到与他者关系的重要性，这只不过是他作为伦理主体对自身的质疑。亚伯拉罕的"我在这里"不仅瓦解了他与上帝的一对一关系，而且也从字面上使他的主体性受到质疑：对天使所说"我在这里"中的"我"是指谁？这样的定位如何影响他者？正如列维纳斯总结的那样："我们所探讨的这个问题意味着我对他者的责任。主体性就是在这种责任中，只有不可还原的主体性才能承担责任。这就是伦理的构成。"[4]在这种逆转中，任何东西，即便是宗教哲学或道德哲学，都无法超越被理解为对他者绝对责任的伦理。

但是，这里的他者指的是谁呢？我们是如何把以撒理解为他者的？众所周知，列维纳斯故意挑衅地用一个小写"o"开头的other（他者）和大写字母"O"开头的Other（他者）来相互混淆。这意味着以撒是相互交换的双方，一方面改变了存在于作为有效利用的语言领域，同时为停止献祭而辩护（例如，说："你为什么要以我献祭呢？"）的自我，另一方面又是完全的他者，打破了一般性或预言的秩序，不再还原到可以同化的他者。我们应该怎样理解这个全然的他者呢？除了所有的宗教信仰，唯一理解它的方式是通过将以撒看作未来，看作是活得比他的父亲更久并通过指向超越他自己的存在而打碎了亚伯拉罕的独特主体性的个体[5]。通过从诞生到生存这一简单的事实，以撒使亚伯拉罕超越了死亡。因此，除了祈求停止献祭之外，以撒受到创伤和惊惧的脸庞显示了亚伯拉罕无法预料的未来：一个没有他的未来。通过"我在这里"这种方式，亚伯拉罕正确回应了未来，回应了存在于其肉体、骨骼、子孙后代以及以撒之上的超越自身死亡的生命的可能性（参阅《友爱》《结论》）。

因此，卡拉瓦乔的这幅精妙的画作巧妙地展示了未来的所在：以撒。天使主要指向以撒——也就是亚伯拉罕的未来，指向超越他自身主体性的东西——从而建立了超越信仰和普遍性的伦理。在列维纳斯对于圣经场景的阐释和卡拉瓦乔的绘画中，最为重要的是未来并不是即将来临或在亚伯拉罕前方而恰恰是在他身后这一事实，而同时他不再看自己受到伤害的儿子，因为他的头转向了天使。亚伯拉罕转过脸不再面对以撒，这才是关键。众所周知[6]，在希伯来文化中，未来不在我们前方，过去也不在我们身后。有了诸如 qadam 和 akhor 这样的词，未来必然在我们身后，而过去就在我们面前，我们可以仔细审视和分析它。通过在亚伯拉罕身后指向以撒，天使由此引导他走向按照列维纳斯学说所理解的伦理——与未来、完全的他者以及他者的面貌联系在一起。正是在这种转向中，在未来在他身后的这种认识中，伦理在他者（即以撒）中展开了。

然而，这里有所缺失，卡拉瓦乔的画作却敏锐地指出了这一点。天使所指引的导向事实上只是一个模糊的方向：不仅指向以撒还指向众所周知的代替以撒作为献祭品的公羊，以及模糊的背景场景，通过明暗对比可以从中辨认出在阳光中有两个模糊的轮廓站在一所房子旁。他们是谁？在对这个场景的解读中，德里达很快指出在这个血腥的圣经故事中女人的缺席。他认为，亚伯拉罕没有对妻子萨拉或仆人以利以谢提到他计划的献祭，这一事实至关重要，改变了克尔恺郭尔和列维纳斯对它的解读。正如他所写的："亚伯拉罕没有说起上帝单独吩咐他去做的事，他没有对萨拉、以利以谢或以撒说起过。他必须保守秘密（这是他的责任）。"[7]随后，德里达提出问题："如果一个女人以某种间接性的方式介入，那么，在法则不可调和的普遍性中，作为义务的献祭的逻辑以及法则的逻辑会被去除、改变、减弱或取代吗？……在悲剧英雄或悲剧祭祀中，女人是在场的，她的位置处于中心，就像她存在于克尔恺郭尔提到的其他悲剧作品一样。"[8]

德里达对圣经故事的解读以及卡拉瓦乔画作中萨拉和以利以谢虚化的存在表明，普遍性伦理即规则、准则、戒律和法则以及亚伯拉罕群落内的言论和对话的回归。在这幅画中，天使左手食指的模糊指向显示了在对他者的责任、对未来的责任（如列维纳斯所理解的这些术语）和责任的普遍性之间作出抉择的不可能性。正如德里达所写："这就是责任面临的困境：一个人在建立责任的过程中，往往并没有接受责任的概念。因为责任……一方面要求人们对一般性的事物和普遍适用性作出自己一种普遍性的描述或进行一般性的回答，因此要有可以替代的观念；另一方面要求人们具有独特性、绝对的特殊性，因此是不可替代、无法重复、静默而隐秘的。"[9]与许多对德里达的批判的说法相反，这并没有把我们置于某种无法确定的地狱里：我应该遵守普遍适用的伦理学还是对他者负责的未来的伦理？我应该遵守规范和准则，还是遵从我儿子以撒身上的承诺？我应该回家告诉萨拉和以利以谢，还是应该只留心以撒，因为他是唯一把我与完全的他者捆绑在一起的人？

无论是卡拉瓦乔绘画中天使无法确定的食指，还是德里达对圣经中这一恐怖场景的解读，都没有让我们陷入困境，因为"困境"往往也是"短板"。亚伯拉罕和以撒故事中的"短板"恰是一种双重任务：一是要为他者承担责任（也就是说，是为了后人，我的主体性瓦解，而一切均支离破碎）；二是对话语者承担责任，有必要在他人和社会面前对自己的言语和行为负责。亚伯拉罕无法逍遥法外。他的不负责任（他的秘密信仰）变成了一种责任（"我在这里"），而这种责任反过来（对以撒）变成了一种普遍的责任（对萨拉和以利以谢或社会）。这不是一种进步，而是一种必要的双管齐下：既把我们联系在一起，也让我们作为未来和社会对彼此负责。体现亚伯拉罕主体性的暴力行为和特有的意志坚强随着以撒的出现而破碎，随着萨拉和以利以谢的出现而回归人性。在这一切中，上帝不仅处于伦理之下，而且不再发挥任何作用。（克尔恺郭尔式的）信仰既无法替代对其他或他者的责任，也无法替代对言论、伦理观念和普遍性的责任。

在这个令人毛骨悚然的圣经故事中，具有决定性作用的既不是亚伯拉罕也不是以撒，也不是上帝或者萨拉和以利以谢。关键角色当然是天使。天使是上帝的信使，但不是精神存在层面上的上帝的随从或代理人。卡拉瓦乔笔下的天使几乎看不见翅膀，正与亚伯拉罕展开一场面对面的较量。不像其他绘画中对于这个故事所描述的，总是表现把长着翅膀的天使从天空飞翔而下[10]，这里的天使是对等的、同等的存在：亚伯拉罕的另一个自我。天使与亚伯拉罕处于同一层次。天使介入、说话并期待亚伯拉罕的回应。因此，与上帝不同，他致力于语言的有效利用；就像其他凡人一样，天使必须用语言来阻止献祭。然而与此同时，他是上帝派来的。他的信息可以视为来自完全的他者或未来。那么天使是神还是人？天使深刻思考的本质是至关重要的。和其他故事的主人公一样，天使既是人又是神；他既是凡夫俗子，同时又是一个代表着不可思议的未来（参阅《引言》《凡人》《神灵》）。因此，这就是故事的寓意，凡人对彼此来说都是神，只有他们才能拯救彼此免于死亡。卡拉瓦乔的画作揭示了在恰好也是神灵的凡人之间交流的界限，这种至关重要的看不见上帝的交流。

这是如何证明的呢？卡拉瓦乔再次为我们指明了方向。艺术史学家已经证实，以撒的模特是切科·博内利，他还出现在卡拉瓦乔其他画作中。最近的 X 射线分析也显示，卡拉瓦乔用切科·博内利来画天使，随后又修改了侧面和头发以掩盖惊人的相似之处。这仅仅是巧合吗？卡拉瓦乔怎么能设想以撒的脸就是天使的脸呢？这个问题可能永远不会得到回答。这里重要的是：如果上帝在人类伦理中不起作用，如果一切都围绕着同样是神的凡人，那么我们是否不应该更多地关注这些代表着不可思议的未来的天使和以撒以及我们生活中他者的面孔？换句话说，我们是否不应更多地关注我们生活中诸如萨拉和以利以谢的存在呢？抑或，更平淡无奇的是，每当我们感觉到道德上的手指指向受惊的孩子、冲撞者或沉默的目击者时，我们应不应回应"我在这里"呢？伦理学从这里开始，在"我在这里"之中，在语言的最初使用中，它特别回应了超越死亡的未来，回应了碰巧也是凡人并谈论普遍性的神灵。伦理学始于这种最直觉性的认可（参阅《直觉》）。

卡拉瓦乔表现了凡人也就是男人和女人之间的交流，他们碰巧也是神并能够通过引用一般性和避开一般性来制止杀戮，确实证实了本书在《引言》中建立的伦理框架。亚伯拉罕和天使之间的交流以及亚伯拉罕和他的家人重新修复的关系，正是如同助产术一样发挥作用（参阅《助产》），因为它不仅强调凡人之间的秩序的理性（"我在这里"期待某种回应），而且强调"更多"的诞生，也就是逃离理性的可能性（"我在这里"，天使、以撒）。这种助产术，永远无法被习得或强加，无法忍受专制的绝对价值，因此通过平衡生命的秩序（亚伯拉罕在社会中的未来生活）与不再被称为"生活"的东西（亚伯拉罕不希望在他的儿子身上体现的未来）来解决伦理困境。没有善意和良知，也没有任何是非标准，伦理在这里是交给未来的。它回馈给碰巧也是神灵的这些凡人，只有他们才能打开无法追忆的或无法企及的东西，而这并不是终生行善就能企及的天堂（参阅《结论》）。

这一切似乎与策展人相距甚远。但事实并非如此。因为它总是涉及不止一个人，所以策展必然遵循（有时是无意识地）这种不仅仅强调凡人秩序的理性而且亦重视"更多的"东西诞生（即逃避理性与秩序的可能性）的助产术。当然，这种"更多"不仅可以成为另一组交易和/或共享的秩序（视图、喜欢等），但它必要时也可以规避一切形式的秩序，在面对其他或作为象征的未知事物（例如，观众或用户）时永远不会被猜中。通过这种方式，无论是在旧的美术馆环境中还是在互联网上，策展人总是会催生出"更多"，既涉及秩序又代表着避开各种形式的回报。因此，他们总是向他者以撒和他者天使发话，这些后者是未来的占位符，是未来的未来。在最严重的闭塞的秩序体中，策展人展示了前所未有的效果，当然，他们借此使一切都贴上价格标签并带来回报。

这并不适用于所有新的、可交易的东西，因为只有那些能让观众或参与者比思考更多的事物（哪怕是一张自拍照）才能指向超越秩序和死亡的未来（参阅《内容》）。能够激发以撒和天使们的不是同样的事物，而是挑战预期的事物，是不可意料的永远不会被商品化的事物。正如我们已经看到的，策展人的助产术的举措永远不能再被纳入规定的渠道，来"使世俗的因循守旧者惊愕"，就像老话所说的。我们将会看到（参阅《助产》），在生命受到威胁的情况下，这种独特的行为必然发生，在这种情况下，人们不指望任何东西能够重新变得安全、合理、有益和自私自利。只有认识到有以撒和天使这样的人，认识到策展可以通过吸引别人思考更多而使自身从实践的冲突中脱颖而出，才可以使策展人更好地处理他们每天面临的道德和伦理困境。

话语

对于策展人而言公正合理意味着什么？首先，策展人是接受者和讲述者。在他们的表达中，有些是无法记录下来的，尤其是"公正合理"的义务。这一义务先于意志和权力。只有在事件发生后才能辨别出来。它通常是匿名的。总是悬在半空中。总体来说，义务的发生没有"为什么"。它们的发生没有合理的保障。它们是断断续续发生的。只有那些视彼此为神的凡人才能实现和达到公正合理。

为了消除策展中最常见的陈规陋习，即策展人应该始终把艺术家放在首位，彼得·逸利建议策展人应该更加不负责任。如他所说："我们应该有足够的勇气去做我们能证明的最坏的事情，如果我们还能找到非常在意甚至去抱怨我们所做的事情的人，我们应该心存感激。"[1]通过这个建议，逸利强调了一个至关重要的伦理问题：策展人如何在保持自由的同时保持公正？通过呼吁不负责任，逸利主要是想给自己和其他策展人同行尽可能多的自由，但同时希望这种自由在过度的情况下又能受到限制。但逸利或其他策展人如何以一种公正的方式把握策展局面的是非对错呢？这个问题既不是指宗教戒律（例如，帮助你过合理生活的指示，参阅《天使》）或无神论的管制性的原则、规范和习俗（例如，康德的普遍性准则或策展人的伦理规范，参阅《幽灵》），而是关于公正的问题：对于策展人而言公正意味着什么？

为了论述这一问题，请允许我从一个简单的前提开始。像我们所了解的那样，如果一个展览就像巴尔扎克小说（参阅《天空》）中的古董店那样，是对不可估量事物的一种衡量，那么它就是最简单的一种表达方式[2]。一场展览确实揭示了大地逆天而上的涌动的程度（参阅《天空》）；也就是说，它提出了有关从黑暗之处向着无可估量的光明而涌动的一种尺度。因而，策展人转而成了发声者，他讲述了某种东西，传递了有关特定涌动的量度。让我们举一个策展史上的著名例子：1969年，赫拉德·史泽曼在他著名的展览"生活在你的头脑中：当态度成为形式（作品—概念—过程—情境—信息）"中，提出了衡量20世纪60年代后期概念艺术场景的方法[3]。这个展览传达了一个信息，由此构成对特定涌动的衡量标准，从而使史泽曼成为一个话语者：他展示了67位男性和仅有的3位女性的作品（或杰出作品）：汉娜·达尔博芬、伊娃·海斯和乔·安·卡普兰，形成艺术史上的一个转折点。无论好坏，这就是他选取的衡量。因此前提非常明确：展览是话语而策展人是话语者，两者都视觉地表现了大地以无可衡量的天空为背景的涌动。

现在，作为话语者，策展人必然也是一个接受者，一个被交谈的人。正如让-弗朗索瓦·利奥塔尔的著作《正义游戏》大量建构了我们如何讲述正义这个话题，他在书中说道："一个话语者首先是一个接受者，我甚至可以说他是命中注定的。"[4]的确，一个策展人在成为一个能言善辩的人，一个有话要说的策展人之前，首先需要有人与之交谈。这是非常基本的。例如，毕业后，策展人总是会出现在艺术、历史、理论、文化、政治等话题的谈论中。他们进入往往处于表达、发展或进步的进程中的特定语言体系（例如艺术激进主义）。无论他们是否在互联网、警戒线上或在全新的美术馆组织展现材料，策展人总是会展开曾在其他地方听到或讨论的对话来充实自己的论述（如果他们有想要表达的），并使对话转化为他们自己的（如果他们在意有对于原创作者问题比较），然后把它介绍、分享和/或出售（无论好或坏）给观众、旁观者、网上冲浪者、围观者或参与者。因此，他们既是接受者又是话语者。

在这里我们所关注的，也就是正义的问题，关于这个接受者/话语者游戏的关键是，所传达的信息并不总是在屏幕上或画廊里展示的。你所看到的并不总是你被告知的。策展人还传递其他不可见的话语，这些话语不会自动参与被呈现、展示和观看的秩序性。但是，有什么是可以表述而无法看见的呢？这些隐藏的表达中最常见的是义务，最具体的词语是"公正"，比如"在评判这场展览时保持公正"。换句话说，在我们所关注的展览或博览会中，策展人也会表达并不总是展示一部分的事物，包括最重要的公正问题，当然，这同时也是不公的问题："在判断时不要有失公正。"

如果认为这些前所未闻的伦理话语（比如"保持公正"）是展览或策展人独有的，那就错了。"公正"的义务实际上已经悄然融汇在大多数的语言形式中。换句话说，每当有人说话的时候，每当有一些东西被表达的时候，都有一种隐性的义务。例如，当我说"听我说"时，我也在说"你的回应要公正"。又如利奥塔尔所评述："这是义务的问题，在这种必要性的意义上，只要有人对我说话或者谈及我（在我有名字的意义上，等等），我就必须说话。"[5]因此，所有的话语都伴随着义务：回应、重复、转达和闲聊的义务。如果没有这种隐藏的义务，艺术界、社交媒体或其他领域就不会有关于艺术、历史、文化或政治的对话。此外，如果没有观看、反应、回应或复述的义务，就不会有策展。甚至厌烦也是一种回应——不仅是对展览内容的回应，也是对诸如"保持公正"等隐含义务的回应。

这种义务的奇怪之处在于，它每次总是出现在一个人作为交谈对象的时候，而且它几乎出现在任何意志力量之前。策展人总是认为他们知道得最多；他们总是告诉艺术家该做什么；正如众所周知的，他们的自我意识通常会占上风。然而，尽管他们有很强的自我价值感，他们仍然服从一种义务，这种义务来自并先于他们通过策展的意愿把自身作为话语者。利奥塔尔解释了这个奇怪的前提："意志从来都不是自由的，自由从来都不是首先要考虑的……（意愿）只能在义务优先的背景下行使，义务是更久远、更古老的，它不受法规的约束；也不是法令的客体。"[6]这并不意味着策展人没有意志力、自主权或自由。这只是代表着义务优先于其他内容。没有这个先决条件，就没有意志、权力、自主性和自由。这种义务（我们这里指的是"公正"）确实是古老的，因为它优先于任何参与接受者或话语者游戏的尝试，它可以无视法规，避开法律体系，摆脱所有的法则定律。它是表达本身的条件，包括展览和策展性的表达。

关于这项义务的另一个要点是，它只能在事件发生后才能获得理解。例如，策展人意识到，只有在展览向公众开放或图片被发布到网上后，他才暗中表达了"公正"的义务。同样地，观众只有在展览或展览会正式开始之后，才会明白他们有义务回应对他们所表述的。利奥塔尔对此有最简明的表述："很明显，最重要的不是理解的问题，不是！首先，一个人的行为来自一种义务，这种义务来自一个简单的事实，即有人对他说话……在那时，也只有那时，人们才能试着去理解他们接受了什么。换言之，义务的运作者首先出现，然后人们明白自己有义务做什么。"[7]这里不存在优先层级。义务并不优先；只是在理解甚至服从或反抗之前，首先要考虑义务。所以如果我追问自己："这个展览到底是什么样的？"我已经遵从了策展人的一个隐性义务，提出这个问题并作出回应。通过这种方式，"公正"的义务甚至在展览或展览会被观看之前已然被接受了。

最后，这种义务的另一个奇怪的方面似乎出现于每一次策展人以展览的形式提出论据的时候，而且正如利奥塔尔所说，它是匿名的。他尖锐地问道，关于所有最古老的义务即圣经的指令，"为什么我们认为它是自然的——我们似乎总是认为它是自然的——最初的叙述，我们知道的最古老的叙述，是匿名的吗？这不是偶然的，而是因为作者这一方不是最重要的，这在我们今天几乎是无法想象的。"[8]因此，义务比如"公正"的有效运转必须避免作者的发挥作用。这并没有使义务与话语者割裂开来。这只是强调了一个事实，即尽管义务在某种程度上是作者的，但它们总是以匿名的方式进行表达。每次与我交谈，或者每次策展人开启展览时，这种义务的匿名性是至关重要的。它表明，除了展出的东西之外，匿名的义务也是展览的一部分，无形之中要求接受者或观众作出回应。

每个人都不可避免地会想到这些问题：为什么天地之间会存在这些义务？为什么它们受到关注，但不会像其他关于展览的评论一样被简单地分析？因为它们普遍性的力量阻止了它。如果对义务进行评论和分析，它们就失去了力量和目的。正如利奥塔尔所说："让义务悬在半空中是恰当的，如果我可以这样说的话。任何旨在说明义务的论述，都将其转化为推理论证的结论，转化为从其他命题派生出来的命题……规定的正当性在于它预见了或至少先于它自己的形象。"[9]因此，为了保持其力量和目的，不得评论或分析义务。如果一个策展人偶然对组织策展陈述的义务作出评论或分析，那么他或她就会停止规定并被限制回应。所有展示的东西就都变成了结论性的表述，没有义务的总结性的事实陈述。这样，如利奥塔尔所说，义务就必然总是悬在半空中；否则它们将无法保留。

由于没有评论或分析，策展人是在不知道原因的情况下就明确了义务（"保持公正"）。在每一个展览中，他们都不具名地表示要"保持公正"，但从来没有问过这样一个问题："为什么我会要求观众公正？"或者"观众为什么应该公正？"我们在这里触及了正义问题的核心。正如利奥塔尔所说："我们不知道什么是公正。也就是说，我们必须'公正'。这不是'遵守这个'；不是'彼此相爱'，等等。所有这些都是不重要的。具体问题具体分析，在每一种情况下，'保持公正'都有必要承担责任，作出判断，然后沉思是否保持了公正。"[10] 因此，在要求我们作出回应的义务中，在策展人要求我们作出回应的指令中，都不存在"为什么"的问题。这样，"公正"的要求总是没有"为什么"。我们已经明了，只有在判断之后，才有理解和推理，义务才有被评论、分析和/或剖析的潜在可能。

但是，尽管这种义务总是毫无理由地被表述出来，这并不一定意味着，在得到关注的情况下它会自动走向正义。例如，"保持公正"的义务可能产生不公正。正如利奥塔尔德所说："义务并不总是按照字面上理解的，它们可能会导致最极端的不公正。我们既要把它们看作不可推卸的义务，同时也是陷阱。"[11] 为什么会这样呢？伴随言语或展览而来的义务的问题是，在义务发生之前或在影响目标观众之前，它们永远无法得到检验。此外，正如利奥塔尔所说："没有对公正的检验，而有对真实的检验……这是适当的方案，不使论述与现实相称，因为他们所说的'现实'仍然是存在的。"[12] 因此，义务不仅毫无缘由地落在我们身上，而且这些义务的发生也无法事先经受考验。事实陈述或推理可以被检验为正确或错误。诸如"公正"之类的义务则规避了这一点，而这正是它们的危险所在。无论我在展览中如何暗地里强烈呼吁"公正"，都确实无法确保我不会招致最可怕的不公。任何现实都不能确保话语或展览中强制性地承担义务。

这是否意味着，与其他话语（例如陈述、评论、论述或描述）不同，义务通向一个无法预期的未来？在刚才引用的利奥塔尔的话中暗示了这一点："所谓的'现实'（义务）仍然是存在的。"义务的确通向一个永远未知的正义或非正义的未来。这种向着未知跃进的原因很简单，当回顾时，它们实际上好像不知从何而来；如我们所见，它们确实是匿名的。正如利奥塔尔所说："所谓的对规定的超越，仅仅是一个事实，即作为权威的负有义务者的位置是空缺的。也就是说，规定性话语来自虚无：义务的实用主义效用既不是来自内容，也不是来自话语。"[13] 匿名且没有适当的确定的起源和未来，也就是说，总是指向"仍然是"的事物，义务是没有本源或终极目的。换句话说，从匿名到未知，从语言出现前的黑暗到天空的浩瀚无垠——这种奇异的状态将激怒所有那些渴望关于正义的清晰、安全、可复验的方法的人。

没有开端或终点，义务（"公正"）就这样从艺术家转换到策展人，从策展人转向观众，又在观众之间转移。义务的发生只有一项任务：在不质疑其开端和看不到明确目标的情况下传递和延续义务；我们不评论或分析义务；我们只是把它们传递下去，而无所谓它们从哪里来，通向哪里，也不计较对错。这并没有使隐藏的正义作用转换为建构所有话语、所有阐述乃至所有世界事件的支配机制。这只是强调了正义的传递。它的传递仿佛不是一种判断，而是略显笨拙的，正如利奥塔尔德清楚地总结的那样，"断断续续"[14]。断断续续的传递并不是很令人满意，但它是至关重要的，回到我们的词汇，因为它突出了大地向着天空涌动的方式。在这种涌动中，正义得到传递；它在话语者和接受者之间行进，把涌动推向越来越远的无边无际的天空。因此，"公正"的义务永远不能转化为司法制度。义务相对于法官、立法者或律师所颁布的命令、法令和判决。它是大地自我区分时逆天而升的润滑剂。

在所有的策展工作中（筹集资金；选择艺术家、艺术品、图像、声音、气味或食物；确定展览的位置或模式；阐明论点；为项目做广告；向观众表示欢迎；查看和评论；然后闭幕、入库和遗忘），"公正"的义务一直在进行。它不是偶然或随机推进的；它只是在话语者和接受者之间的无形空间、在被提出和注意到与否的瞬间中不断传递。因为它没有开端或终点，因为它总是匿名和未来的，"公正"的义务不断行进，即使确实从未作为存在被体验或自我确立，而尤其具有反讽意味的是，它在道德或伦理上又是可接受的。因为它在本质上是一种总是排斥自身的外在性并由此回避了所有本体论和道德坐标轴系的一种义务。这是"保持公正"义务非凡的一面：它从不"存在"，它从不能以对错来判定，然而，在沟通的每一个阶段，在策展工作的每个阶段，我们将它不断传递下去，即使我们没有具体要去叙述、展示或争论的东西。

最终，这也是上述所有的论证所导向的，只有那些将彼此视为神灵的凡人（参阅《凡人》《神灵》）才能够完全认识并传递这一义务。要意识到它的匿名性和深不可测的命运轨迹，需要的不是那些被令人疏远的戒律、守则和原则围困的自足的凡人，而是那些能够间歇性地助产（参阅《助产》）或通过直觉传递（参阅《直觉》）隐藏的正义游戏的凡人。换句话说，只有同样是神的凡人才能接纳没有开端和终点的事物，那些没有"原因"地自然发生却必须传递下去的事物。这并不能使我们摆脱职责、责任或原则（参阅《幽灵》），也不能使我们豁免于判定是非对错的正义体制。然而，它确实让我们瞥见了不必摆出正直或道德的姿态（或以此居功）而行动的可能性。如今在这里，我们不时自觉地相互帮助，每一天，不是因为专横抑或命令，而是作为助产士，缓慢或迅捷地开启无法追忆或无以企及的事物。认识到这一点，我们就会成为神，因为最终，我们都是正义的传递者。

因此，即使是最没有原则的策展人也可以"公正"，因为这不是道德或伦理的问题，而是正义的问题，是一种发生于提出策展陈述和阐释的正义。无原则就是避免道德内容，避免合理行为的绝对命令，避免令人窒息的道德规范和信条的命令。

按照利奥塔尔为我们表述的方式，"保持正义"是承认正义并没有作为裁定、法令或判决发生于交流产生的瞬间（例如，提出策展陈述的时刻），而是从黑暗到光明、从匿名到未来所传达的关于任何能够真正感知或欣赏的人类（如存在、主体、公民、身份等）无法还原的阐释的一种传递。然而，一旦这种匿名而盲目的传达被承认，策展人特别是彼得·逸利就可以成为神 —— 也即正义的传递者 —— 因为获得这样的承认，他们就会不时地与自我隔绝的大地的涌动联系在一起。"保持公正"的义务将通过策展人直观地传递给艺术家、观众及其他所有凡人而不会激起太多反对或抱怨，正是因为任何适应四重理论的人都会认识到，正义确实在大地逆天而升的涌动中得以传递。

幽灵

我们能规避社会传承的道德准则吗？例如："为公众利益服务。"这句话既庄严又被嘲笑所掩盖。但这意味着什么？在表示任何意义之前，它要求尊重。这种尊重使凡人与原则绑定在一起，即使这个原则最终是错误或邪恶的。因此，它往往是一个主观的承诺。这还是一个最高统治权的问题。它控制着自由。这就是困扰我们的：主观原则如同幽灵，提出要求却又缺席。凡人／神灵因此处于双重困境："保持公正"和遵守原则。

我们能真正"保持公正"吗？我们真的能把正义的问题交给神灵，即使他们也不过是凡人？回避规则的是非对错是合理的吗，而不去管什么看起来似乎良好的道德原则、伦理规范、原则或准则？即使神被允许在这场以"公正"为目标的起起落落的游戏中扮演自己的角色，难道不总有一些道德规范、原则或准则可能会徘徊在某个地方并推行其无处不在的法则？这些问题并不是要否定现有的关于"公正"的一些情况（参阅《话语》），而是要表明这不仅仅是一个允许凡人／神成为公正的传递者而不去思考为什么的问题。这也是一个探讨在社会中什么是继承而来的、什么是必然强加给这个社会的（例如，平等或自由）以及什么指引社会走向优化（即使这个"优化"本身是不确定的）的问题。因此，现在的问题是弄清楚探讨是如何进行的，规范、原则和准则是如何作为有价值的秩序性推行以及如何引导凡人/神灵走向未来的，即使它们自己同时不时地扮演着"公正"的角色。

　　一种方法是观察当代策展人遵循的一个看似可靠的伦理原则。我使用原则这个词，不是将其作为信仰或行为体系的基础性基本真理，而是因为它是一个普遍存在的往往不受挑战的命题或建议。我想更准确地关注经常出现在策展人伦理规范中的一个原则。以下是这一原则的一个版本："策展工作受到以下价值引导：通过促进学习、探究和对话来提升，通过向公众拓展人类知识的深度和广度，服务于公共利益。"[1]正如所显示的，这里所讨论的原则是公众利益。所有有自尊心的策展人都应该遵守这一基本原则。他们的工作必须造福大众，而不是一两个特定的人。但是，这个徘徊在所有策展人工作精神边界的原则，实际上意味着什么呢？

　　首先，毫无疑问，尽管这一说法已载入最近制定的伦理规范，但"公众利益"一词却带有某种矛盾，人们不太确定是否应该认真对待它们。"为公众利益服务"听起来似乎是策展人需要毫无保留地遵守的某种普遍真理，是具有强大的最高权威的优先于所有其他原则的原则。但与此同时，这一表达也被掩盖在某种程度的嘲弄之中，人们不再确定它的含义，似乎预示着一个被遗忘的过去，与对当今五花八门的网络社会的关注无关。结果是，我们要么长期严肃地遵循这一原则，要么对它一笑置之，嘲笑它过时的寓意。在任何一种情况下，这种表达都代表着一个似乎难以实现的（"我究竟是否在为公众利益服务？"）、无法施行的（"我难道只是在为自己的利益服务吗？"）和实际上不可知的（"我真的知道这个表达的意思吗？"）原则。无论"公众利益"是庄严的还是被嘲讽的，它在我们的语汇中仍然是一个强有力的、不可回避的术语。

任何一位策展人都不愿意被看作是为特权阶层或被豁免人士服务，尽管我们都知道，他们经常这样做。

所以问题依然存在：这个原则意味着什么？是什么赋予了它控制力？为什么策展人对它毫不质疑？为了解决这些问题，我将从让－吕克·南希致敬伊曼努尔·康德绝对命令的伦理学原则的书中选读几小段[2]。这里的意图并不是要把策展委员会提出的策展原则与康德的绝对命令等同起来。众所周知，康德的绝对命令代表着（或试图代表着）道德可能性的终极条件，这是一种在任何环境或经验中都保持绝对不变的最高理性准则。因此，康德的绝对命令压制了选择的自由并不容商榷。这是所有秩序性协议中最苛刻的：一项不能改变或撤销的协议。在博物馆策展人提出的"公众利益"原则中，显然没有特别利益攸关的。然而，毫无疑问的是，尽管没有被表述为绝对命令，但为"公众利益"服务的理念与康德的普遍性准则有着相同的内涵。因此，问题不在于比较两者，而在于分析"公众利益"本身，同时谨记以在康德的终极准则为依托。

提到这些伦理规范，首先必须强调的是它们必须得到尊重。诸如"为公众利益服务"这样的道德原则要求尊重；否则，提出这些问题就毫无意义。正如南希所说，这种尊重"形成了与法则的关系 …… 没有这种关系，'善'与'恶'我们就无从谈起"[3]。换言之，无论"公众利益"这一表达到底有何含义，尊重都是第一位的。要优先考虑尊重的原因是，与它的客体（即"公众利益"的现实意义）相反，尊重是恒常不变的。比如，我可能会失去对法则的尊重；我会发现法则对我既没有影响也没有强制性；我甚至可以认为我更喜欢受某些其他法则的约束。不管我怎么做，我仍然会尊重以某种方式对我形成的约束。即使法则会被改变、被忽视或被取代，这都是恒常不变的。因此，尊重不仅是第一位的；它还开创了规范、原则和准则；尊重赋予它们力量。在策展人的伦理规范中，"公众利益"的原则高居首位，这证明了尊重的重要性：正是它在除此之外的伦理规范中确立了其他原则。

因此，只要确保尊重的存在，"公众利益"的含义其实并不是那么重要。这种尊重构成了守则，并开创了"善"，即使不仅是未定义的或不断变化着的"善"，这种"善"却又是恶本身，尽管看上去这是多么矛盾。举一个著名的例子，1937年阿道夫·希特勒的"堕落艺术展"，展示了650件从德国博物馆获取的艺术品，作为对同期"伟大的德国艺术展"的对照，是在某种扭曲的意识形态策略下"为了公众利益"而策划的。它宣称要对那些损害了德国人民"利益"的艺术作品展开"无情的批判"。展览开幕的前六周内就有100万观众进行了参观。因此，尊重的原则显然是包含着当局的权力，而不是原则本身。正如南希所说，"（尊重）是法则中的法则，先于任何立法，比任何立法主体更古老。矛盾的是，法则却并不一定遵守法则"[4]。因此，策展人是有原则的，不是因为一个动人而普遍性的准则或法则，而是因为伴随着他们所遵守原则而来的禁令：尊重。这并不是因为这样的禁令具有命令的权力，而恰恰是因为它与任何约束或倾向的权力是完全不相称的。正如南希所说，它本身不遵守法则。

这种根本的尊重的奇妙之处在于，它既赋予了模糊的、可疑的、多变的原则以一种力量，又仍旧与遵守它的主体完全地、唯一地联系在一起。即使不能被所有人接受，即使"利益"的含义对许多人来说是不可接受的，或者已经丧失、废弃或无关痛痒，尊重仍是至关重要的。它之所以如此重要，是因为它规定了一种超越任何所谓国家、国际或普遍意志的独特主观意志。尊重是一个主观承诺的问题，而不是集体意志的问题。它从主体开始，例如，主体独立决定尊重"为公众利益服务"的原则。正如南希所说，尊重"不要求服从普遍性，而是要求我制定普遍性法则"[5]。换句话说，只有我才能使我所遵循的原则普遍化；只有我能够通过尊重"公众利益"来命令它，即使没有他者遵循它或者历史证明它毫无意义。对尊重的独特而主观的承诺，赋予了原则以一般性的、它所设定的普遍性的力量。

这意味着"为公众利益服务"这一伦理原则所要求的尊重实际上是一个最高权威性的问题，而不是一种普遍接受的利益。通过我——也就是通过主体——推行了"公众利益"。在讨论更广泛的"至高无上的善"时，南希写道："至高无上的善，需要从善的角度来理解，而不是从最高权威的角度来理解；也就是说，它取决于一种无法与任何可能成为或产生'善'的东西相比较的差异性。至高无上的善不仅在一般意义上化为虚无，而且在这种虚无中也包含着其他的虚无。"⁶所以，当博物馆馆长要求他们的策展人"为公众利益服务"时，他们所要求的无非是将尊重的最高权威强加于原则之上。这样，唯一重要的事情是最高权威的强制推行不是来自上层（前面提到的博物馆馆长），而是来自每个主观服从的尊重的禁令。"我为公众利益服务"的真正意思是"我个人服从，使尊重的最高权威普遍化"。

但可以肯定的是，"公众利益"是存在的，而这一策展原则的目的如果不是为了消解一般意义上的"恶"，那么至少是为了对抗只寻求自身利益的"恶的公众"。换句话说，善必须包含在道德规范中，因为恶是存在的。这里的对比与其说是两个对立面（善／恶）之间的对比，不如说是不受约束的事物（自由）和受尊重的最高权威性所约束的事物之间的对比。南希对此也非常清楚：

> 受到作为事实来考量的法则的限制，我们需要区分公认的恶和与法则有关联的恶的倾向……如果恶是一个自然规律（我们倾向于这样看待，当我们困惑于动物的凶猛或火山的毁灭性力量与人类的残忍）；善的建议将是荒谬而徒劳的……（因为）恶是不可理解的。但这就是为什么恶作为一种不可理解的可能性是邪恶的，也就是自由的。如果它不是自由的，它就不是邪恶的。⁷

因此，邪恶／自由的关联必然隐含在原则中，即需要被尊重的最高权威性所约束。策展人伦理规范中的"公众利益"所指的"坏的公众",不是指人们内在的邪恶,而是指自由的公众。因此,那些声称自己是在为"公众利益"而努力的策展人,实际上只是作为一种对抗可能出现的过度自由的方式而工作:这种过度自由会迅速而轻易变得如"恶的公众"一般无法理解。

尽管策展人只服务于尊重的最高权威——这种最高权威只将自己定位为对自由限度的监护者——"公众利益"中的"善",因此它不再是一个模糊多变的原则,而首先是一种无法企及的、实际上无法衡量的极端。正如南希所说,"善"确实指向"提升的不可估量的极限……最高的、极致的、至高无上的善,事实上,它不再以任何形式的'高度'之类的来衡量"[8]。因此,一方面是尊重对危险自由的限制,另一方面是"善"作为一种极端永远无法衡量。在某种程度上,没有人能够衡量这种极端,即使是策展人及公众;每当人们试图去弄清楚它的时候,"善"总是会在更高的天空中消失。这里最重要的是我们不能将这种极端理解为一种形而上学的理想(例如,一种至高无上的或神圣的善),而是一种对抗理性的东西:一种矛盾地对抗所有可衡量极端的可理解的极端。换句话说,"善"是有意义的,但我们尚且不知道其含义。

这正是困扰我们的问题。"善",作为这个对抗理性的极端,实际上是一个幽灵,它向我们提出了要求,但一旦有人试图去估算或衡量它,它就会离开或消失。作为一个对抗理性的徘徊的幽灵,"善"萦绕在我们的生活中,特别是策展人的生活中,它们只遵从尊重最高权威。无论策展人多么努力去遵循"公众利益"的原则,他们永远无法完全驯服构建"公众利益"的幽灵:"善"。它出现又消失于视野之中,合于理性又不合乎情理,毫无征兆。这样,我们原则中的"善"就永远不会变得熟悉或自然。这是某种驯化的东西,但矛盾的是,它永远不会被驯服。它萦绕在博物馆和画廊的走廊上,却永远无法看见或感知。因此,作为一个幽灵,"善"永远不会让我们舒服地安定下来,这就是为什么它很容易变成恶——即（如果回顾的话，通常）是不合理或不合逻辑的，例如，服务于纳粹的意识形态。只要我们遵从"公众利益"原则中的尊重的最高权威，我们就会冒着让所谓"善"的幽灵变成"恶"的风险。

我在开篇问道：没有道德规范、原则和准则，我们真的能活下去吗？我们能否仅仅依靠断断续续出现而且只有意识到自身神性的凡人才能体现出来的正义？答案是否定的。我们还是需要规范、原则和准则的。然而不幸的是，严格来说，这些并不必然存在。我们在策展中确定的一个原则（"公众利益"）只能像幽灵一样萦绕我们，既不完全存在，也不完全缺席。这并不意味着我们被那些鬼魅般的挑战理性的规范、原则和准则所束缚。就像卡拉瓦乔的《天使》以一种未确定的方式指向以撒、萨拉和以利以谢——也就是说，要么把伦理当作对他者的责任，要么把伦理当作普遍适用性（参阅《天使》）——我们的与"善"的关系是另一种双重束缚，它将我们连接在一起，使我们对彼此负责。我们不能脱离幽灵而生存（否则绝对自由就有变恶的风险），但我们必须摆脱幽灵（否则幽灵本身就有变恶的风险）。这种两难境地让我们对于实际上根本无法解释的幽灵束手无策。那么，策展人该如何处理这些萦绕着他们的极端的随时都有可能与它们所代表的东西背道而驰的危险的幽灵呢？

幽灵的问题在于，它总是需要一定程度的助产或直觉（参阅《助产》《直觉》），才能被接受而且具有意义。如果幽灵驾驭了理性，如果他们对抗所有形式的衡量，那么单纯的理性是没有效用的。与康德的观点相反，原则不能完全合理化。诸如"公众利益"这样的原则必然不仅要求主体的尊重的最高权威，而且也要求让幽灵游荡的助产或直觉方法，以保留"善"这个词的意义，从而避免与其目标意义也就是其可理解的极端偏离太远。显然，出于理性，助产或直觉都不能确保原则不会（最终）变成"邪恶的"，但它至少可以帮助我们免于因最高权威而被尊为最高权威，它还可以帮助我们远离普遍而理性的"善"的不断危险变化着的形式。如果是这样的话，那么只有那些碰巧是神灵的凡人——也就是只有那些能够凭直觉意识到或催生"善"（还）不是"恶"的凡人——才能使我们免遭最严重的暴力：毫无意义的尊重的暴力。换句话说，只有凡人／神灵对待这些令人不安的、未驯化的幽灵的方式，才能降低"善"向着极端转变并成为"恶"的危险可能。如果事实果真如此，那么凡人／神灵就可以确信无疑，策展人的"公众利益"将不再会引起人们的些许微笑。

图像

　　伦理大多是对话式的，包括策展伦理也是如此。视觉性内容如何传达伦理？这里探讨了戴维·特尼尔斯所策划的艺术收藏。第一次的随意解读，就能强化对话式的伦理而排除视觉性内容。还需要继续解读吗？受到保尔·克洛岱尔将枫树和松树并置的启发，利奥塔尔提出了一种田园般的、可塑的和力比多的义务。情感使我们负有义务。"它发生了"构成了另一个非标记的、非对话式的义务。因此，视觉性伦理是一项主旨性工作。或者是一份艺术简历，策展人不容忽视。

　　视觉性内容如何传达伦理信息？更准确地说，一幅画或一个图像如何在不依靠词语、文本、话语或陈述的情况下表达伦理信息？任何对伦理问题进行过思考的人，通常都会借助于对伦理的对话式理解。伦理大多作用在口头和听觉上，而不是视觉上。伦理可以说是充满激情的声音和听觉的演奏，而视觉在其中的作用微乎其微，或者完全不起作用。而排斥视觉的原因是，声音和听觉基本上可以更好地对于一元主体进行去本质化，从而强调对话式主体间性的重要性，这远甚于其他任何形式的沟通或交流。通过声音和听觉，例如，在无意识的"欢迎陌生人"时，这种先于本能反应和预先判断的对他者进行的言语表现，伦理义务变得直接并先于任何思考、存在[1]。伦理确实是从声音和听觉开始，并通过倾听和表达进行发挥。总而言之，伦理在大多数情况下都是对话式的伦理。

我在前文（参阅《话语》）中强调，按照让-弗朗索瓦·利奥塔尔的观点，每当有一种表达，就会有一种义务。更具体地说，我强调了这样一个事实，即一旦与我交谈，我就必须发言。这种对表达和话语的强调明确地将伦理置于声音和听觉、对话性的关注和回应的范畴之内。如果没有这个秘密的、虽听不见但十分必要的义务，这个建立社交对话和假设的公正社会的义务，就不会有关于艺术、历史、文化、政治等的对话。在这里我们关注的是，展览作为观众必须作出回应的表达，策展活动以呈现展览的方式参与了这种对伦理的对话式认知。一个好的策展人会聆听时代精神，进行特定表述，并期望观众听懂（或听不懂）他表述中理据充分的本质。通过这种方式，策展活动参与了这种口头、听觉的并因此有些散乱无章的对话式交流，而伦理义务在其中发挥了自身作用。

那么，艺术品、绘画、雕塑或者是单纯的图像是否有可能在没有对话式论述的情况下表达伦理信息？直接的回应是，艺术或任何视觉表达基本上都是语言，因此，它参与了这种对话式交流。因此，在没有对话式主体间性的倾听和表达的情况下，去判断它是否能够表达伦理信息，是一种自我挫败、毫无意义的行为。视觉性内容是文本的，反之亦然。换句话说，视觉性内容完全是对话式的。没有必要对此问题作进一步思考。但事实真的如此吗？在不落窠臼（在艺术家中很常见）的情况下，艺术或视觉性内容注定是散漫无章的，因此无法转成词语、文本和话语，问题仍然在召唤我们：视觉如何用属于自身的语言表达伦理信息（即，在它自己的沟通维度中），它与声音和听觉的对话式交流又有何不同？为了解决这个棘手的问题，这次我想集中讨论一幅与策展有关的画作，并借助利奥塔尔的另一本著作《话语，造型》中的某一特定段落来进行解读。

这幅画是由小戴维·特尼尔斯创作的《利奥波德·威廉大公在布鲁塞尔的艺术收藏》（约 1651 年）。这是一幅布面油画，现藏于维也纳艺术历史博物馆[2]。这幅布面油画描绘了利奥波德·威廉大公收藏的一些精品画作。1647 年至 1656 年间，这位大公统治着低地国家（荷兰、比利时、卢森堡）。1649 年，他任命安特卫普画家戴维·特尼尔斯的儿子为宫廷画家，并担任其私人收藏的策展人。在任职期间，特尼尔斯负责搜罗艺术品并对其进行编目[3]，而且绘制了大量反映所搜集艺术品宏大景象的画作，其中之一是这幅 1651 年的画作。背景中精心布置的墙上一排排展示着大公私人收藏的精品，和谐而对称，部分藏品是来自英格兰汉密尔顿公爵（在英国内战中因保皇派的失败而于 1649 年被处死）的艺术收藏。背景中描绘了包括荷尔拜因、老勃鲁盖尔、凡·艾克、拉斐尔、乔尔乔内和委罗内塞的画作，还包括提香的大量作品。除了精心设计的背景，这幅画还描绘了利奥波德·威廉大公本人，他穿着西班牙皇室的时装和特尼尔斯站在一起，特尼尔斯正指着特意摆放在地上的几幅画，引起了大公的注意。

在这幅画作中，我想重点介绍特尼尔斯特地展现给大公的那几幅精心安排的画作。包括以下作品：卡泰纳《手执书本的男人肖像》（约 1520 年）、提香《维奥拉》（约 1515 年）、卡拉奇《圣母与两个天使哀悼基督》（约 1603 年）、提香《刺客》（约 1517 年）、拉斐尔《圣玛格丽特和蛇》（约 1518 年）和委罗内塞《以斯帖在亚哈随鲁面前》（约 1575 年）[4]。如果用传统绘画艺术来表示一种伦理的提出；那么它们展示了特尼尔斯向大公提出的伦理选择。例如，他会提出假设性问题："在这些艺术收藏中，你想要寻求什么样的伦理？"这里列出了所有选择：伦理的学习方法（卡泰纳《手执书本的男人肖像》），爱的伦理（提香《维奥拉》），宗教虔诚和献身（卡拉奇《圣母与两个天使哀悼基督》），男子气概、尊严和荣誉（提香《刺客》），信仰、优雅和力量（拉斐尔《圣玛格丽特和蛇》），或宽仁和宽容（委罗内塞《以斯帖在亚哈随鲁面前》）。是哪一个呢？如果只是从表面上浏览这幅画，那么大公用手杖指着卡泰纳的《手执书本的男人肖像》这一事实似乎就提供了答案：他是一个博学的人，所以他选择了基于理性的伦理。然而，如果我们从形式主义的角度来看这幅画，我们会注意到利奥波德·威廉大公把他的手杖指向了与委罗内塞画中亚哈随鲁王手杖相同的方向。事实是，这就构成了特尼尔斯的展示的基调，并由此清楚地表明，选择基于理性（卡泰纳）与宽仁及宽容（委罗内塞）。

然而，这种解释实际上是武断的，只是对于这个非凡的艺术品展览简单提出了一种形式主义的、高度主观的解读，以博得大公青睐。它只是一个假设。更有可能的是，大公之所以选择卡泰纳的《手执书本的男人肖像》，只是为了填补书房墙壁上的空白，而这幅画正好符合要求。也可能对于展览还有另一种解释。无论如何，这种或任何其他阐释特尼尔斯所选择绘画的艺术史叙事的随意性，只表明绘画在涉及伦理时依赖于话语性（discursivity）。在传达伦理信息的过程中，视觉性内容实际上被排除在外。我的阐释将这些画作转化为一种话语，这实际上完全不是必要的，是缺乏理据的，未来的艺术史家无疑有责任批驳或修正我对特尼尔斯这幅著名画作的解读。

但这种武断性也让我们回到主要问题上来：是否存在一种纯粹依赖于视觉的伦理（例如，这里的伦理来自并存在于绘画之中），如果存在的话，那么又如何去理解？为了更准确地阐明这个问题，我感到有必要借鉴利奥塔尔阐述这个问题的独特方式。他在试图解读视觉性内容及其如何传达一种伦理时，首先引用了保尔·克洛岱尔的《诗化艺术》，诗人在书中尝试将两种逻辑对立起来：话语的逻辑和感官的逻辑。前者通过论争中建立措辞的关联而引起义务（参阅《话语》）。后者招致了一种奇特地回避了话语的奇怪义务。利奥塔尔通过引用克洛岱尔书中这句话来着重关注后者：

> 很久以前，在日本，在我从日光上山到中禅寺湖的途中，在我的视线中出现了一棵松树和一棵枫树的并置，虽然彼此相距很远，但枫树的绿意填满了它们之间分隔的空间，仿佛是在回应松树的诉求并寻求认同。[5]

利奥塔尔解释道：

> 克洛岱尔不是说松树和枫树并置，而是说通过视线并置。这两棵树"彼此相距很远"，但通过凝视将它们穿插在一起，成为任何画布上的某种背景。那好吧，正是这种扁平化形成了"图片"，而不是写满文字的纸张，就像某种图表。一个人不会阅读或理解一幅画。在谈判中，人们确认和识别语言单位；在表现中，人们寻找可塑性事件、力比多的事件。[6]

既定的目标是远离书桌和书籍，让自己沉浸在田园般的、可塑的、完全力比多的事件里——至关重要地，这三者被眼睛所蒙蔽，以免对于自然／文明进行错误的划分。

那么问题来了，这种田园般的、可塑性的、完全力比多的事件是如何在没有话语的情况下实现的？它如何传达出松树和枫树的这种一致，以及轮廓、色调、价值和立场的和谐，还有利奥塔尔引用克洛岱尔的话所说的"彼此的认识，（这种）相互之间的义务"[7]？利奥塔尔首先建议保持静默。正如他所说："处于静默的艺术是无法驯服的。艺术的立场是对话语立场的反驳……艺术以可塑性和欲望的形式表现在多样性中，是一种与不变和理性相对立的弯曲的广阔、变化的空间。"[8]如果没有话语，那么静默就必须传达一种义务。但是利奥塔尔很快就否定了这种方法："美的静默，知觉的静默，这种先于言语的、最为内在的静默是不可能存在的：根本没有办法推进话语。"[9] 所以静默只是另一种措辞，话语中固有的一个消极性措辞。因此，田园般的、可塑的、完全力比多的事件不能通过静默来实现。

也许这种力比多事件可以通过我们所说的感觉来实现。但这种感觉不是一种情绪状态或一种非理性的信念。这种感觉是对于语言的召唤，是建立措辞关联的需求。这是一种感觉，表示就在你找不到合适的言语时必须说些什么。这种感觉还是一种当你有所期待但却不知道究竟是什么的一种体验。它是一种"发生"的感觉——也就是说，一种（还）不能用言语表达的感觉，一种应该被表达而不可直接表达的感觉。这种感觉不是对话式的话语而是义务的证据，基于这样一个事实：它代表着"发生"，而不是"现在正在发生什么"。正如利奥塔尔在别的地方所作出解释："发生不是指发生的事情，在这个意义上，那个代表的不是问题（在这个意义上，展现不是情形）。"[10] 因此，松树和枫树之间的一致或和谐来自一种感觉，一种激发语言表达和交流的"发生"。田园般的、可塑而力比多的事件发生了，这是在那个之前的义务——也就是，在话语结束掌控之前。

通过这种方式，再次将焦点放在特尼尔斯策划的微型展览上，一个图像（或一幅画）能够迫使另一图像（或一幅画）以及我们承担义务，是因为按照我们的词汇来说，一幅图像实际上是有一种物质事件（参阅《冲突》）。作为一个事件，它是由"发生"而建构。这种义务（事件的义务）与口头、听觉的或通过展览话语产生的义务结构不同。正如我们所见（参阅《话语》），表达——特别是展览的表达方式——是论争性的措辞；它们把"应该"联系在一起。"你应该怎样"这个措辞的发生受到连接规则的保护。它之所以受到保护是因为即使没有被印刷出来的文本，它依然被隐藏在概念性内容或构成话语的可识别标志中。相比之下，在自然界（如克洛岱尔的作品中的）或艺术品展览（如特尼尔斯策划的）中产生的义务是一种事件，一种"它发生了"，实际上没有标示出来。它不是一个带有概念性内容的指示性的姿态。它是一种没有内容的发生。例如，委罗内塞的蓝色与提香的蓝色相邻，通过视线使它们彼此及我们负有道义的责任。就像克洛岱尔的枫树和松树一样，这些事件通过它们的偶然性、它们的"发生"，使它们彼此及我们负有道义的责任。因此，一个图像可以传达一种伦理，而不依赖于文字、文本、话语或叙述。大公和我们作为观众看到了一场精心策划的作品展览，正如我们所看到的，展览既提供一种充满伦理性的讯息（虽然何其主观），也给予了一种完全借由事件的力量、它"发生了"这一再简单不过的事实而呈现的视觉道德。利奥塔尔说，当没有话语，没有表达，"有一个'存在'虽然不是我们最初听到的表达，但是主旨性工作的结果是将这一元素撕裂为（话语／感官）两者，使侧面处于伦理生活所提及的不平衡中，但这属于预见的和可见的内容，是听不见的言语"[11]。换句话说，当存在"发生"时，它不会好像是凭空而来，而是产生在力比多和话语之间。视觉性伦理观始终处于话语的侧面，有效地以言语作为边缘，同时开拓话语与感官之间恣意放纵的主旨性工作。策展作为一种视觉实践，在这里可以简单地理解为作品的展示，先于任何形式的阐述或论证（因此先于任何新闻稿、壁报或目录），因此，可以是一个伦理的主旨性工作准备陷入沉重的话语和主体间性及对话式工作。任何公正的、道德高尚的、正直的策展人都不能忽视它。这样做就会使我所论争的话语和措辞占据上风，而任何一个有自尊心的管理者都不愿承认这一点。

因此，这里讨论的力比多伦理问题不能宣扬或传播任何对于"善"的新的阐释，甚至不能理解一个极端的无法驯化的幽灵（参阅《幽灵》），而这种伦理既不存在于对话的主体间性的听觉和口语交流，也不存在于规范、原则、戒律或准则。无言的情感的传播和这些"发生"是虚空的。枫树和松树、委罗内塞或提香的绘画，使它们自身及他者负有道义的责任，而不问为什么或为了谁。这种伦理的奇特之处在于"善"

或"恶"并不是由感官来推动的。因此，它不能是传统意义上的伦理学术语。如利奥塔尔所言，它是"一种生命历程……然而，我们在其中可以是艺术家而不是传播者，是冒险家而非理论家，是提出假设者而非进行审查者"[12]。如果是这样的话，那么凡人也就是这些神灵，是唯一能够再次承担起任务并断断续续前进的人（参阅《话语》）。在这里，我们再次涉及一种作为促成因素的伦理（参阅《助产》），这是一种本能地知道话语危险的生命历程，并因此可以开拓这种主旨性工作以及这种话语与感官之间的受理性支配或完全无视理性的或恣意放纵。

真知

　　策展人的作品可以不仅仅是一种告白吗？告白并不是确保最高权威，而是为了客体化（"他"）。这种客体化可以转化为"我们"。这个"我们"与"他们"及所有强权式还原相对抗。但还需要更多的东西。这里探讨了穆登贝及与"他们"的斗争。告白变成了真知。真知是通向具有创造可能的"我们"的途径。这是对抗"他们"最有力的工具。策展人具有真知学的潜能。

　　克洛德·列维－斯特劳斯曾经提出问题："对于人类学家而言，他们的作品除了告白还有别的吗？"[1] 人们是否可以有同样的疑问："策展人的作品难道只有告白吗？"带着这个疑问，问题就不是关于作为人类学的策展或者反之亦然，而是作为一种告白方式的策展。告白的行为在这里不能理解为承认过失或罪恶的正式声明，或者是承认自己所犯的过错或揭露个人的私密。在策展的语境下，告白只是故意承认自己提出了知识（尤其是关于文物、艺术品、艺术家、图像、艺术运动以及金融、环境或社会政治和文化的关注点），而且以同样的姿态同时提出了知识的匮乏（被遗漏、忽略、规避的东西，等等）。谁没有过哪怕至少一次对展览所展示的知识印象深刻，同时又因被遗漏、忽视或规避的东西感到沮丧呢？如果答案是肯定的，那么策划的展览确实是对知识和非知识的告白。因此，列维－斯特劳斯关于人类学家的问题需要认真对待。我们如何理解这种具有策展人工作特征的告白，它如何被转化，使得它不仅仅是一种告白或一种对于凡人和神灵的真知？为了阐明这个问题，我将解读列维－斯特劳斯本人以及他最勤奋的读者之一——刚果哲学家瓦朗坦·Y.穆登贝的几篇摘要。

我们从头开始：什么是告白？矛盾的是，告白不是由"我"开始的而是以"他"开头。例如，如果我写一篇告白，我不会把自己当作主体，而是当作需要告白的客体。列维－斯特劳斯对此非常明了。他通过一系列的疑问首先提出了"我"如何构成主体这个关键问题："对于蒙田的问题'我知道什么'……笛卡儿认为他可以用他的'我思故我在'来回答这个问题。对于这个问题，卢梭提出了质问：'我是什么'，在另一个更为根本的问题'我是吗'得到解决之前，这个问题无法回答。"[2]我们先把列维－斯特劳斯的句子最后一部分（"我是吗"）放在一边。受到这一根本的观点影响，我们得出这样的看法：通过蒙田和卢梭的问题，列维－斯特劳斯驳斥了笛卡儿提出的人们可以把自己视为一个至高无上的主体的错觉。由于一个人无法真正地以"我"的身份思考和言说，因此他除了把自己当作客体（"我是什么"）之外别无选择。这第一步导致人们使用第三人称单数代词（"他"）来指代自己。正如列维－斯特劳斯所总结的："个人经验给出的答案是卢梭发现的并以极致的清醒不断推进和探索的'他'的概念。"[3]因此，告白并不是一种对最高权威性的肯定的尝试，而首先是一种只能通过客观化的"他"来理解的"我"的尝试。

在这个阶段，问题是：有没有可能把对"他"的描述转变成不那么自恋或以自我为中心的东西呢？是否有可能通过告白来处理更广泛的经历？在他阅读卢梭的作品时，列维－斯特劳斯建议采取第二步以确保告白不仅仅是客体化的"我"的主张。第二步强调将客体化的"自我"转化为所谓"最卑微的他者"的重要性:"卢梭的思想……由两个原则演变而来:对于他者的认同……拒绝自我的认同,也就是说,拒绝一切可能让自我看起来'有价值'的东西。这两种态度是互补的,第二种态度实际上是第一种态度的基础:我不是'我',而是'他者'中最弱、最卑微的一个。这正是《忏悔录》的独创。"[4]第二步显然是对总是坚持说"我是"或"他是"的理性思维的放弃,以实现"最卑微的他者",也就是既非主体也非客体、既没有最高统治权也不受压迫,他只能大声呼喊前文所引用的"我是吗?",但是,此处说"我是吗"的"最卑微的他者"究竟指向了什么?让我们看看列维-斯特劳斯的第三步。列维-斯特劳斯认为,如果任何人能做到这样的卑微的告白,那么他就有能力慢慢地从自恋和以自我为中心转变为对抗各种形式的强权式还原的"我们"。列维-斯特劳斯在卢梭的作品中再次详细阐述了这第三步:

> 卢梭的革命……在于否定了……文化力图强加给个体分子的……"我"与"他"的形象或角色,并摆脱了只有哲学才力图提倡的差异性,使两者又重新统一并融合。由于最终恢复了最初的统一,他们就可以把"我们"联合起来反对他们,即反对与个人敌对的有敌意的社会。[5]

换句话说,如果一个人否定了文化强加给他的自我认知,那么他就可以把"我"与"他"结合起来,形成最卑微的自我,从而强大到足以构成一个"我们",随时准备抵抗任何进一步的还原。通过拒绝认同自我管理的主体和客观化的"自我",产生了告白向"我们"的转变,这种拒绝(通过"最卑微的他者"的觉醒)最终导致"我们"的融合,反对"他们"强加的所有还原论。列维-斯特劳斯的第三步将忏悔转变成促进变化的动因——最终——团结他者反对所有形式的概念上的帝国主义。

列维－斯特劳斯的强权式的"他们"是很奇特的，因为它指的不是团体、集体或控制权本身。这里的"他们"实际上以任何企图为目标，甚至是一个随机的企图，将人类还原为一个预先确定的理性概念。敌人就是这种简单的具有对抗性和敌意的还原论。因此，针对这个"他们"，这种告白不是针对压迫者个人的揭露，而是"我们"的工作，在这个工作中，没有人（"我""他"，甚至"最卑微的他者"："我是吗"）单独参与其中，而是共同参与。换言之，这是一种告白性的工作，一个人不再有任何关于身份的明确概念来对抗"他们"。对所有形式的强迫性的服从和反对都极其厌恶，在这种新的告白类型中出现的"我们"因此成为社会转型的动因，最终可以在不担心被挪用、侵犯和削弱的情况下发挥作用。

但我们探讨的还是告白吗？如果这种告白的工作是为了无视精通和无知，如果它是为了成为转变真正的动因，那么它需要一些更实质性和革命性的东西。那会是什么呢？穆登贝作为卢梭和列维－斯特劳斯的忠实读者，对于这种对抗而充满敌意的社会性还原有着深刻的体验。受到人类学家、哲学家、历史学家和神学家作品的启发，穆登贝也以一种告白的方式写作，但他的写作不像卢梭那样，是一种希望唤醒读者共鸣的关于本体的个人陈述。更确切地说，穆登贝的告白式写作是一种文本的自我呈现，同样是从"我"／"他"转向"卑微的他者"和"我们"，但这里所讨论的"我们"显然是针对最暴力的本体的强权：由殖民主义所强加的还原论。穆登贝确实是深刻自我和世界转变的动因的极致例子。他不仅为读者提供了一段历史，而且提供了转变的手段，而这是可以突破万难的。但如果不是通过告白，他又将如何着手呢？他是如何将告白转化为转变的媒介的？

穆登贝最著名的批评之一是针对他称之为"殖民地图书馆"的批判。这种图书馆是对于"他们"这种他者的强权性、对抗性和敌对性还原的最好例证。如他所说，它代表着"从殖民经验中搜集的科学知识。这是一种使非洲人客体化的知识，反讽性地将非洲社会文化现实表述为：原始、没有规矩、迷信，等等"[6]。正是针对这种种族主义和暴力的殖民图书馆，穆登贝进行了他忏悔式的调查研究，并将其转变为变革的动因。正是这种文本的自我呈现和自我调查，转变为一种真知，一项将他自己和读者从各种形式的不必要或无根据的还原的限制中解放出来的事业。真知这个词是很艰难的，因为它总是与真知主义或神秘主义联系在一起。穆登贝没有在这两个层面上运用它。一个人如果想摆脱只关注自我的表白，那么他需要认真领会穆登贝对这个词的阐释。

穆登贝热衷于阅读古希腊文献。读过亚里士多德的《后分析篇》后[7]，他知道真知包括感官知觉（美学）、记忆、体验和科学知识（认知）。但他也明白真知与不可知论有关，后者是不可知的。后者之所以重要，是因为它指的并不是未知的东西，而是尚不可知的东西。这个区别至关重要。它允许人们对于知识保持开放，永远不会处于确定性状态，永远不会肯定套语，从而逃避一切形式的还原论。正如他所说："真知不同于套语或观点，不能与认知相混淆，不能理解为科学和一般的智力配置。"[8]因此，真知背离了人的假定的状态（"我是"/"他是"）；它是对知识和非知识（"我是吗"）的回避，是走向永远无法预期的东西（"我们"）。因此，它永远不会导致任何人成为不可知论者——也就是一个人认为没有什么是已知的或可以了解的（关于上帝或其他任何东西）。穆登贝式的真知是先验洞察力的一种内在形式；这是一种指引"我们"摆脱束缚知识。

因此，穆登贝对卢梭和列维-斯特劳斯的解读具有非凡的变革力量。他为我们提供的不是从一个主体化层面到另一个层面、从一种受压迫文化到另一个文化的陈腐的途径；相反，他为我们提供了一种突破自我、突破我们所认为的自我的方法。穆登贝式的真知与列维纳斯摆脱存在重负的诉求不同，是对于所有继承、所有建构已经确立的知识以及所有被忽略、忽视或不予理会的事物的"解脱"⁹。以这种方式，我们以真知代替了告白，邀请我们摆脱所有沉重的图书馆，不是朝向另一形式的主体性（这将建构成另一个图书馆），而是朝向无法预期的、需要被创造的作为不可知论者的"我们"。这意味着为了摆脱告白的模式，为了给"我们"一个机会，有必要对我们自己的图书馆进行怀疑，并在这一过程中，有必要去创造真知而不仅是告白，因为集合在一起的"我们"从来没有完全在视线范围内。

因此，真知实际上是一种不确定性，一道了解更多的邀请，使我们以开放的姿态去面对尚未可知的东西。因此，如穆登贝所说："这种真知所证明的超越了它对权力的意志及其概念装置，一个关于它自身存在的巨大但普通的问题：它是什么，它如何能保持相关的不确定性？"¹⁰这一邀请是反对以自我为中心的胜利/失败的告白和反对"他们"的所有强权性还原最强大、最有力的工具：它绕开单一主体（"我是"）的权力意志，它回避了所有客观化（"他"）的舒适的确定性，它参与了由卑微的他者（"我是吗"）构成的"我们"这一冒险和知识的极限。因此，穆登贝的真知，这个总是处于危险之中的巨大的不确定性给予"我们"力量来逃避一切，逃避对知识的掌握和由此带来的各种愚昧。

正如开篇所述，策展人深谙告白之道。它充满了对自己精通和无知的承认。策展人对于艺术品、艺术家、艺术运动、图像以及社会政治、金融、文化和经济等方面的问题都有所了解。策展人也明白他们也并非通晓，毕竟，这只是带着各种缺点和不足的展览。因此，策展充斥着矛盾的告白。然而，有时它也充满了穆登贝所理解的真知。少数创造真知的策展人已经放弃了他们的"我是"而只会自称为"最卑微的他者"，这种卑微让他们听到一个不是对假想的或预计的存在（公众、观众、数据统计等等），而是对永远无法预期以及规避了"他们"所强加的强权的事物保持开放的转变的"我们"。这里有一个范例，它构成了一系列转变为真知的艺术策展人的告白，借此客体化的"自我"（艺术家变成策展活动家）不再发挥作用，而"我们"显然成了转化的动因。

我想将这里的艺术策展人的冒险行动称为洪水，它可以作为玛丽-简·雅各布的特定多站点项目"雕刻芝加哥，文化在行动"的一部分[11]。洪水是由一群二十位左右的艺术家筹备而成的（最初是由理查德·豪斯、温迪·雅各布、劳里·帕勒尔以"哈哈"的名称创立的），他们在20世纪90年代中期在芝加哥北部的一个店面里建造并维护了一个水培花园，作为应对当时美国艾滋病危机的一种方式，并摒弃了极其拙劣的政治。他们种植蔬菜（不结球甘蓝、羽衣甘蓝、芥菜、叶甜菜）和治疗艾滋病患者的草药。多年来，哈哈提供每周两次膳食、教育活动、会议场所、公共活动与替代疗法、营养学和园艺学方面的信息，以及一个种植场所。这一项目不仅质疑了艺术家策展人的工作（他们并不总是制作或筹划艺术品），而且承认一个项目可以做的不仅仅是创造可以列在履历表上的经济回报。它可以是一种穆登贝所理解的真知，通过这种方式，艺术家策展人告白中的"我"转变成"我们"，作为由艾滋病危机引发（寻找治愈方法、解决方法、康复、同情、爱，等等）的变革动因。这样，哈哈显然绕开了一元主体的权力意志；它避开舒适的客观化的确定性而参与了这一冒险，也就是"我们"超越了罗纳德·里根总统的"他们"的暴力。

正是这种艺术策展的作品，刻画了碰巧也是神的凡人的特征。这种告白变成了真知——也就是说，这种认识论——把大地变成了天空，承认我们都是凡人也就是神。如何实现的呢？仅仅是因为他们关注的是一个"我们"，而这个"我们"还没有被一个这样或那样的"他们"（同性恋、异性恋、艺术家、策展人、艾滋病患者，等等）所简化。他们关注的是一个向发明、向超越死亡的未来开放的"我们"（参阅《引言》《天使》《结论》），哪怕没有或近乎没有未来，就像那些艾滋病患者一样。与穆登贝的观点一致，那些碰巧也是神灵的凡人，确实成为不可知论也就是那些尚未可知的事物的促成因素和直觉性参与者。面对那些总是试图阻止未来的"他们"，这些凡人/神灵（这里称为哈哈）让那些尚未可知的东西在"我们"的工作中发挥作用，给予病患一臂之力，帮助他们找到治愈的方法，解决他们的困境。他们让知识开放，不是为了保持一种永久的不确定状态，而是为了对抗各种形式的套语。"我们"的真知也许是策展人的唯一目标，他们最终想把陈腐的告白放在一边，最终为一个没有各种形式的强权性简化论的世界体现这些神圣的自我。

内容

内容策展有不同类型。重点总是在内容上，而很少在导航上。在导航过程中，超链接是关键。按照格鲁伯／利奥塔尔的观点，超链接是一些连字符。超链接是作出承诺的符号。它们总是远离内容。它们代表了时间的流逝。以网络冲浪者疯狂的沉溺为例，这样的冲浪让我们停留在童年。它带来了自发产生的监护和解放。空白是结束疯狂沉溺的开始。策展人必须从"我能知道什么"到"我想成为谁"，这是走出童年的唯一方法。

在许多不同类型的内容策展中，我们可以区分出三种。第一种通常是由一名被称为内容策展人的有偿从业人员手动执行的，他筛选数兆字节的数据，识别相关内容，并在公司或机构的互联网平台上共享这些内容，以便立即或延缓公开使用。在这种情况下，内容是专门为尽可能广泛的特定年龄阶段的人群而聚合的，即使它只是人群的一个特定部分。这里很难举出这样的例子，因为从可口可乐到当地最小的街角商店，大多数公司的网站都在为他们的客户、受众或读者策划内容。在所有的情况下，这些网站在设计上大都有一个精心策划的部分，不仅是为了吸引更多的客户、受众或读者，而更重要的是，为了产生更多的利润，无论是通过销售广告空间还是用户数据和/或元数据。

第二种内容策展是由一个或多个（通常是无偿的）个人出于他们自己及其追随者的乐趣手动执行的。信息（文本、图像、视频、数据等）聚合的目的是识别、选择、编辑、校正、汇编、收集、筹备发布和分享反映这些个人兴趣的内容。比如照片墙、品趣志或汤博乐等社交媒体平台的许多用户。这种类型的内容策展除了策展人自己和他们直接的社交网络之外，没有任何目标受众。这种目标的缺乏反过来又通过算法驱动的广告技术实现了有价值的元数据的工具化。在这种情况下，策展人是基于他们所构建的策展内容的平台条款而盈利的。如果他们拥有足够多的追随者，策展人就会通过自己的品牌标识的聚合来赚钱。

第三种类型是算法生成的内容。这至少可以从两个层面来理解。首先，有些内容策展公司专门致力于筛选十亿兆字节的数据，以满足内容策展人自身的需求。这些公司包括报纸里（Paper.li）、内容策展（Curata）、独家新闻（Scoop.it）和现场写作（ScribbleLive）。他们的目标是通过提供"有趣的"内容来确保他们的付费内容策展人（通过网站、博客、社交网络界面和电子新闻刊物）扩大其网络，从而产生更多的销售额、点赞或回报。这些公司运行的复杂工具就像社交媒体助手一样，大量炮制并共享数百万页最新鲜、原创并经过筛选的内容。其次，大多数大公司都使用内容策展软件来吸引消费者，将产品转为销售，以及/或扩大和留住他们的受众和追随者。这样的软件，通常可以在"推荐给你"的标题下发现，创建可扩展的优质内容、互动体验以及实时受众参与，以优化性能和推动业务成果的优化。正如这两种策展方法所表明的那样，这种通过算法生成的内容不再完全（仍然）算作策展，确切地说，因为它更像是自动化的营销策略而不是手动的策展尝试[1]。

前两种类型的手动内容策展的影响是多方面的。首先，内容策展人在对所选择的内容提出明确而严谨的论点之前，通常会先关注自己或目标受众的审美。最常见的目的是在信息或参数通讯之前的用户满意度。第二，内容策展人编辑输出语境以使内容适应屏幕尺寸和/或用户即时消费的需求。因此，相对于内容方面富有意义，网页的可读性才是主要目的。第三，内容策展人舍弃任何类型的不能很好地拍摄、可视化或发出声音的内容。这样做的目的是为了提高网络的可引用率，而不是文化分量或意义。第四，内容策展人参与到内容的普遍同质化（社会、文化、政治等）中，这些内容随后被分割成人口统计学上的预先或自行决定的消费者或利益群体。其目的是强化被无时不在、无处没有的标签化过程所支配的陈词滥调、老生常谈、习惯用语和庸常内容。换句话说，确认一致性是唯一的目的，即使（特别是当）差异是经过策划的。最后，也是最重要的一点，内容策展人或多或少地拒绝承担任何责任。他们通常使用笔名，或者——尤其是在第一种类型中——他们保持匿名、隐形和/或沉默，以采纳扭曲的功利主义：给予目标用户他们想要的。优先于任何有关责任的考虑，这里的目的是追求整体的可共享的满意度。

然而，在这幅关于手工内容策展人工作的惨淡图景中，有一件事格外引人注目。在这个以新方式定义的职业中，这一点常常被遗忘。实际上，关注点始终是策展的内容以及它在网页上视觉化的呈现方式，而很少关注内容之间的导航过程。点击、敲击、悬停：三种常见的方式从内容来源移动到内容目标并返回。点击、敲击、悬停：这三种手势既能引起在线策展人的关注，也能引起目标受众的关注。正是互联网的普及将他们联系在一起。虽然这些动作是个体而独特的，但矛盾的是，它们并不是单独进行的。它们配有搜索器监测运行，收集有关冲浪者个人行动的数据和元数据。在内容浩瀚的海洋中如何理解这些运动呢？内容策展人，就像画廊或博物馆的策展人的兄弟姐妹一样，希望他们的目标受众关注呈现给他们的东西，但在网上，如果没有浏览这些可能无限的内容页面，这种关注就不会存在。人们总是在谈论内容，但很少谈论是什么令这些内容被看到、欣赏、制成表格、设定为电子书签、最小化、最大化、执行指令、关闭或删除。在某种程度上，点击、敲击和悬停支配了内容、策展人及其工作和接受。如何理解这一切呢？

为了解决这个问题，我将进行一种哲学家们通常难以接受的阅读方式：在两位作者论述的边缘上解读——也就是说，不对他们作品内容进行实际论证。其目的在于避免无礼或不道德。更确切地说，其目的不是从表面上阅读其文本，而是当它进入视野或在视线之外时阅读——基本上是在内容接管之前。这两位作者分别是埃伯哈德·格鲁伯和让－弗朗索瓦·利奥塔尔。他们合著的这本书的内容可以归结为这样一个问题：是什么将犹太教和基督教结合和分离？他们的文章和谈话的优势是"犹太基督教"及其众多派生词的中间的连字符。连字符基本上是两种宗教之间的联系。这里我们关心的是，我将解读格鲁伯和利奥塔尔对于连字符的研究作为理解超链接的一种方式，这些突出强调的文字、符号或图像，允许策展人和观众从内容到内容进行切换，浏览它们进入或通过同质超文本内容的独特路径[2]。把超链接当作连字符来处理，可以让我们理解在页面之间切换时经常忘记的东西：真实的移动本身。所以，随着食指的轻击我们跟随手形光标的指引。

一个超链接或连字符基本上是一个符号。埃伯哈德·格鲁伯谈到连字符时说："这是一个具有肯定、差别、疑问或隐喻效果的符号。"[3]当把超链接看作连字符时，首先，它确实是肯定的：它说，"这就是你需要点击、敲击或悬停以达到一个新的页面的原因——它们承诺更加丰富的信息和更为令人向往"——即使这个链接的积极方面也充满了危险，如使链接网站崩溃或受到攻击。它还是有差别的。它说："这里还有别的东西，一些与现在的内容不同的东西，一些还没有被看到、阅读、观看、听到的东西。"它也是有疑问的。它说："你尚不了解的是什么？这就是答案吗？"手型图标邀请目标受众去寻找更多的内容，引向其他内容和另一超文本页面。最后，超链接是隐喻性的：理解这一点最简单的方法是使用"这里"这一表达，如点击或敲击"这里"时。这个"这里"是一个隐喻，因为它代表或象征着不属于"这里"的东西，即另一网页或另一个窗口。毫无疑问，这一标志将打开更多的内容。总的来说，这里的问题很简单，就像连字符一样，它标志着一个通道；它通向内容的困境——那些已经被看到、阅读、评论、转引并因此已经不复存在的东西。

一个超链接确实是两个内容之间的一个通道，但它远不止于此。它还有两个更深层的特点。首先，它是一个自我退出的标志。它不仅意味着某个事物（它通常是一个词、图像或符号），而且还会引向其他地方，从而从它最初的意义中退出。同样，正如格鲁伯对连字符的评论："这是一种后退的特征，一种对某种事物或者更准确地说，是它所支撑或构成的事物退出的特征。"[4] 这种后退或退出不仅使超链接以某种方式放弃不感兴趣的内容，而且使其自身处于"可以消除"的状态下。然而，它并不是在字面上的消除，而是对于所处的威胁的消除。它既清晰又必要，但对于它所植入的内容来说还不够。超链接以排印式的表达，在满屏的内容的中心位置标记了一个缺失。因此，超链接并不意味着时间的流逝，而是它的前行。超链接被内接或植入到超文本中，表示"经这里到另一个地方"。通过这种方式，超链接招致了朝向未知未来的短暂运动，即使这个未来是容易预测的。在历史上，也许从来没有比"可以消除"更能明显地标志着时间的流逝。

当然，如果有人说超链接标志着时间的流逝，而这种流逝必然指向另一种内容形式的出口，那么人们也会自然而然地认为还有一条返回路径：后退键。返回箭头表示时间的可逆性；人们总是可以返回前面看过的内容。不幸的是，由于超链接是标志中的一个标志，返回或后退键只会强化虚假的表象。超文本用户在无休止的点击中实际上没有任何用处。格鲁伯谈到了连字符的双重性（可废除[5]），它既允许前行也允许返回，而且这种双重性给人一种交通的错觉。转到超文本上，网络用户只是被骗了，以为他们上网冲浪可以去到某个地方。其实没有。他们只是被一个创造了交通、移动、自由幻觉的系统所控制。唯一真正发生的是，由超链接提供的向前/向后敲击建立了一种持续生效的矛盾的连续性。这是自相矛盾的，因为内容源的结构是缺乏的而目标源的结构是完满的，但是一旦点击，后退键只会使问题颠倒：源成为潜在的新目标。在这种情况下，严格说来，没有出口而只有疯狂的点击停顿，这是资本主义的标志[6]。

我们的小指针所操作的复制表明，策展人和他们的观众的内容实际上总是会被简化。对于超链接，我们总是走在老路上，内容的链接是预先建立和预先确定的。超链接或连字符实际上通常是启程的标志而且是已经启程的标志。这种不断进入他者路径的行为表明，有了超链接，我们总是陷入一种双重困境：一种自发产生的监护和一种监护中的解放，两者都无法将对方争取过来。换句话说，互联网的所谓救赎就是对我们的奴役。法西斯主义和自由在这里是亲缘关系。造成这种双重束缚的原因是其他/他者（参阅《天使》）实际上被排除在外了。解放恐怕只能带来进一步的解放，而不会带来积极和引人入胜的选择。格鲁伯以儿童为例描述了这种双重约束："成人将'儿童'定义为未被解放的，以便能更好地把预先设想的'解放'模式强加给他，而他自己并没有从这种模式中解放出来。因此，他背负着自己的'童年创伤'，然后把它转嫁给相继而来的孩子身上。"[7]我们在点击、悬停或敲击中，做同样的事情。作为成年人，我们使自己保持在童年状态。双重困境让人难以放手，因为它给我们一种成长的错觉，而实际上什么都没有发生。

在这种双重困境中（自发产生的监护/从监护中解放），我们不断点击而没有移动。在这样做的过程中，我们除了遵从西方现代性的神话之外，别无他途。在这一点上，利奥塔尔德说得非常透彻："这种神话有一种特别的解放的美德，即不给听者任何指示，因此不需要相信。它消除了访问的视界。为了使这个神话得到证实，人必须不断地想要被解放。"[8]小指针确实不是特定出现的，除非是表示未兑现的要求。没有任何东西迫使我们相信更有趣的东西可能潜伏在更多的内容中，但我们继续点击、敲击、悬停。点击、敲击或悬停只会要求更多，从而消除了改变的可能性。我们的视界被浏览器和诱导性的指针的虚假的开放性所阻断。如果我们继续如此冲浪，变革就不会发生，即使——尤其是因为——全世界每天都有250亿亿字节的数据产生。

当然，接下来的问题是，我们如何摆脱这种双重困境，这个令人麻痹的神话？格鲁伯指出了连字符下方或上方空白，在我们的例子中，或者说是在构成超链接的字母或符号下方、周围和之间的空白的重要性。他写道：

> 没有连字符……没有"空白"承载它……何谓"空白"？当然，"支持"以及"缺乏"或"遗漏"，都取决于所引用的段落，因此问题就变成了"空白"与（超级）印记上的"特质"有什么不同。但"空白"或"白色"也暗示着"清白"，白色载体似乎在某种程度上被这种特质所吸引，并在某种程度上，让这种特质顺其自然进行。[9]

因此，空白是连字符或超链接的补充。没有它，就没有超文本。但是就空白本身而言，就像超链接一样（即没有链接内容），没有什么意义。重要的是这两者之间的关系，空白和连字符之间或空白和链接之间的关系。注意这个关系就将停止冲浪；这是为了最终结束下一网页的诱惑，并让人们注意是谁首先创造了这种黑白关系。换句话说，这可能是很长一段时间以来的第一次，把注意力吸引到我们自身并作为这个神话的发起者——也就是说，吸引到那些（尚未）被超链接的东西，因为我们已经脱离了内容的自给自足，脱离了这些隔绝的时间流逝。我们独自点击、敲击、悬停，因为我们独自脱离了我们创造的这些虚假的时间行进；我们在法西斯主义的夹缝中烦躁不安，它总是把我们推到那总是简化的进程中。

因此，这不仅仅是点击、敲击或悬停的问题，从而继续互联网的旋转木马。这也是一个与空白、链接和内容相关联，并由此关联产生的没有内容的"我们"（参阅《真知》）的问题。注意这种无内容的关联，就是要逃离本体论问题的专制：我在这里看到的是什么？点击那里我还能发现什么？这种专制的本质将我们困在我们的监护的双重困境中，并且从来没有留给另一个问题的空间：我听到的是谁（超链接之外）？我们听到的问题通常会变成：我们是谁？只有那些在天地间成为神灵的凡人才能回答这些问题，而且即使他们回答了，答案也没有实质内容："我在这里"，"我们在这里"，不可衡量的自我隔绝。这些回应实际上就是方向（类似于卡拉瓦乔画作中的指向；参阅《天使》），不是指向下一页，而是彼此作为凡人／神灵——也就是说，指向一个超越所有内容的未来（参阅《召唤》《痴迷》），指向一个尚且无法想象的新的四重空间。从"什么"到"谁"消弭了超链接的力量，并在我们这个预先格式化世界的无痕海洋中重新引入了一种无政府主义和不合时代的差异。凡人——策展人和他们的观众——可能想要特别留意这种方向的转变，因为这是走出童年也就是走出我们人生中每天都要遵守的非指定的神话的唯一途径。

名字

本篇讨论专名学的问题。名字是什么？是什么要求它们具有普遍性？分析的是策展人弗朗索瓦丝·加香和上帝的名字。名字首先是一种继承。它有点像是一种属性。永远不可能有无名之人。名字致使主语的不确定。名字显示语言的不足。它们代表着无法命名的沙漠。名字是发出危险信号的夸张。策展名称是带有标点符号的赠予。

举凡天地之间涉及人/神的一切事物（参阅《客体》《天使》《话语》《幽灵》《图像》《真知》《内容》）都围绕着专名学的问题：名字的逻辑（源自"名字"）。更具体地说，所有事物都围绕着人类学的专名学问题：人类/神灵名字的逻辑（源自"人类"和"名字"）。让我们追溯一下。我们以前已经看到过（参阅《上帝》），上帝实际上只是（而且不仅仅是）一个名称，一个仅仅表达三角形或自然的不可替代的名称，但却通过（错误的）推测和（错误的）解释展现出来。它之所以以这种方式展现自身，是因为作为一个名称，它不仅表达了不能表达的东西，而且也表达了不能成为思想本质的东西：本质。"上帝是什么"这个问题永远不会有答案，而且我们永远也解决不了这个问题。因此，上帝，这个带有特定指向性的简单名称，只能是一种关系。它将我们与永远不会被记住或预期的东西联系起来，一个无法追忆的过去或无法企及的未来，它可能从未发生过，甚至可能不会成为现实（参阅《天使》《结论》）。当涉及上帝时，它总是一个专名学的问题，因为如果没有这个萦绕在心头的虚空的名称，那么不可能产生任何真正的逻辑性，甚至在所能想象的最严格的无神论者或不可知论的语境中也是如此。

如果上帝的名称是不可取消的，那么反过来，凡人/神灵的名字也是不可避免的，尤其是在文化和策展方面。就像任何一种实践一样，策展也充斥着这些名字。在此，我将不按照特定顺序来列举几位当代艺术界人士都很熟悉的名人：科约·库厄、卡特琳·达维德、玛丽亚·林德、卡罗琳·赫里斯托夫－巴卡基耶夫、南希·阿达亚尼亚、南希·斯佩克特、娜奥米·贝克威思、多萝西·坎宁·米勒和洛厄里·斯托克斯·西姆斯。他们中有一些是优秀的策展人，而另一些人是糟糕的，这一点并不重要。最重要的是，他们的名字都是家喻户晓。他们代表着特定的展览、项目或双年展，代表着对几乎所有事物的特定观点，包括当代艺术的现状、关于文化的特定理论、世界时事以及社会经济和政治问题。通过他们的项目和演讲，策展人用他们的名字充斥着艺术界——那些碰巧也是神的凡人的名字。所有的事情都围绕着一个专名学的问题，因为没有名字就没有标识。

如果这个专名学问题确实是普遍存在的，那么即使不全面，也有必要至少在其最突出的方面解决它。这里的问题将以这种分解的方式来阐述：如果名字确实特别强调了当代文化和策划，是什么促使它们具有普遍性？为什么我们如此痴迷于它们？如果我们对它们如此着迷，它们怎么能和上帝之名相较呢？换言之，比如说，家喻户晓的法国著名策展人科约·库厄的名字，与上帝之名有相似性吗？最后一个问题并不是暗示上帝是一个策展人，而是暗示科约·库厄这个名字和上帝这个名字有共同之处。是什么？为了解决这些棘手的专名学问题，我将雅克·德里达

《论名》一书中关于名字的几段话串联一起，特别是他关于西里西拉的安杰勒斯的诗集《智天使的流浪者》的文章《后记》。这个串联将表明，我们不仅永远无法逃避专名学的问题，而且策展人是由神灵组成的，这些神灵仅仅通过冠以凡人的名字保持着他们微乎其微的敬虔性。

显然，名称首要的是必须理解为继承。人们有祖先的名字。通过名字，人们作为祖先的替代而存在。这就是姓氏这个词的意义。它代表"姓"，通常出现在名字或洗礼名（即姓前的名字）之后。因此，姓氏就是一种重复，这使其恰恰成为"固有"名字，一个经过不断重复确认成为固有的名字，因此使用前缀超级（sur-），源自拉丁语特级的（super），也就是最重要的名字，一个无可置疑的名字。但事情并不总是单向度地发展。反过来，祖先也会通过名字，对名字的承继者的生活提出质疑。例如，弗朗索瓦丝·加香这个名字指的是生活在 1936 年至 2011 年的一位女性，但众所周知，她的姓氏也可以指她的祖父马塞尔·加香，他是法国共产党及其报纸《人道》的创始人。因此，加香并不完全属于弗朗索瓦丝[1]。

因此，一个名字具有正确性、所属性和特殊性——严格地说，既不是弗朗索瓦丝·加香的名字，也不是她的祖先或后代的名字。当然，有人会说弗朗索瓦丝在一生之中暂时拥有加香这个姓并配以她的名字，但是这种观点必然是有缺陷的，因为她家族中的其他成员也拥有加香这个姓，从而让她失去完全所有的权利，而这没有提及不相关的父姓承载者。在这种情况下，名字在词法上的多义性——或其不可解构的特征——阻碍了人们思考名字的正确性、所属性或特殊性的可能性。换句话说，不可能有任何所有权的裁决，没有什么严格说来真正属于这个或那个名字承载人。有了名字，一个人因此总是生活在这正确性的边缘，从来没有处于牢固的境地，从来没有成为名字的所有者，包括英国女王，英联邦加拿大、澳大利亚、新西兰和其他 12 个国家的首脑，温莎夫人乃至萨克森–科堡–哥达王朝的前夫人。无论她是怎样的君主，无论她的影响如何延伸到遥远的过去，她永远不会拥有温斯顿·丘吉尔给她的姓氏。在名字的领域没有主权，即使是女王。

名字最奇特的一个方面是：永远不会有无名之人。虽然有名字的人可以没有名字而生活，但我们无法想象没有名字的人会怎样。一个无名之人是不可想象的，这就造成了主体和名字之间的不确定性：名字代表的是一种生活还是一个人？策展人弗朗索瓦丝·加香生活在20世纪下半叶的巴黎，但尚不清楚这样说是否指代法国印象派和后印象派艺术的权威，巴黎蓬皮杜中心的策展人，她还是法国文化部的博物馆主管（掌管着34个国家博物馆和1 000多个当地收藏），或者是那位75年来平均每分钟呼吸16次的女性。名字实际上代表着不确定性。德里达甚至更进一步，他写道，名字实际上会使主体混乱："（一个名字）生发于主体产生之后，以一种轻微的、谨慎而强大的混乱的运动，在所谓语言的不稳定和有分歧的边缘上。"[2] 名字不仅会造成不确定性，还会让它无法确定的东西混乱。弗朗索瓦丝·加香呼吸、移动、热爱、生产、死亡，但这一切都发生在她自己的名字之前——也就是说，在她个人的名字把所有这些事情都打乱之前，可以把它们理解为弗朗索瓦丝·加香。

这种奇特的现象表明，名字——那些存在于人类/神灵的任何活动领域的名字，包括那些策展人，实际上只不过是语言中同时保留下来的事件，因为名字是运用字母表或语言中字母的可识别的表现方式，而在语言中，因为它不能恰当地描述它所代表的东西。正如德里达所说："这个事件同时保留在语言中和语言上……在内部和表面（一个打开、揭示、立即溢出、超出自身的表面）。"[3] 因此，这个名字显示了语言对于它所指代事物的不足。这种不足转化和泄露了在名字传递的知识和对命名和知识极为敏感的某种异构性之间缺乏共同的衡量尺度。名字没有提供共同的衡量尺度，只会令人烦恼，无论人们多么想将弗朗索瓦丝·加香这样的策展人视为具现甚至体现，例如，反对"沙滩上的拉斯维加斯"这个卢浮宫在阿布扎比建立的边缘地带的运动。名字不断地谴责语言的贫乏。

那么名字有何用途呢？如果它近乎正确性、所属性和特殊性，如果它扰乱了我们对生活的理解，如果它在语言中或在语言上，如果我们不能没有语言而生活，那么它的意义是什么呢？对于那些不能被拥有的东西，那些混乱的东西，那些不可或缺的东西，肯定有某种原因。对名字最常见的解释是，它们代表着无法命名的东西。这个"无法命名的东西"经常被比喻为荒漠——也就是说，一个没有任何语言的地方，存在作为存在。这不是一个普通的荒漠。它既不是客观存在的，也不是世俗的；它不能归于地理学、几何学或地球物理学；它不像一个被遗弃在荒漠中间的神秘物体那样隐藏着存在的核心。正如德里达所说，名字所指的荒漠，是"在我们身上发现的，由此而来的同时认识它并摆脱它的两可的必要性"[4]。于是，弗朗索瓦丝·加香这个名字就指向了这个不可定位的、不受空间限制的沙漠，随着她在地球上的每一次呼吸而显现出来。但是弗朗索瓦丝·加香这个名字真的能代表荒漠，它的语言缺失的绝对沙漠？它能指向这样的存在吗？

对"名字是用来干什么的"的一个不太庸常的回应可能有助于解决这个问题。这一回应表明，一个名字并不指向沙漠，因为它实际上是一种夸张。夸张在日常谈话中通常用作加强语气，比如说："这个袋子有一吨重。"这类夸张的意思是说，说话者发现袋子非常重，而不是字面上的一吨。因此，夸张表达或传递一种情绪（例如，对于不得不搬运这个包感到恼火）。说名字是一种夸张，并不是在暗示名字是一种情感，而是因为它是在适度和语言的边缘，它指的是超出语言的东西。它代表着一种超越语言而进行表达的运动。作为一场运动，它标志着一种开放的可能性：弗朗索瓦丝·加香，策展人、主管、新印象派画家保罗·西涅克的孙女，等等。名字的运动既是展示又是产生；它既是一件已经过去的事情的后记，又是更多事情的前奏。因此，一个名字是夸张的，因为它宣告了发生的事情和将要发生的事情，即使它涉及的人已经离世一段时间了。否则，就不可能有诸如本章讨论的弗朗索瓦丝·加香的命名。

如果认为名字是一种超越语言的运动，它就会自动带有形而上学的内涵：例如，"一个名字指向我的另一面"，那就大错特错了。一个名字是夸张的，不是因为它指向拥有这个名字的另一个人，或者指向任何一个拥有这个名字的他者，而是因为一个名字总是处于危险之中。它有被拼错、听错、印错、误报、误称、遗忘、失去的危险。因此，一个名字从来都不是安全、稳当、被守卫或受保护的。正如德里达所说："名字本身似乎……不再安全……有时，名字本身似乎已不复安全。"[5] 如此说来，名字就没有了庇护；它总是暴露在危险之中。回到弗朗索瓦丝·加香的名字，可以说这是创建奥赛博物馆背后的名字，但它也是一位女儿、母亲、妻子的名字——当焦点变化时总是处于失去危险的一系列参照。在这种情况下，名字是一种夸张，一种运动，不是朝向一些更高或客观现实，而是朝向任何形式的整体化的遥远事物。一个名字实际上总是不受庇护的、暴露的、处于危险之中的。

因此，它是一个没有超越范畴的超越运动。名字位于语言的边缘，使承载它的主体混乱，而没有将它引向假定的其他地方。因此，名字中重要的不是目标、对象或运动的最终结果（例如，语言的另一面），而是运动本身。一个名字的移动实际上是一种赠予，并非指涉经济交流意义上的小包裹上，而是一种不求回报的馈赠。这种赠予既不是存在（例如出生），也不是认识（例如继承）；这是一种赠予，它可以和不可以归为存在或认识的范畴。德里达在这一点上再次非常明确："如果名字从来没有严格地属于最初的接受者，它也不再从一开始就属于给予它的人……名字赋予了它所不曾拥有的东西。"[6] 这样，这些我们称为名字的小组字母，这些并不正确或恰当的奇怪的指称，既不属于存在，也不属于知识的范畴；它们只是"分离存在和认识，生存和知识"[7] 并可能面临危险的赠予。

对我们来说，至关重要的是存在与认识、生存与知识之间的分离，正是减少我们与上帝之间差异的关键（参阅《上帝》）。我们在一开始就说过，上帝只是（而且不仅仅是）一个名称，它只表达三者关系或自然，却从不停止表达和再表达，因此必然会使它自己陷入（错误的）推测和（错误的）解释。凡人的名字都有同样的命运。他们是不可替代的，然而，他们世世代代地表达和再表达自己，从而凸显为一种既不知道来自哪里也不知道去往何方的赠予。停留在存在与认知、生存与知识之间的裂痕上的名字——例如弗朗索瓦丝·加香的名字——因此只能是神灵的名字，因为只有神灵才能超越语言，给予而不回报。德里达自己也这么说："存在与知识之间的裂痕对我和对上帝一样有效。"[8] 上帝之名与凡人之名之间的这种相似性，并不会使有限的和神圣的存在或神圣的和凡人的知识等同；这只会突出他们的相互赋予[9]。上帝或凡人／众神的名字构成并强调了标志——或者，在这里我们所关注的是，策展人的名字——仅仅是因为他们给出了祖先或后代的名字，也不管这些名字代表着什么。认识到这一层面，不仅揭示了天地之间的专名学的力量，也暴露了我们中间无人注意的神灵的痕迹。

第三章　行为与目标

保存

国家艺术收藏基金100周年。保存是什么意思？博物馆是艺术唯一的归属吗？艺术遭到禁锢。需要重新考虑保存。海德格尔所说的"我在"是指栖居。栖居就是保护、保存。这样的栖居是天、地、神的一部分。但是保存到底有何含义？保存意味着令某人或某事停留。为什么呢？为了无法企及的事物。在对经济回报无所期许的情况下，保存维持冲突的继续。

2003年10月23日至2004年1月18日，伦敦海沃德画廊举办了一场名为"保存！"的展览，以纪念国家艺术收藏基金100周年[1]。这次展览是为了庆祝国家艺术收藏基金百年纪念，公开展出了大约400件经典作品，跨越从远古时代到当下近4 000年的艺术史。这次展览包括了在国家艺术收藏基金资助下所购买的世界上最负盛名的许多作品，这里仅举几例：卡诺瓦、爱泼斯坦和卡普尔的雕塑，委拉斯开兹、伦勃朗、毕加索、霍尔拜因和赖利的画作，塞尚和米开朗琪罗的素描，还有沃尔和卡梅隆拍摄的照片。展览由理查德·威尔第策划，由迈克尔·克雷格·马丁担任特别顾问，皮尔斯·高夫任建筑师。"保存！"是2003年英国必看的展览之一。同年 11 月 13 日，我参加了在海沃德的一个专题讨论会，主题是遗产和现代主义的契机。讨论会的目的是探讨现代主义、遗产和殖民主义之间的纠结困境。当时我演讲的部分内容就包含为一个国家"保存"艺术品的思考。那么这个词代表着什么呢？

当时我的回答是，使用"保存"这个词是为了证实 18 世纪的意识形态——这一意识形态至今仍很流行——即艺术作品最终总是要归博物馆收藏的。在这种情况下，保存意味着将博物馆作为所有艺术品最终和唯一的归属。把保存与最终归属等同的想法是借用了哲学家、历史学家和考古学家安托万－克里索斯托姆·卡特勒梅尔·德昆西 1815 年的著名著作《关于艺术品功用的道德考量》[2]。卡特勒梅尔·德昆西的书不仅反对拿破仑在征服欧洲期间掠夺艺术品，也反对建立博物馆。他认为博物馆代表着艺术的终结。他认为这种终结有两种不同的模式：一是作为空间的终结（也就是说，这是它们的最终归属），二是在时间上的终结（即艺术品的唯一未来）。这两种时间和空间的终结——不仅是博物馆隐喻上的体现，也是实体上的体现——呼应了 18 世纪的另一种意识形态，即黑格尔对历史各个时代的归属的目的论认识：绝对知识。博物馆代表着这个归属最有可能最终实现的地方。如此，"保存"这个词就意味着，正如我当时所看到的，博物馆作为艺术品唯一可能的安全区——它们神圣的目的论的终点。通过博物馆以及国家艺术收藏基金的资助，艺术因此在空间上（在一个地方）和时间上（直到绝对知识）被保存。

我的回应同样在间接暗示，保存这个词不仅意味着确保博物馆成为艺术品唯一可能的归属地，还意味着暂停或中止。按照福柯的思路，我认为自 20 世纪以来，艺术作品实际上已经被逐步地得到明确保管；它们被划拨给国家的保管人，这些博物馆馆长和策展人，他们生活的一个主要目标是为子孙后代保管国家的文化遗产。这样，博物馆里的艺术品实际上总是处于被监管中，永远不可能脱离博物馆，除非偶尔获得临时许可，或者参与展览或活动而获得短期假释。由于坚持"保存就是巩固所有艺术作品的必然的归属"的原则，国家艺术收藏基金也因此坚持了"永久监管"的理念。因此，展览"保存！"不仅追溯了英国对艺术品监管的历史，也回顾了为防止艺术滞留或流失在欧洲、美国或其他发展中国家（但愿不会）的许多尝试。因此，国家艺术收藏基金参与了启蒙运动的伟大的订购和监管计划，包括其暴力的殖民具现。

现在，无论是被保存还是被扣留，国家艺术收藏基金的运作建立在民主理想（一切都可以自由通行）和保护主义议程（由英国政府支配控制）一种有意混淆的基础上，这种混淆只会巩固机构的权力。没有办法澄清这种混乱，也无法提出另一种选择。这不是一种失败主义的认识。确实需要对这种民粹主义、制度主义和民族主义议程进行反击，但不是通过标语牌、请愿、抵制、诉讼案件或示威游行。众所周知，这些形式收效甚微（大英博物馆的埃尔金大理石雕和贝宁青铜器在展出时至今仍是锁着）。我们可以做的是反思保存这个词，并形成新的、不可预知的共鸣。其目的是为了表明保存不仅涉及艺术品，也关乎凡人／神灵。换言之，如果没有对于保留凡人也就是我们所看到的神灵（参阅《凡人》《神灵》）的思考，就不会有对于保存艺术作品的反思。为了阐明这个问题，很不幸，我们有必要阅读海德格尔著名著作《筑·居·思》中的一些片段。我之所以说"不幸"，不仅是因为它是一篇艰涩的文章，还因为它需要从关于博物馆及其重要事项的历史、文化和政治叙事转向一套更复杂的叙事——而我希望展示的唯一的叙事，能够揭开"保存"一词及其伴生的意识形态的传统意义。

让我们从海德格尔的经典论述开始："我在代表着什么？"众所周知，海德格尔的文章与其说是关于建筑，不如说是关于存在。中心问题确实是"我在"。海德格尔明确回答说，它代表着"栖居"。就像他说的，"那么我在的意思是什么？""在"（bin）属于"建筑"（bauen）这个古老的词，它的答案是："我居住，你居住。"你存在的方式，我存在的方式，我们人类在大地上的方式，是居住。作为一个人意味着作为一个凡人在大地上。它的意思是居住[3]。因此，"我在"的问题就是"我如何居住"在大地上的问题。"我是"和"我在"的并置使海德格尔赋予"存在"一种空间感，不仅仅是在世界上的地理位置，而是一组使"我"成为真正的我的意义建构的空间移动。通过这种方式，对海德格尔来说，"我在"是一个空间事件，是一系列具有建构意义的运动的结果，这些运动决定了居所。一旦有了空间事件，必然也会有时间事件。因此，说"我是"也意味着"我暂时栖居"——也就是说，不仅在时间上，而且作为一个在地球上不可避免地注定要死亡的人。因此，"我在"也是一个进入"在场"的设定——也就是说，进入能够以死亡作为死亡的状态。因此，栖居包含了存在的空间和时间维度，它不是被理解为空间和时间的单元，而是一组将死亡视为是唯一的结构化视界的建构意义的运动。

"我在"作为"栖居"的关键在于，这些运动也表明了一种保护、看护、保存的意识。正如海德格尔所写，"古老的建筑（bauen）一词，说的是人的居住是在一定范围内，然而这个词同时也意味着珍惜和保护、保存和爱护，特别是耕种土地、培植藤蔓植物。这样的建筑只需要小心翼翼——它照料着成长，并自然而然地结出果实"[4]。因此，如果不向在地球上栖居的事物表示关心的姿态，就不可能有"我是"。也就是说，如果没有对居所本身的保护，地球上就没有"我在"栖居。这两者息息相关。海德格尔甚至说："居所的基本特征是这种保留和保存。它遍及整个居住范围。当我们意识到人类存在于居所中，并且，事实上，存在于人类在大地上停留的意义上时，这个范围就向我们揭示了它自身。"[5]因此，"我在"是一个空间和时间的事件，意思是在保护、看护、保存意义上的"栖居"。没有这种保存就没有"我"，从而帮助"它"在空间和时间上停留在居所中。

当人们提到空间和时间时，必然也会提到复数形式的大地和天空（参阅《大地》《天空》）。"我是"栖居于任何让我感觉如在家般自在的地方，而这个"家"不需要地理上被自动定义为地球上的某个特定地方。"我是"栖居于大地之上，"我开花结果，在山川河流之间蔓延，又进入到植物和动物之中"[6]。这也意味着栖居于天空之下，在"月缺月圆的变化中，在闪烁不定的星光中，在一年的四季交替中，在白日的光明和薄暮之中，在夜晚的黑暗和微光之间，在天气的温和与严酷之中，流云和苍穹之间"[7]。但这不仅仅是大地和天空的问题，让我们回顾一下，这并不完全是田园牧歌般的（参阅《大地》）。"我在"——即居住——也因为召唤的使者而发生，这些神灵不仅"存在"，而且由于从不让自己被看见并总是处于隐藏之中而困扰着我们（参阅《凡人》《神灵》《召唤》《痴迷》）。因此，"我在"的意思是"栖居"：以不断自我隔离但又召唤神灵的方式，保留、保护、维持、保存发生天地之间的一整套时空事件。

但如果"我在"意味着"栖居"，而"栖居"意味着"保存"，那么"保存"究竟意味着什么呢？论证的轨迹已经非常清楚了，但需要澄清最后一个术语，特别是因为目前几乎没有证据表明人类有丝毫兴趣在世界上进行自我保护或保存。如果没有证据证明它到底代表着什么，人们怎么能理解保存呢？什么样的保存是危险的？为了解决这个艰难的问题，有必要重新思考保存这个词的含义。海德格尔帮助我们认识到"保存"并不是"从危险中抢过东西"。"保存"实际上是指让某物自由存在。保存地球不仅仅是开拓甚至是损耗地球。"保存地球不是控制地球，也不是征服地球，这离毁弃只有一步之遥。"[8]有了这个新的限定，保存获得了一个全新的维度。保存与使某人或某物免受伤害、脱离危险或保持健康无关（例如"天佑女王"）。保存意味着允许某人或某物仅仅栖居——也就是说，进入天地之间，面对召唤的神，并对他们痴迷。因此，保存不仅包括保护他者不受伤害，而且最重要的是，让某人或某事"保持"其本性。

这一切都顺理成章，但这与一个国家保存的艺术作品有什么关系呢？这种把"我在"理解为栖居并因此而保存，与需要保存并因此而保护的珍贵物品有什么关系呢？这就是我们需要转变观念的地方。这个问题不再是一个处理客体的主体，而是一个需要被感知、欣赏和理解的多元逻辑性（参阅《引言》）。正如我们所见（参阅《客体》），艺术作品只是物质事件，表现或再表现大地逆天而升的涌动（参阅《冲突》）。因此，它们与人类并没有太大的不同，后者忙于在地球和天空之间探知自身的本性，而对这些神灵来说，它们是一种流出/流进的礼物。这并不是凡人/神灵与艺术品或史前古物之间的直接比较，也不是在一般表达下的主体和客体的融合，例如"物质事件"。相反，这是对一个事实的觉醒，即当涉及保存主体和客体时，多元逻辑性总是处于危险之中。多元性永远地破坏了任何主体－客体的关系，或"凡俗的救世主"与"脆弱的艺术"，因为如果不考虑天、地和神，就无法理解这种关系。需要保存的不仅仅是一件艺术品（或一幅用于展览的图像），而是整个星群。

　　一旦这种感知的转变发生了，利害关系的复杂性也被考虑进去了，那么这些神的作用就不应该被低估。神不仅使平面和轴线、设备和密码古物的宝库和有目的的表现及其不可避免的划时代的印记断裂，还质疑保存的原因——也就是栖居的原因——正如我们所见，没有其他的原因，只因为"我在"。我们保存是为了什么？如果保存不是为了让某人或某物——比如艺术品——永远远离伤害或危险或者直到绝对知识，如果保存意味着允许人类和他们的艺术品实现其本性，那么，我们还会为什么而保存呢？这些问题也可以这样表述：我们为什么而保存自己？如果不再有需要重新获得的天堂，不再有需要实现的无产阶级国家，不再有需要获得的永恒，那么我们作为凡人/神灵在纷乱的尘世/天空中所做的一切又是为了什么呢？

　　正如海德格尔所说，我们保存是因为我们"期待如同神一样的神性，在希望中（我们）坚持不可期望的神性"[9]——所能想到的最艰深的思想。对不可期望的神灵的坚持就是意识到，某种可识别的东西奇特地没有内容，超出了所有的概念性 [10]。这并不意味着这种现象不可解释。这仅仅意味着所拥有的东西既在善于计算的理性之内，又超越精于计算的理性。如果不是这样，诸神也不会拥有如此诱人的力量。那么这是否意味着，如果我们凡人成为神灵，我们是否为了自己，为了人类而保存？为了人类而保存并不是危在旦夕的事。神灵带来的不可期望避免了这种轻率的简化，使之变得极其缺乏可预见性，而这恰恰是值得保存的。换句话说，我保存艺术，保存我自己，是为了停留在居所中，停留在四重维度及其更新中——伴随它包括环境在内的所有复杂要求。因此，这种对于像神一样的神性的奇怪期盼、这种始料不及构成保存的"目的"，这无疑会激怒所有那些对于"我为什么要这样做"或者"我为什么要保存这些艺术品"等问题想要一个明确答案的人。

这样一来，如果我们考虑到这一始料不及的情况，那么保存艺术作品的经济、历史或文化回报将是无望的。如果艺术作品被理解为与照看它们的主体无关的珍贵物品，那么它们的未来确实完全掌握在期望的经济回报手中：例如，一个国家的财富、权力或声望。这是国家艺术收藏基金在保存时的目标。这是国家艺术收藏基金的预期。相反，如果保存艺术品与人类的保存（也就是栖居）无关，那么这种期望的经济回报的重要性如果不是多余的话就会成为问题。有人会在博物馆里永远保存一个凡人吗？会有人筹集资金来永久保护凡人吗 [11]？这些问题几乎是荒谬的，恰恰因为，正如我们所知的（参阅《引言》），凡人 / 神灵身上没有价格标签。通过将被称为艺术作品的物质事件与另一个被称为凡人 / 神灵的物质事件相提并论，那么保存就成为维持地球和天空之间的冲突的姿态，同时体现出无可期待的、没有经济回报的神性，甚至没有那些隐秘地镌刻在这些我们称为博物馆的繁忙而时髦的陵墓里的假想的绝对知识。

因此，我们保存是因为我们怀有不可预期的神性。再次强调，这不是神秘的或精神上的论证，一种梦寐以求的、愿我们和这些艺术作品一切都好的祈祷。在这个新的意义上，保存不考虑任何价值（金融的、艺术的、历史的、地理的、文化的等），因为重要的不是仅保留一个假想的未来，而是保存存在于天地间的由这些不可驾驭的神所掌控的：凡人及其艺术品。这并不意味着放弃所有形式的经济回报（关闭所有的博物馆，脱离所有的艺术基金，扔掉所有的艺术作品），而是降低这些回报的重要性——也就是说，移除依附于这些作品的人为价值，以便将它们置于多元逻辑性之中与严格说来并没有价值的（参阅《引言》）：凡人/神灵等同。天地具有像新生的婴孩一样的价值。列奥纳多·达·芬奇的杰作《救世主》则没有其他价值。[12]

关怀

关怀是什么意思？维吉尔认为这意味着沉重的忧虑。塞内加提出，它的意思是对人类进步的关切。希吉努斯认为，它代表着一直守护凡人的使人负重或者提升的事物。赫尔德称它指的是趋向完美的双重运动。歌德暗示它意味着惩罚性救赎。最后，海德格尔主张它表示对事物以及对作为存在结构的可能性的关注。关怀涉及神灵当面临冲突时在冲突中对自身的维护。对策展人来说，关怀意味着在文化上展示冲突。

任何自尊自重的策展人都无法回避关怀这个主题[1]。原因很简单：从词源学上讲，动词策展起源于拉丁语动词cūro，"关怀""关心""照顾"。因此，关于策展的学问充满了关于策展一词的历史：古罗马语中对这个词的使用（负责公共卫生的行政官员），中世纪的宗教阐释（负责照看牧区中人们灵魂的牧师），17世纪的植物学参考文献（照管花园的人），最后，在博物馆出现的时候，它在艺术作品方面的首次正式使用（例如，1795年在卢浮宫的第一次公开展览，被描述为"精心种植的丰富的花坛"[2]）。当代策展人也急于确认这些词源学的历史参考文献，以证明他们的工作是正确的，从最初哈拉尔德·塞曼颓丧的评论（"毕竟，'策展人'这个词已经包含了关怀的概念"[3]）一直到最近的安东尼·休伯曼呼吁将策展重新定义为关怀的一种情感形式，而不是一种控制和自我提升的形式[4]。如今，似乎没有哪位有自尊自重的策展人能够避免这种基本的提法。

但如果策展意味着关怀，那么关怀到底是什么意思呢？当用关怀来说明策展时，真正利害攸关的是什么？我的观点是，策展不仅仅是对艺术作品或观众的关注，它还展现了一种令人紧张的双重运动：一种使我们负重下沉，另一种使我们激昂上升，从而折射出天地之间的冲突（参阅《冲突》）。换句话说，关怀并非为了某人或某物的健康、安宁、维护和保护而提供必要的东西；它是在双重冲突中考虑周详的协定的参与。为了更好地理解这一点，我将解读一些文本的简短摘录，以助于阐明这一双重运动的展露。如前，由于篇幅有限，这些文本没有详细的上下文语境。不言而喻，所选择的都是关于"关怀"话题的解读[5]。这些关键的篇章旨在推衍出以下问题的答案：当用关怀来说明策展时，真正利害攸关的是什么？

让我从关怀（care）这个词最不为人所知的含义开始：沉重的烦恼。关怀是一种令人烦恼的东西，它把我们压得喘不过气来；它意味着担忧、烦恼或焦虑，就像我们说一个人"忧心忡忡"。关于这一特定含义最著名的参考文献可能是维吉尔的《埃涅伊德》第6卷中的一段。故事是这样的：特洛伊英雄埃涅阿斯刚一到达大希腊的古城库迈，就去拜访库迈女先知的山洞，向她问询去往阴间（冥府）的路，期望再次见到他深爱的已故父亲安喀塞斯。女先知把他带到了冥界的入口。但入口处充斥着象征如饥饿、战争和纷争以及一些复仇的忧虑等人类不幸的奇怪意象。维吉尔写道："就在入口之前，甚至在地狱之狭口，悲伤和复仇的忧虑都已就位；黯淡的疾病、悲哀的寿命、恐惧、饥饿、罪恶的诱惑和令人厌恶的需求，以一种可怕的形态盘踞着。"[6]正如这一段所表明的，关怀代表着死亡边缘的生命的哀伤和烦恼。为了超越它们进入冥界，埃涅阿斯决定与它们战斗，但女先知告诉他，剑是丝毫无损于这些不断变化的形式的。悲伤、寿命、恐惧、饥饿和关怀是无法正面对抗或不去理会的。[7] 对付它们需要耐心。因此，关怀被清楚地理解为人类在前往冥界途中所承受的负担，在那里，冥府渡神卡戎将最终帮助他们渡过冥河。换言之，我们这里关心的是，关怀是所有人类在面临死亡时的令人担忧的问题。

对关怀一词更常见的解释显然是专注的尽责或奉献。罗马斯多葛派哲学家、政治家和剧作家塞内加表明，关怀确实是一种能使人类向善和提升的力量。在给西西里岛行政长官的一封信中，他思考了这样一个事实：善只能在有推理能力的人身上发现：

> 这里我们将要提到四种事物：树、动物、人和上帝。后两者具有推理能力，性质相同，区别只是在于一个是永生不朽的，另一个是终将死亡的。其中之一，也就是上帝，完善美好的；另一方面，也就是人——通过学习和关怀来达到完美。所有其他的事物只在其特定的本性上是完美的，而不是真正完美的，因为它们缺乏理性。[8]

塞内加在这里强调了上帝和凡人的善之间的经典区别。虽然善在上帝那里是近乎完美的，但它仍然需要在人类之中完善，而践行的唯一途径是通过学习和关心。按照斯多葛学派的观点，关怀意味着牵挂、专注、尽责和奉献；这些是实现人类充分发展的关键任务。在这里我们关注的是，塞内加所讲的关怀是一个人类不断改善趋于完美的提升的过程。

关怀的这两种内涵（使人沉重和使人提升的）交织在一起，在希吉努斯的寓言故事中得到清晰的呈现[9]。盖乌斯·尤利乌斯·希吉努斯是一位拉丁作家，也是帕拉廷图书馆的负责人。他的寓言故事是三百多位天神简明谱系的一部分。库拉的寓言故事是这样的：

当库拉过河的时候，她看到了一些黏土的泥。她拿起它若有所思地开始塑造一个男人。当她对着自己的作品思忖时，朱庇特来了；库拉请求赋予泥人生命，朱庇特欣然答应了。当看到库拉想以她的名字来给他命名时，朱庇特制止了她，说应该取他的名字。但当他们为名字争论的时候，大地女神忒勒斯出现了，说它应该以她的名字命名，因为她已经把身体赋予了泥人。他们去找农业之神萨杜恩来作判决；他为他们作出了裁定：朱庇特，既然你给了他生命，那就在他死后带走他的灵魂吧；既然忒勒斯献上了她的身体，就让她接收他死后的身体；既然库拉第一次创造了他，只要他活着，她就拥有他，但是由于对他的名字存在争议，那么就把他称为人（human），因为他看起来像是由腐殖质（humus）制成的。[10]

"关怀"一词的双重含义在"人"与"库拉"的关系中体现出来。萨杜恩的决定使得人一生完全依赖于库拉。人不是自由的。他背负着与他的创造者相伴一生的重担，而库拉在人的一生中都保留着自己的创作。她会照顾他，引导他，关怀他。关怀的双重内涵是无法摆脱的：由关怀带来的重荷和帮助。

德国诗人、哲学家约翰·赫尔德在其诗歌《关爱之子》中阐明了这一双重含义。这首诗是基督教对于希吉努斯关于关怀的寓言故事的改写，这次关怀（凯尔）是唯一的神上帝之女。正义与和平的天使警告万能的上帝，创造人类只会导致残酷、战争和欺骗，凯尔抗议说：

"创造他，天父！他是一个具有您自己的形象、具有您的美德的珍爱的客体。即使当你的仆人都离弃了他，我必寻求他，怜爱地站在他旁边并把他哪怕是缺点都变成善行。我要使他脆弱的心充满怜悯，使之倾向于同情弱者。当他偏离了和平与真理……那时，他的错误的后果将他带回来，受到磨炼并作出改进。"人类之父创造了人类，他是关怀之子，是爱之子，关怀永远不会抛弃人类而是永远希求使人类完善。[11]

正如这首诗所显示的，"人"出自"关怀"，因为没有其他神能看顾他。同样，我们也无法逃避关怀；她将引导他走向完美。在赫尔德的诗中，使我们负重的同时也是使我们提升的。关怀的双重内涵依然存在，但这一次它被转变为一项指导原则。这种引导的方式在歌德的《浮士德》中得到了最好的演绎。

主题是这样发展的：虽然浮士德致力于追求理性，但他也想要无忧无虑地生活，也就是说，摆脱使人感到繁重负累的关怀带来的忧虑烦扰。为了达到这个境界，他和靡菲斯特达成了一个著名的协议。在该剧的最后一幕中，当浮士德从恶魔手中挣脱出来时，凯尔（Care）扮演了一个头发花白的自称"可怕的相伴永无尽头"的女巫：

> 虽然没有人类能听见我，
> 但那产生回响的心必定惧怕我；
> 伪装千变万化
> 可以对所有人的生命施行我的暴政。
> 在途中，在海上
> 他们焦急地与我同行；
> 从不渴求，
> 总会被诅咒和奉承。我是凯尔：
> 难道我从未从你身旁经过吗？[12]

这种对关怀的漠视受到了严厉的惩罚：关怀使浮士德双眼失明，因为他灵魂的蒙昧无知和暧昧不明，从而使关怀扭转了形式。它从生活的沉重负担转变为对世人积极而向上的关怀。因此，浮士德与"关怀"的关系给我们的总体教训是：让你担心、负荷的东西，需要转化为对人的关心。这就是浮士德的道德救赎。

从所有这些故事中似乎可以看出，关怀是凡人的一个基本特征；是他们生活的一部分，与其说它是一种道德姿态，不如说是一种建构自身存在核心的张力（负重，提升）。为了理解这种张力，现在有必要转而研究上文提到的最后一位作者——马丁·海德格尔。对海德格尔来说，关怀具有忧虑和关心的双重含义。这两种含义代表了事件存在的两个相互冲突而又非常基础的方面。海德格尔论证中最重要的方面是，忧虑和关心在紧张的时间关系中同时发生。这样一来，就不像以前的阐释那样，先是忧虑然后是担心。这两者同时发生。

海德格尔以令人担忧的关怀开始（牵挂）。在他看来，我们之所以由令人担忧的关怀构建，是因为我们总是在为一些事情忙碌和奋斗："关怀有一种正式的结构，即先于已经牵涉的事情。这种超前性暗示了一种结构，在这种结构中，关怀往往是关于某物的存在，特别是，在关注某物的每一表现、每一供给和生产中，这一存在同时尤其关注它的此在。这种超前于自身的存在，恰恰表明关怀或关怀中的此在，把它自己的存在作为存在主义的真实性向前推进。"[13] 在让自己忙碌的过程中，我们把自己置于事情之前。通过这样，我们将自身展现为一种令人担忧的忧虑。我们关心事物，因为我们担心我们只是一个注定要死亡的存在。

然而关怀也带有牵挂或关心的含义（照料）：有培养、关心等可能性。同样，第二种含义不能引申出、代替或独立于前一种含义；这两者是相辅相成的。海德格尔写道："我自己在所处每一情况下的此在，通过可以描述的我的此在来定义：我在，即我能。只有当这一此在的存在被'我能'定义时，它才能获得机会、方法等诸如此类的意义上的可能性，并去追求这些可能性。每一件关心的事和每一个由关怀所定义的存在都蕴含着一种先天的'我能'的存在模式。"[14] 所以，并不全是悲观无望。我们还有可能性。我们也可以将自己从对事物介入所带来的忧虑中解脱出来，在此过程中，转向我们关心的各种可能性。由于这种双重性质，我们因此承认凡人之中存在着深刻的模糊性，因为忧虑的关怀也是牵挂的关怀，一种永远无法消除的紧张，因为这是注定死亡的方式。

既然我们已经了解了关怀的重要性不仅体现在神话（维吉尔，塞内加）和本体（赫尔德、歌德）方面，某种程度上在本体论方面（海德格尔）作为紧张的运动使我们负重或使我们提升，所以有必要从它与本书提出的结构的关系来进行思考。这里确实漏掉了些什么。虽然海德格尔的关怀结构本质上是描述此在如何关怀自身的一种方式，但却没有指出这种关怀、这种担忧（对事物的介入）和牵挂（对可能性的关心）发生的任何意义。为了阐明这个问题，有必要避免关于差异或他者的哲学，因为他们总是强调同一／他者的二分法，以及存在的自闭[15]，而回到神灵的问题，凡人的这个维度阻止他们将自己作为注定要死亡的独立的实体来理解。

我们已经看到（参阅《神灵》），凡人无法依靠自己的力量来理解，他们通常已经不在一个主体间的结构中，而在某种程度上，凡人是神灵，神灵也是凡人，两者中任何一方都无法充分割裂地体现一个或另一个。这种结构以缺乏和过剩的问题为中心。神灵是凡人的对立面，因为他们拥有一切，但他们的绝对财富是过多人类渴求的缺乏。正是在这种新的结构中，这种被理解为紧张的双重运动的关怀得到最明晰的呈现。凡人会忧虑。他们背负着关怀的重负，还为各种可能性担忧。这两个不能区分的紧张的动作实际上是指向神灵，这些凡人对他们（参阅《痴迷》），同时，反过来说，神灵以其冗余召唤凡人（参阅《召唤》）——也就是说，事实上将有更多的未来，即使没有迹象表明这样的未来是什么样子甚至无论它是否真的会发生。即是说，令人担忧的关怀和牵挂也是对神表达的关心，这些凡人超越了他们存在的事实。

这种双重表述（对事物、可能性和神灵的忧虑／关怀）为我们的问题提供了答案：当关怀被用来引起对策展的解释时，什么是利害攸关的？因为我将自己指向事物、可能性和神灵／人，我沉重的忧虑和我的牵挂只是为了在冲突时维持冲突。我们已经看到维持冲突的是工作（参阅《冲突》）。从这个意义上来理解，关怀是工作的一个方面。然而，这项工作不涉及以实现某种结果为目标的交易——例如，消除忧虑以获得平静，或期待从关注中获得回报。关怀确实与所有形式的经济交换无关。关怀只是带来变化的东西——不是为了实现什么，而是为了让改变得以继续：在凡人／神灵之间把大地变成天空。因此，关怀揭示了小心地让冲突成为冲突的作用。关怀是它的有形表现。这种表现形式无关乎发展、进展或目标。如此说来，就像塞内加所说的那样，关怀自身不会导向"善"；如赫尔德所说，没有道德上的改善；就像歌德所论述的，没有救赎；同海德格尔早期著作中所述，不会因为他者而中途突然停止。忧虑的沉重负荷和提升运动就如同凡人和神灵之间如何维持天地间的冲突。

如果策展是关怀，那么策展需要考虑关怀这个词的全部含义，而不是仅仅老一套的关注"照看艺术品"或同样毫无新意的"对他者、观众和公众慷慨地回应"。作为关怀的策展过程意味着要揭示冲突成其为冲突本身的一种方式——也就是说，是大地自我区分以及天空挑战一切尺度的方式。这意味着除了展示凡人体现神灵的方式，以及他们两者自我隔绝（大地）和相对于无限（天空）的自我衡量的方式之外，别无其他，并借此创造了他们自己特定的命运轨迹。这并不意味着展出更多艺术品，创造更多项目，疯狂地陷于更多的事情，而恰恰相反，这代表着揭露所有一切对这些碰巧也是神灵的凡人来说如此重要的东西。这并非是数量。这不是能用调查或统计数字量化的。这不是在申请资助时可以标记的选项。作为关怀的策展意味着展现我们最初单纯创造和观看策展性的条件（参阅《引言》）：从文化的角度确保我们自己，冲突本身作为冲突继续。

筹备

　　所有的策展人都是失败者。策展人进行筹备。"筹备一个项目"是什么意思？一个常见的答案是成功／失败。福柯对筹备提出了另一种解释。筹备（paraskeue）的意思是"为未知做准备"。福柯建议，无论出现什么情况，都要做好准备。哲人／运动员从不会措手不及。如何通过理性论述的练习。理性真的能为未知做好准备吗？艾莉森认为，筹备不一定是理性的。艾莉森探讨的是恐惧和爱。一个人可以欣然接受在理性边缘的未知。策展人变得熟练于神灵的工作。

　　所有的策展人都是失败者。他们是失败的，因为在他们不断扩展的成功项目的作品汇集中，至少有一个失败的项目。这是不可避免的。所有策展人或多或少都让艺术家、粉丝、出资方、场馆、追随者、画廊、博物馆、订阅者和同事感到过失望。因此，他们都有意地、隐秘地、无意识地或不经意地在某一时刻化身为现代意义上的第一位策展人：安吉维莱尔伯爵。如果说第一个国家博物馆是卢浮宫，那么第一个有资格获得这一称号的策展人就是夏尔－克洛德·德弗拉奥，安吉维莱尔是比亚尔德里伯爵、国王路易十六的皇家建筑总监。德·安吉维莱尔不仅是第一个策展人，也是第一个经历宏大规模的失败的人。没有人能与德·安吉维莱尔的失败相提并论。他花了 13 年（从 1779 年到 1792 年）筹备一个展览，在此过程中建立了可以说是今天策展人工作的基础：观看艺术的科学方法（优化画廊的建筑上的展示）、对于艺术有序的展示方法（摆放在一条线上，以尺寸为依据并使观众无法触摸作品）、对于艺术史的官方解读（进化的阅读与艺术的终结绝对美），以及官方甄选的经典杰作（从而将博物馆与艺术品交易商也就是他所说的"货币兑换商"区分开来）。所有为卢浮宫首次面向公众开放所做的准备工作都无果而终：德·安吉维莱尔在法国大革命初露端倪时就逃往国外[1]。德·安吉维莱尔是典型的失败的策展人。

失败的可能性表明策展在很大程度上在筹备。即使是一个小型展览或在线项目，策展人也会花时间来筹备。他们经常同时筹备多个展览。准备工作包括构思项目；撰写提案、申请资金和对艺术家作简介；寻求场地；组织展览和编目；与传媒联络；为展览做广告；社交活动；达成协议；说服编辑和评论家；安抚投资者；等等。为了筹备展览，策展人需要做的事情不胜枚举。就像任何文化活动一样，筹备只是完成某件事的必由之路，它引领事件或任务的进展。这一基础的行动或步骤是不可回避的。但是筹备一个项目到底意味着什么呢？除了项目的目标和追求之外，通常的答案一定是"追求成功，避免失败"。策展人努力对他们的项目进行筹备，以避免成为下一个安吉维莱尔伯爵。这样一个老生常谈的回答必然将筹备的意义归结为两种结果：积极的或消极的，以及介于两者之间的灰色地带。因此，"筹备"一词的意义被简化为一种经济结构：以声誉和影响力或以耻辱和羞愧的形式的回报，两者之间又有许多微妙的变化。有没有关于筹备的其他思路呢？有没有一种方法来思考筹备工作而不以不可避免的经济选择而告终？

在接下来的内容中，我将避免对"筹备"一词的含义作简化解释，以便对这个词提出一种新的解释，一种并不代表经济回报（成功／失败）

的解释，而是一种通往未来的新途径。进行新的解读是寻求准确可信而又不同寻常的新的含义。它是准确可信的，因为它完全赞同作者调查研究的一些观点。它是不同寻常的，因为为了完成这本书的框架，这个研究也必然会偏离作者的工作。这里提到的作者是指米歇尔·福柯，研究的主要文本是他于1981—1982学年在法兰西学院的最后的演讲《主体解释学》。考虑到篇幅有限，我们唯一能做的就是断然而谨慎地摘录其中的特别一段：他对希腊语"筹备"（paraskeue）一词进行了冗长分析，并赋予这个单词新的含义[2]。这样做的目的不是让人们回想起"筹备"这个词被遗忘的含义，恰恰相反，是为了使得"筹备"这个词避开所讨论的经济选择并在某种程度上产生共鸣。

尽管这个希腊语单词现在被宗教所吸收（意思是使自己为安息日做好准备的工作），筹备一词的意思是为个人为充满不可预见事件的未来做好准备（参阅《召唤》《天使》）。换句话说，筹备的意思是为现在还无法确定的事情做准备。这个词最初是由希罗多德[3]引入，是由"para-"和"-skeuos"组成的复合词，"para-"表示"旁边"或"附近"，"-skeuos"表示"工具、仪器"。因此，筹备指的是在仪器旁边或附近的东西、近乎成为仪器或者更准确地说是仪器化的东西。与英语单词"准备"不同，筹备没有确定的目标（比如展览或在线转播）；这是一项开放式的工作，目的是提升对无法预先知道或估量其形式、时间和影响的事件作出反应的能力。因此，这项工作不是关于法则或规则（例如，经济回报）进行的，而是关于生活中不可预见的事件。让我们来解读福柯对这个术语的阐释。

福柯将筹备定义为"做好准备"——不是为了获取知识，而是为了迎接新的事物。他写道："筹备是装备，是主体和灵魂的准备，这样他们将适当而必要地充分武装起来，以应对生活中可能出现的任何情况。"[4]这种阐释的关键在于对未来的关注。这种对开放未来的强调（"生活中可能出现的任何情况"），进一步证实了在福柯下文中所说的："筹备涉及个人对未来做准备，未来具有无法预料的事件，我们虽然可能熟悉其大体的性质，但我们无法知道它是否以及何时发生。"[5]

与希罗多德和犬儒学派的狄米特律斯一样，福柯将哲人比喻为一名运动员，他不是为某一事件做准备，而是为任何可能发生的事情做准备。他写道：

> 优秀的运动员表现为勤于练习的人。但练习什么呢？他说，不是所有可能的行动。这绝对不是一个部署我们面临的所有可能的问题。它甚至不牵涉在某个领域取得的使我们能够胜过别人的某种成就。它是关于我们为可能面临的做好准备，只是为了那些我们可能会遭遇的事件，但不是为了超越别人，甚至不是为了超越自我。[6]

这是一个不寻常的哲人 / 运动员，因为他不是为了实现一个目标（赢得比赛、奖金、奖章或荣誉）而训练，而是为了确保面临明天的变迁不那么焦虑，有一个更稳定的基础。不可避免地，这可能意味着提高或加强自己，以便具有更好的驾驭能力或更精进的技艺。但福柯坚持认为，筹备并不意味着努力获得技能或进行掌控，而是不要让意料之外的事情使哲人 / 运动员措手不及。他写道："筹备并不是指做得比别人更好，甚至也无关乎超越自己，而是关乎……面临任何可能发生的事能更强或不弱……筹备就是一系列必要且充分的动作（或）行动，它会使我们在面临生活中可能发生的任何事情时都更强大。"[7]

那么这位哲人 / 运动员真正准备的是什么呢？"面临可能发生的事……更强大"是什么意思？福柯很快回答说，不像随后对筹备这个词的解释，古代的哲人 / 运动员只是为不可预见的事件做准备。就像他以竞技摔跤为例所说的：

> 摔跤的艺术就在于时刻准备着，保持警惕，保持沉着，也就是

说，不要被抛出去，不要弱于来自环境或来自他者等任何一方的打击。我认为这非常重要……具有古代精神的运动员……必须为这样一场斗争做好准备，在这种斗争中，他的对手就是事件，即来自外部世界的任何东西。古代运动员是事件中的运动员。[8]

在这种情况下，筹备的意思是为了在面临事件时更强大而做准备——也就是说，比任何可能发生的事情都更强大，而不需要指定所需的强大程度，从而实现对未知事物的掌控。事实上，因为未来是未知的，为未来做准备不可能采取任何特定的路径，但哲人／运动员必须为此做好准备。

为这样一个不寻常的目标做准备，严格地说，它不是一个目标，福柯给了我们实现这个目标的方式。从筹备的意义上来说，进行准备的哲人／运动员需要从根本上提高他或她的话语（理则）。为了做到这一点，运动员／哲人需要将"通过日常锻炼，通过写作"[9]这组词深深烙入他或她的脑海。无论如何，这些理则或词组都不是任何话语。它们不仅必须"经理性证明是正确的"[10]（也就是说，它们必须是"真实的并构成可接受的行为准则"[11]），而且必须是"有说服力的"[12]。这种记忆练习的结果是加强运动员／哲人处理时间在生活中带来的变迁的方式。福柯写道："这种记忆就好像这些理则本身，逐渐成为一个具有运动员自身的理性、自由和意志，为他代言：不仅告诉他应该做什么，而且实际上也践行他应该做的事情，仿佛被必要的合理性所驱使……这就是筹备。"[13]筹备主要是一种通过反复练习理性论述来改变自己的方式，以面对未来可能发生的任何事情，从而使一个人在任何情况下面临任何未来事件都更强大。正是这种非凡的观点，让福柯得出了一个著名的、最精妙的结论："筹备是将理则转化为精神的要素。"[14]

但福柯真的能这么说吗？筹备可以理解成为未知做准备吗？也就是说，通过演练理性论述（理则）以从容面对未来，是否能真正掌握未来的一切事件？难道这些理则演练不会导致恰恰相反的结果，增加论述的散漫性，从而增加对未来的焦虑吗？福柯在这里没有注意到的也许是时间的问题。那些通过理性实践进行准备的人怎么可能比未来的遇见的一切都更强大呢？福柯或许在这里忘记了伊曼纽尔·列维纳斯的著名论点，即不可能"比时间更强大"。[15] 原因很明显：如果准备好的"我"变得比所有的"未来"时间都强大，那么这个"我"就占有了所有还不属于他的东西，包括未知的"未来"。如此，筹备将意味着随着时间的推移对自我的掌握，包括进一步推进这个论点、对熵和衰老的掌握——这些都是无法理性避免的。福柯的筹备是一种谬见，因为它被限制在理则中。理则无法掌握任何东西，因为哲人/运动员无法运用理性来克服建构时间本身的绝对异质性法则（参阅《法则》[16]）。主张相反的观点只会强化一种非理性的观点，即哲人/运动员可以控制他或她还尚未面对的东西。

那么，我们如何重新思考筹备这个词，以一种不过于集中于理则而是随着时间的推移掌控理性的方式？如果福柯给了我们关于筹备含义的基本选择，它并非完全通过回报（成功/失败）原理来建构，那么一个人如何能不依靠于提出问题方式（比事件乃至时间更加理性而强大）而是伴随着事件即伴随时间及其不可预知的定律的方式来构想它？为了回答这个问题，我们有必要更加关注古希腊人运用筹备一词的方式。这里没有篇幅从无数希腊作家的众多篇章中对这个术语进行完整的注释。语言学家琼·W. 艾莉森（June W. Allison）在 5 世纪雅典历史学家修昔底德以及在大致同一时期的许多其他作家的著作中，都对这个词进行了最清晰的分析[17]。艾莉森深入分析的结果表明，筹备这个词是放在某种背景下来理解的，在这种背景下，筹备并不一定是受理则支配的实践。让我们看两个例子，帮助我们超越福柯对筹备阐释的界定。

在关于修昔底德的书中，艾莉森解读了这位著名将军的《伯罗奔尼撒战争史》中的两个关键段落。这两个段落是关于恐惧和爱的。修昔底德没有将恐惧理解为不受欢迎的事情发生的可能性和引发恐慌的潜在原因，而是将其视为筹备的主要组成部分：这将引导那些准备去做"始料不及的、准备好的事情并'早于敌人采取行动'的人，而敌人并不知道准备源于恐惧"[18]。因此，恐惧不是通过诱导突然的无法控制的焦虑，而是相反地使有所准备的人武装起来，赋予他或她处理意外的能力、拥抱无法察觉的即将到来的事物。爱亦是如此。正如艾里逊所说："厄洛斯有能力完成无视理性的壮举。"[19]这位语言学家举了伯里克利建议他的军队成为菲洛普利城的爱人的例子。这个例子表明，像恐惧一样，爱也可以在筹备中发挥作用，它将对于未知事物的焦虑转变成一种任何东西都无法阻止的溺爱的坚韧。

通过这些例子，艾莉森让我们看到，筹备未必是由理则构建的。筹备不只涉及理性的论述，也包括潜在的收益或亏损、成功或失败。它包含了各种各样的情感和话语，以沉着自信和新的决心来处理和拥抱未来。这种辅助性的途径表明，"未来"不是一个需要填补的空白占位符，而是构成完整的筹备所必需的一个方面。它基本上认识到，对未来的敬畏或热爱可以转化为优势，激励人们做好准备。因此，实践筹备的人将从所有那些使心灵错乱的烦恼中解脱出来；他既不希望也不觊觎任何东西，只是满足于一种开放式的准备以自信地拥抱未来也就是完全未知的东西。这并不意味着将未来化为虚无并安于现状，如专注于当下每一个瞬间。这只不过意味着感觉并知道，未来同样通过筹备的工作、通过参与其中的每一个人而显露出来。

这样，与英语术语"准备"严格地局限于朝着一个事件努力并实现它的理性行动和过程不同，筹备揭示了一种多维的方法，它在一定程度上违背了合理性及秩序理则，目的是让无法预期的东西在要完成的工作中占据其应有的位置。换句话说，通过筹备，要完成的任务转变为无法想象的，而所有伴随它而来的情感和推理则转化为对另一个未来的促进因素。回到这本书总的逻辑论证，这只不过是意味着让我们与同样是我们的神灵达成和解。我们不是一个未知的指向我们的未来的受害者；我们还是一个难以想象的未来的促进因素。如此，践行筹备就是承认我既是凡人也是神灵，不是通过掌握未来以及像福柯一样任何时候对个人一贯正确的自负的夸耀，而是通过我是真正的改变与促进未来的因素。此外，这并不意味着寻求神灵的庇护以使我不受任何可能发生的事情的影响，而是要认识到，只有当不属于它的事情也占据它应有的位置时，准备才能真正完成。换言之，准备以引入不是冲突的事物以便重新开始冲突本身。

那么，为什么筹备对策展人如此重要呢？如果策展人花时间准备项目，这种准备不能因此限定为对于事件成功或失败的实现。践行筹备的策展人会明白，他们的工作不仅是寻求未来结果的事件，而且是未来本身的具现：神灵的工作。那么这样的策展人就会熟练地处理神灵和凡人的工作。部分地从经济计划的独有形式中解放出来，这些践行筹备的策展人不仅渴望比时间更强大从而成为巨大的成功者、合理利用时间的主宰者，而且成为他们自己的冲突的具现——也就是说，物质事件的具现，即自我区分的大地以无限的天空为背景的涌动。展览和在线项目不仅代表了可以添加到简历中的文化经济成就，还代表了付出／接纳所产生的赠予，它们正是神灵需求缺乏的冗余，是四重性的分享与构建——如果策展人想要从经济回报和安吉维莱尔伯爵的命运的严格限制中解脱出来的话，就实在不能忽视这些。

刺激

党派是策展人中的幽灵。施密特指出，在科技世界里，党派人士只不过是一种刺激。党派有四个特点：非常规的、忙碌的、全能的、源于大地的。关于源于大地的特征必须进行反思。大地不是陆地，而是一种秩序。党派的作用是为大地创造一个新的秩序。新秩序将来自监测（暗网）。这正是一个消失风险很高的地方。就像高速公路上的流浪狗。为了避免这样的命运，党派人士应该欣然接受无法丈量的大地、天空和神灵的相互作用。策展人需要意识到自己的大地特征。

在当代策展人中，一直有一个挥之不去的魅影：党派。所有的策展人都渴望被视为党派人士——不是作为一个与正规驻军作战的武装团体的成员，而是作为一个特定政治事业的坚定支持者、提倡者和／或捍卫者。策展人不能只忙于文化；他们需要表示明确的立场，参与复杂的社会经济和政治问题，应对最新的全球紧急情况，熟悉最近的政治理论，即使他们并没有关于这些问题的专业知识或是接受如何解决这些问题的培训。对于那些渴望成为国际代理人的没有组织机构的自由策展人来说，尤其如此；他们不像政客们那样与自身的机构相关联，他们能够专注于真正的敌人（全球化、资本主义、新自由主义、中产阶级化、父权制、极端主义，等等），并通过参与展览和项目来与之对抗。[1]渴望成为坚定党派人士的策展人是真正政治的化身，是超越纯粹政治的化身。他们是能够清楚地认识其朋友和盟友的政治动物，在不再有任何战争法权的情况下，他们是正义事业的英勇捍卫者。党派策展人散发着政治自主性和独立性的魅力。没有哪位策展人能抵挡住党派人士的幽灵般的吸引力。

接下来，我想通过党派策展人最常做的事情来探讨这个主题：刺激。正如我们将看到的，在科技快速发展的时代，党派策展人唯一能做的就是刺激他们的敌人。我特地使用这个动词刺激，是因为根据最著名的游击队理论家之一卡尔·施密特的说法，在一个科技为先的社会里，这是游击队能产生的仅有的真正影响。如他所说：

> 在一个组织严密的科技世界里，古老的封建土地形式和战斗、战争和敌意的概念都消失了。这是显而易见的。但是否战斗、战争和敌意也由此消失了，变成了无伤大雅的社会矛盾？按照乐观主义的观点，当在组织严密的技术世界中达到了内在的、固有的合理性和规律性，游击队也许只不过是一种刺激。[3]

那么，在这样一个世界里，缺乏科技含量的游击队确实已经不复存在了，正如施密特提醒我们的那样，这种游击队一开始在19世纪初的十年中抗击拿破仑占领西班牙的恩佩西纳多人身上，得到了最好的体现。苹果笔记本电脑专业版覆盖的贴纸可耻地遮挡了无处不在的苹果标志，来自政党、组织或他们支持阵线的党派人士在今天从事全球及远程运营，对于他们所认定的通常模糊而普遍的敌人而言，其产生的影响确实只是轻微的刺激。[4]人们该如何理解这种奇怪的刺激呢？

为了解决这个毫无疑问是有争议的问题，无论他们的展览或项目是什么，当代的党派策展人只能是简单的刺激物，有必要重新思考从过去的缺乏科技含量的游击队到今天的高科技游击队这一非凡历程。这一历程通常被理解为一篇科技的历程。正如德里达在解读施密特著名的游击队理论时所评论的那样："因此，机动化的速度以及由此产生的远程技术自动化，导致了与原生性的决裂。这种决裂不仅割断了传统敌人的大地根源，而且也割断了游击战争的最开始形式的大地根源。"[5] 在接下来的文章中，我将略微改变对这段与祖国紧密相连的从低水平、低科技含量游击队转变为没有国界或前线的高水平、高技术党派人士的历程的传统解读。目的在于重新评估这些迷失在世界疯狂的科技进步中的游击队 —— 尤其是党派策展人的大地根源。通过这次重新评估，我们希望证明，如果人们以不同的方式来看待这些大地的根源，那么党派工作——特别是策划——就有希望不仅仅是一种刺激。

让我们回到卡尔·施密特对游击队的阐释，更具体地说他对游击队的大地特质的理解。众所周知，施密特确定了游击队的四个具体特征：不合常规、政治参与、战术上的多样性和源自大地的特性。[6] 在详细研究最后一个之前，让我们一个一个快速审视一番。军队中的兵员有等级森严的结构、显而易见的标志（制服和旗帜）、武器和规则（例如日内瓦公约）。与之相对，游击队员指的是那些在战争中挑战或忽视部分或全部这些结构和规则的人。这就是它们不合常规的原因。第二，正规军参加战争是因为他们应该参加；这是他们的工作。相比之下，游击队员是出于特定的政治原因而自愿（而非职业）参加战争的。这就是他们区别于单纯的犯罪团伙的地方，也赋予他们一定的政治参与度。第三，不像军队因为兵力和装备而前进缓慢，游击队员的装备和补给都很轻便；他们从攻击都能迅速转移，他们使用计谋和伪装来达到他们的目的。这就是他们战术灵活性和反应迅速的原因。这是施密特确定的游击队具有的特征中的前三个著名方面。但现在让我们更精确地关注最后一个特质：源自大地的方面。

施密特表示，传统的游击队本质上是与祖国紧密相连的人，保卫祖国不受外来入侵。然而，他亦承认，如果游击队员的行动从更全球化的角度出发（例如，为人权而战），或者面临更加国际化的敌手（例如为反对禁运、金融和企业接管，或石油资助而战），他们就会失去其大地的特征。无论他们的敌人是什么，无论他们参与游击战争的原因是什么，他们大地特性的问题不能作为一种历史特性轻易地抛弃。为了理解这第四个特征的重要性，有必要反思施密特对大地（earth）一词的理解方式（telluric "大地的" 来自拉丁语 tellus "大地女神"）。对于施密特来说，大地在本质上而且最重要的是，通常被理解为所有人类法则的起源。正如他在《大地之法》中所说，"在神话语言中，大地被称为法则之母。"[7] 诚然，地球提供了财富（通过耕作和开采）、划分（通过界限和边界）和权力（通过所有权和人类接近的形式），而所有这些则都形成了法则。"法则受大地约束，与大地相关。这就是诗人所说的无限公正的地球：正义的大地女神忒勒斯。"[8]

因此，大地不仅仅是军队踏足的陆地表面；它是一种规范财富、习惯和权力及对其破坏、违反和毁灭的法律秩序。因此，大地是一个不断变化的秩序，不断演变成不同的秩序，每一次它的任何一个组成部分都有一个重新定义：财富（例如天然气取代煤炭）、划分（例如世界大战）和统治（例如非殖民化和开拓殖民地）。民族、帝国和国家共存的每一个新时代和每一个新纪元，都是建立在大地不断变化的法律秩序之上的。因此，游击队与大地联系在一起，不仅是因为他们保卫的是一块地理上可识别的土地，还因为无论地球的法律秩序是怎样构想的，它已经被改变了，因此需要变化。在这种情况下，19世纪前十年在西班牙对抗法国军队的恩佩西纳多与他们的大地秩序的关系，就像21世纪10年代揭露国际银行和政客贪婪的电脑黑客一样。在这两个案例中，大地的秩序都被改变了——例如，通过入侵或近海税制的隐秘剥削——并因此形成解决方式——要么被抵御，要么被揭露。

因此，游击队的作用是修改大地特定的法律秩序，无论这个秩序是如何定义的。因此，与其说游击队的作用是保卫、保护或摧毁一种特定的财富土地、一种特定的划分（特定的界限或边界）甚至权力（所有权或继承权），不如说是通过游击队创造一种新的财富。施密特通过强调游击队创造了新的空间的方式来描述建立新的大地秩序这项工作："在游击战中，创建了一个新的、复杂的、有组织的作用范围，因为游击队并不是在开放的战场上战斗，也并非在同等水平的开放的正面前线进行战斗。他迫使敌人进入另一个空间。"[9]这个新空间显然是地下的，游击队员在这里进行秘密或隐匿的活动。在这样一个空间里，党派开启了新的大地秩序的可能性。无论成功与否，在大多数情况下，大地的秩序是永远不会再同化了。

因此，正如施密特不厌其烦地重复的那样，游击队的大地特质不可低估。即使在大地的概念已经被工业技术进步的熔炉所瓦解的情况下，始终会与大地有所关联。正如施密特在总结大地这一特征时所说的那样，"游击队一直是真正的大地的一部分；作为世界历史上尚未被完全毁灭的元素，是大地上最后的守卫者。"[10]这个最后的守卫者不应该被视为是一个有游击队员警戒大地的地方，而应该被看作是一个真实的或隐喻的地下巢穴的空间，例如——大地的秩序被重新调整和/或（重新）创造的地方。此外，这个守卫者可以是一个实体的藏身处，也可以是暗网。这无关紧要。与大地的关系并不总是物质的；它可以发生在游击队力图保护、防卫或摧毁的任何结构或群体中。他或她站在哪一边也无关紧要；就一切情况而论，其目的都是以任何政治家或军队凭借其所负责的庞大的、官僚主义的基础设施都不可能实现的方式来改变大地的秩序。

不可避免地，由于将自身置于创建一个新的大地秩序的敏感位置，游击队员们面临着全部消失的风险。当施密特预见到科技进步对游击队工作的影响时，他对此有清醒的认识。他使用了一个不同寻常的形象：

他将游击队比作一条被杀死在高速公路上的狗。他解释道，在一个组织严密的科技世界里，"在技术功能力量顺利运行的过程中，游击队会自动消失，就像一条狗消失在高速公路上一样。在一个以科技为中心的幻想中，这既不是一个哲学或道德问题，也不是一个法律问题，更不是一个交通巡警的问题。"[11] 施密特的比喻很清楚：如果科技完全掌控了一切，那么游击队的工作就会沦为高速公路上的麻烦。游击队实际上变成了一个轻微的刺激，一只被高科技驱策以及人类大众的高速撞击的流浪狗，它并未试图停下来也没有得到救援。由于沦为连交通巡警都懒得消灭的有害性动物，游击队在开辟大地新秩序方面的关键作用也因此消失在遗忘的夜晚。高速公路继续运载着受到科技驱策的僵尸般的货物，而大地忘记了自我更新。施密特的警告是严重的，比历史上任何时候都严重。

为了使游击队和游击队策展人不仅仅是一种刺激——也就是在我们这个科技驱动的世界中高速公路上的有害动物——他们需要重新思考其最基本的大地特征。正如我们已知的，施密所指的大地基本上是一种法律秩序，而游击队则是这个法律秩序更新的守卫者（由于他或她隐秘的工作带来的新财富、划分和权力）。在前一章（参阅《大地》）中，我们设想了大地的复数。不是只有一重大地，而是有多重大地。复数使得我们认为大地不只是一个被踏足、被入侵、被挪用和被开发利用的独特实体，而是任何使光明可能上升的东西，任何给予自身审视的东西。这样一来，这样，就没有一个叫作大地的事件，而是许多发生作用的事件被称为大地。通读施密特的著作，这意味着秩序也是多重的。没有一种大地秩序需要改变或更新（例如，一些激进分子天真地要求终结当前支配大地秩序的资本主义）；有多重大地，因此有许多秩序为改变而贡献自身。

在从一重大地到多重大地的转变中，关键的问题是放弃所有的时空参照。在复数形式中，大地不再依赖于空间维度（土地、地区、领域、国土、国家等）或时间维度（历史、遗产、传统、世系、未来前景等）。

脱离之后，认为大地与天空、凡人／神灵的共存不是作为一个统一整体，而是在它们产生的相互作用中。如果没有凡人／神灵转变成天空的参与，就不会有大地。如果没有大地为它们提供需要光明和衡量的自我揭示的物质，就不会有天空。如果没有天地的冲突，就不会有凡人／神灵。在这种相互依存中，需要解决的问题（侵略、霸权、欺诈、控制、主权、管辖权、影响力、权威、统治等）不再对可衡量的空间和时间也就是不再对可测算并因此值得怀疑的秩序作出回应。这并不意味着秩序（边界、限制、边境、垄断等）会完全消失。这仅仅意味着其他维度也在发挥作用。通过发挥作用，这些其他无法测算的维度削弱了所有经过测量的空间和时间秩序的力量，因此也削弱了所有意识形态、唯心主义、教条主义、行为准则和信仰的力量。

旧模式（游击队为保卫、恢复、破坏和／或重新创造一个新的大地秩序而战）和这里提出的模式（党派为保卫、恢复、破坏和／或重新创造他或她自己的大地秩序而战）之间的区别是明显的。在先前的模式中，游击队为了一项共同的事业英勇地与敌人战斗，而这项事业由选定的党派或组织通过贫困阈值、气候变化图、社会不平等图表等在空间和时间上进行了衡量。他在衡量的基础上运行了具体的、抽象的或意识形态的秩序[12]。相比之下，为创造大地秩序而战的党派人士如此而为，就是要像神灵一样参与大地在无可估量的天空背景上的上升。这种战斗不需要将政党或组织理解为大地的本土性，因为政党就属于大地、天空以及凡人／神灵的维度，既对任何尺度严重过敏，又内在地触发战斗本身。意识到并参与到这些无法衡量的维度中，就意味着重新点燃了游击队的真正大地特征，即那些只会看到天地之间更多冲突的人，令人烦恼的是，这些冲突没有可测定的结果、可实现的目标或可完成的宗旨。

如果这种对党派人士大地特性的重新设想是可能的，那么他或她将不仅仅是一个刺激，不仅仅是一只在我们这个科技驱动的世界里被杀死在高速公路上的流浪狗。凡人／神，这些新的党派人士，将强调他们不仅仅是有害动物，而是所有的大地和天空，所有的凡人和神。这些党派人士将展示的不是为了防止未来无谓的杀戮而必须停止科技秩序，而是科技秩序次于大地秩序——也就是说，它逊于浩瀚无垠的天空和凡人 / 神灵的生活。这种次要性并不意味着幼稚地贬低科技而将"生活"提升到高于一切的位置。它只是强调了在科技秩序的魔力之下，所有的大地、天空、凡人和神灵都有消失的潜在危险[13]。没有科技的魔力，科技实际上与未知息息相关，可以打开未来并创造新的大地秩序。新的党派之战从这里开始，承认和肯定一种不可估量的秩序（四重性），这种秩序超越任何其他可衡量秩序，包括由技术提供的秩序。因此，这些新的党派人士必须重新燃起大地的特质；他们必须通过工作来使天空焕然一新，从而重燃他们的虔诚这一凡人特性。

这些没有组织机构的自由策展人渴望成为国际党派人士（或活动家、破坏者、异见者、革命者、反抗斗士、无政府主义者、黑客，等等），他们傲慢地逃离政治，在最好的情况下，将他们上升到政治层面，英勇地保卫真正的敌对者，因此他们有很多工作要做。他们的展览或在线项目不需要遵循特定的党派路线，也不需要遵循空间和时间上定义的顺序，就像经典的党派（低或高）那样。他们只需要意识到他们的在地特点、他们对大地在冲突中以无可估量的天空为背景的涌动的忠诚，以及同行的凡人 / 神灵的共性等。只有在大地更新的前提下，党派策展人才能重新开始战斗，因为他们知道，他们的大地永远不会让天空变暗（从而导致它们变得可以衡量）或者阻止凡人成为神灵（从而使他们变得可以被取代）。这既不是乌托邦式的梦想（如"让贫困成为历史"或"另一个可能的世界"），也不是怀旧而浪漫的理想主义（如重新点燃与自然、大地和天空）。相反，这是可以想象的最具体的党派之战，因为没有这四重性中的大地更新，就不可能发生任何战斗。这是唯一可以最终摆脱传统游击队的阴影以及举措和规则备受质疑的政党的方法。

友爱

　　策展人工作的特点是战争。友爱怎样了呢？不应将友爱作为一种历史理想，而要作为一种更新的概念来对待。策展人如何才能更加友爱？查利尔反对将友爱等同为特权。友爱是跨越世代的。友爱是一种摆脱社交性和永恒性的刹那。它起源于无法追忆的远古。它恰恰发生在语言诞生之初。"我在这里。"这是战争中的唯一希望。策展人有可能成为"我在这里"河岸上的凡人 / 神灵。

　　策展人工作的特点是战争。他们总是处在交战状态。他们互相竞争，为零零星星的资金而争斗，从彼此手中撬走艺术家和作品，为赢得梦寐以求的工作而相互争斗，与评论家、经销商和经纪人相互纠缠、争吵不休，劝诫行为与规范有偏差的观众，与其他同行争论观点和理论，互相尖锐地批评和诋毁，甚至很多情况下有相反的主张[1]。没有一个策展人会认可这些卑劣行径，但所有策展人在其职业生涯中都了解或目睹过至少一种这些行径。就像在任何工作领域一样，策展界总是处于战争状态 —— 如此激烈以至于人们不禁要问，到底发生了什么，虽未改变和平但改变了友爱。提出这样的问题，并不必然假定曾经有过一段没有战争、策展人友爱地欢聚在一起的辉煌历史。提出这样的问题并不意味着已经赢得自由和平等，友爱仍然需要出现在我们普遍（如法国）的革命范畴中。抛开所有的幻想者和 / 或善于欺骗的历史参照，友爱的思想仍然需要被讨论，不是为了摆脱战争 —— 我们都知道这是不可能的 —— 而是为了遏制它最具威胁性的方面[2]。策展人如何才能更加友爱呢？

为了阐明这个显然具有争议的问题，我将解读凯瑟琳·沙利耶关于友爱一书的一些节选。沙利耶是一位杰出的法籍犹太裔学者，她在原生国家之外极少受到关注，这也许是因为她的极度谦虚和致力于避免空洞的语言片段式网络。通过解读，我将证明，亲如兄弟远非试图表达某种男性的亲密关系，而是一种更为复杂和微妙的姿态，策展人或许应该为自己采取这种姿态，即使他们周围的一切都在为战争做准备。兄弟会还有时间，尽管这个词被嘲笑为妄想的和家长制的。显而易见的是，在说兄弟会还有机会的时候，我并不是在暗示一个男人的俱乐部还有机会来统治策展世界或为其成员带来和平。这就像说姐妹会还有机会一样荒谬。无论这看起来多么奇怪，下文的论证将竭力规避这种依照性别而分类的监管。在这本书的上下文中，论点是兄弟会将可能是策展人的最好尝试，并非在鼓励他们的兄弟姐妹和朋友怀抱兄弟之爱欢聚一起，而是不论性别共同参与大地在自我隔绝中向无限天空的涌动，这是一种兄弟般的情谊，如果付诸行动，可以防止一切战争的开始。这怎么可能呢？让我们解读一些沙利耶有关这个术语细致分析的摘录。

沙利耶在研究中通过引用了夏尔·波德莱尔诗歌《致读者》，这是他著名的 1857 年《恶之花》中的开篇，关于友爱的主题。这首诗的最后一句广为传颂："我的同伴，我的兄弟！"[3] 波德莱尔的最后一句诗指出了人类不可改变的基本特征：兄弟情谊将人类联系在一起。沙利耶写道："间或，当仇恨和嫉妒毁掉了一切，如果有人冒险对对方说句和解的话：'我的同伴，我的兄弟！'即使对方是敌人。"[4] 沙利耶很快强调了实现波德莱尔呼吁的普世平等的不可能性："将他者视为'同伴'和'兄弟'，就是从本质主义和同一性模式的前提下思考友爱，并且假定话语者是模式主体。因此，这种友爱附属于将他者视为另一个自我、另一个'我'的观念。"[5]在本质主义的框架内来理解，友爱因此是不可能实现的，因为主张友爱的人必须和索求友爱的人是同一个人，这就使友爱的主张无效。因此，沙利耶的前提很清楚：任何将他者视为同一的友爱（例如"存在""种属""人类""人"），都建立在一个实际上意图捍卫"一"的支配绝对特权和显赫地位的计划之上。

这种存在问题的特权最清晰的表达显然是"我的同伴，我的兄弟！"是写给女性的。沙利耶尖锐地提出："在这种情况下，女性在兄弟会中的地位引发了问题：一位男性能对一位女性称呼自己为'我的同伴，我的兄弟！'吗？一位女性能从承认这个同样否定她的称呼中找到任何安慰吗？"[6]沙利耶简明扼要地回答如下："一个试图根据特定特征——性别、阶级、种族——来定义个体的兄弟会，只会令不属于它的人充满憎恶。"[7]这样，如果兄弟情谊在今天有可能再次引发共鸣，它需要放弃所有类型的"阴茎理性中心主义"——因为在这种话语中，每个人都被纳入一种以中性作为借口的男性霸权语言之下。这不是一件容易的事，因为从词源学上看，友爱显然与兄弟的概念有关（源自拉丁语fraternus，源自 frater "兄弟"），因此只与兄弟姐妹中的男人聚在一起有关。如果不重新思考这个词源，那么兄弟情谊就只能和所有其他从基督教继承而来、在启蒙运动中被视为低劣的阴茎理性中心的思想一起被扔进历史的垃圾箱里了。

但沙利耶并不气馁。为了避免这种简化和危险的观点，她坚持认为，有必要重新思考，把友爱作为一切希望的开端："唯一能认可他者而又不将每个人都归为一种本质的方法……就是在诸如'这样那样'的所有决定之外重新思考他者。这种对友爱的重新思考并不依赖于对友爱本质的预先定义。相反，当话语者向他者表示他或她的……生命是一切希望的开端时，友爱恰会浮现。"[8] 因此，沙利耶关注的不是友爱概念的同质化，而是确定友爱出现的时刻，尽管有所有的本质主义论述，它还是会自我显现。这个独特的时刻扰乱了所有类型的本质，当人们意识到他者的生命成为她所说的"一切希望的开端"时，意味着什么？这里利害攸关的希望指的是什么？这种希望什么时候会出现？它是否可以与前面讨论的"无法企及的结果"（参阅《保存》）相提并论？

首先，沙利耶的答案出乎意料，她不是在空间上（即在任何时间和地点的兄弟姐妹或朋友之间）联系起来，而是在时间上（即在世代之间）将友爱联系起来。向他者表明他们的生活是一切希望的开端，是要指出他们对一切都抱有希望，不是因为他们乐观，而是因为他们能把孩子带到这个世界上。这不是反堕胎的宣传。它只是承认，希望不是发生在周边的人身上，而是发生在随后而来的任何人身上，任何随着时间的推移给世界在新层面带来弊病的人。这才是希望真正的所在。它不会发生在期待和渴望某件事发生的感觉中，因为这些必然意味着怀着希望的人的自我主义。相反，希望发生在孩子带来的对未来无限的开启之中，无论这个孩子是否是被期待、渴望或珍惜的。同样，这不是为了确保友爱而必须不惜一切代价生下孩子那样保守的家长式论述。这仅仅承认希望之所在：在由另一代人带来的未来（参阅《天使》《结论》）。

这一不同寻常的举动，其价值不仅在于避免了所有形式的本质主义论述，而且指出了一个超出我们目前范围的希望之所在。沙利耶写道："谈论两代人之间的友爱，就是要讨论今天的男人和女人为他们将不再存在的时代。留下一个使子孙后代能够在其中生活和繁荣的世界，赋予它超越生存现状的狭隘范围的维度，因为它超越了死亡。"[9] 这一激进的举动使沙利耶不再关注可以在空间上归因和/或协商的观点、继承或地位（例如身份、性别、种族、政治或社会文化从属关系）的相似性，而是关注超越死亡的友爱的时间的姿态。因此，它不是同时代人之间共享的，而是与即将到来或仍将到来的他者共享的。因此，友爱变成了一种与"尚未"之间的联系，它奇特地脱离了所有形式的共存、社交，甚至至关重要的永存不朽（例如，通过谱系确保我们死后的存在）。

但沙利耶并没有就此止步。在确定了希望的正确所在——也就是最有可能揭示友爱的地方之后——她强调，这种希望还发生在凡人之间，以一种无关乎兄弟、姐妹、亲子关系以及婴儿出生而使我们友爱的姿态。第二种姿态指向并且回应无法追忆的召唤（参阅《召唤》《痴迷》《直觉》）。她写道：

> 友爱要求我们思考一个无法追忆的开端，对于我们每个人都是不可还原的任何形式的起源……这种无法追忆的开端厌恶任何形式的兴趣，甚至对他者也不友好。毫无疑问，这个开端实际上回应了强加给自身的要求。就是在这里，在这个开端和要求的结合点上，友爱以其全部的敏锐表达了自身。[10]

毫无疑问，沙利耶的语言带有形而上学甚至神学的危险含义。无法追忆的远古无疑确实可以从本体论的意义上理解，在所有记忆、不可预见和历史之外的基本上是上帝，所谓的万物的起源。但沙利耶并没有轻易被形而上学或神学的言论所诱导。她坚持有一种指向并回应无法追忆的人与人之间的姿态，这种友爱的姿态摆脱了通常的利己主义或利他主义，这实际上是一种策略。

沙利耶确实认识到无法追忆的开端只能通过强调先于语言开始之前的时刻，特别是先于均质化概念（存在、种属、人类、男人、女人、艺术家、策展人，等等）的时刻而非将一切归诸最初的本质（即"上帝"）有效地发生。友爱，这一希望的开端，发生在语言出现并取得最高统治权之前。因此，作兄弟般友爱的姿态，并不是要把一个个体当作一个共同的种属来称呼，也不是要试图理解他者本质的独特性。相反，它是在所有形式的本质化论述占据主导之前，建立一种由希望构成的关系。这并不意味着语言和概念已经被根除了。最初的友爱时刻一旦过去，它们显然可以毫无疑问地立即占据主导。然而，重要的是，这种暴力的语言总是事后发生，发生在最初的希望的友爱开始之后。

沙利耶不仅仅是想给人形成这样的印象，在语言之前存在着一种友爱的情感。她非常清楚把感情和概念混为一谈的危险。在她书中最震撼人心的语句中，有这样一句，这种指向和回应无法追忆的姿态发生在"在友爱——或语言——这样的种属建立"[11]之前。为什么会有"友爱或语言"这样一个不同寻常的选择？人们可以想象，友爱——作为希望的开端——恰恰发生在语言和概念之前。既然应该有友爱的希望，然后是语言的暴力这样一个顺序，怎么还能够有选择呢？答案很简单：友爱仍然是一种语言。因此，友爱仍然代表着概念的暴力。在没有经过几代人的构想时，就有必要考虑友爱的发生也就是正当语言（*尤其是友爱的语言*）猛烈地展开自身时，而不是将其作为概念。这是一个更加困难的想法，它要求我们在似乎还没有确定的语言时，甚至在还未出现情绪或感觉语言时，就去思考语言的内在起源。

这样一来，友爱就不是建立在自治主体的自主自由的行为上，也不是建立在衡量一个人对于集体、社区、协会或团体之间共享的友爱理念的承诺的渴望上。即使是最激进、具有强烈认同感和使命感的社会，也无法产生或培育友爱。相反，友爱源于一种久远的历史，源于一种先于自由、欲望、承诺、兴趣和偏好的原始联合。当需要这些的时候，它就正好发生了，但它只是作为"后果"[12]来实施并进入人们视野。这种后果将友爱与语言奇妙地联系在一起。无法追忆不是凭空出现的；它在语言诞生之初就一直存在。换句话说，没有语言，就没有友爱，然而，如果没有这种最初的或无法追忆的友爱，语言就不会发生。举怎样的例子才能具体表达这个奇怪的作为希望开端的友爱呢？

正如沙利耶所说，这种恰恰出现在语言开端的友爱最显著的例子，就是表达"我在这里"（参阅《天使》）。除了供养给几代人以外，这是这种希望的开端的最清楚的例子。沙利耶写道："友爱永远是开端的，意味着在对身份产生任何质疑之前的'我在这里'（hinneni）的对他者的希望和允诺。"[13] 沙利耶使用这句著名的圣经用语，显然是为了回忆以撒被捆绑的故事。然而，正如沙利耶所表明的以及我们已经了解的，"我在这里"不是对上帝说的，而是对他者说的[14]。"我在这里"基本上是一种先于条件反射的反应，只能通过传递它的表现形式来确定。它指的是一个人在缺乏审慎、小心翼翼或深谋远虑的情况下在他者面前展现自我的时刻。这是一种无意识的姿态，不能被记忆，也不能通过重复来真正表现。[15] 这在母亲和孩子之间表现得最为明显，但沙利耶坚持认为，它超越了这种跨代关系。在所有形式的本质化论述之前，在同一 / 其他关系的专政之前以及在任何形式的关于友爱的共产主义论述之前，它同时也是约束凡人的东西。

因此，友爱的希望就存在于这些"我在这里"的表达中——这些表达不是自发地源于帮助他者的承诺，而至关重要的是来自超越记忆的时间。这些仿佛是希望转瞬即逝的匆匆一瞥，对任何一种编码化的渴望、系统化的期望、合法化的计划目标或亲如兄弟的梦想极为敏感。它们之所以发生，是因为它们忽略了所有的自身利益，包括为我们的孩子打造一个更美好的世界。这种短暂的时刻只会让那些希望友爱——尤其是犹太和基督教的博爱——能够根除世界上所有不幸的人失望。沙利耶并不幼稚。她写道："这样的希望或承诺显然无法消除仇恨或避免自相残杀。"[16] 战争和种族灭绝的大屠杀、针对他者的暴力以及普遍的自我中心主义将继续支配我们的世界。然而，在所有这些暴行中，无法追忆的远古坚定地将短暂的"我在这里"作为在友爱实际上已经消失的世界里的唯一希望。它坚定地继续呼唤，偶然地引发这些揭示我们根本不可替代的时刻，一种与自我的利益从根本上相背离的倾向。

不可避免地，就像前面研究的"无法企及"（参阅《保存》）一样，这种希望的开端同样是没有回报的。"我在这里"并不期待任何，甚至不需要任何回应。它是友爱的表达，没有假设或猜想。这是一种回避一切形式的秩序性包括一切形式的善的友爱。"我在这里"不具有或展示道德或非道德的美德。它的发生无关乎仁慈或卑劣，只是一种既没有标准也不会创造标准自发的表达。把友爱看作是对来自无法追忆的远古召唤的回应，因此又保留了一些从根本上也没有秩序的计算概念性的可识别的东西（语言）。它是无端的，并非因为它无法通过充分的理由（远古时代触发了它，召唤被听到了）表达出来，而是因为它被自由的给予，对听到它的人没有先入之见。以这种方式，它确实是一种希望的表达，而在头脑中再没有任何希望——无法企及。不被记住的事物通过"我在这里"激发了我们无法预期或计划的事物，让语言不间断的秩序驱动力感到厌烦的事物。

奇怪而迷人的友爱把我们带回到最重要的事情上：事实上，它是本书描述的四重性理论的核心，特别是对于同样是神灵的我们。沙利耶所说的最初和无法追忆的希望确实是与这些神灵有关的，这些神灵本身总是怀有更多的可能性，超越死亡的未来的可能性——这不仅仅是与婴儿有关。还有谁能回应无法追忆时代的召唤？还有谁能把自己引向无法企及的地方呢？当然是凡人／神灵，但这并不是因为他们神圣而高于他者，骄傲地拥有一种无法被记住的力量或才能；只是因为他们能听到召唤，他们能不假思索地作出反应，有意识或无意识地触发永远无法预料的未来。"我在这里"揭示了我们中间的神灵，用凡人无法想象的东西使凡人前行，不是因为它是令人惊讶的、前卫的或开创性的，而是因为它加入了大地以无以估量的天空为背景的涌动，从而揭示、分享和维持了冲突的作用。

策展人和他们周围的人是否能注意到这一无法追忆的召唤，并以一种无法企及的"我在这里"来回应呢？听从这样的号召并不意味着放弃所有建立兄弟般友爱的、以他者利益为基础的艺术的、活跃的、公共的、集体的、国家的（参阅《真知》）社区的尝试。它仅仅意味着要意识到，在这个世界惯常的嘈杂的不和谐中，偶尔会意外地突然迸发出短暂的友爱的火花。"正是这火花，"沙利耶写道，"让人类跨越到河岸，在那里对所有一切说出'我在这里'……就在那一刻，无法追忆的火花照亮了人类的语言，赋予友爱的希望以意义。"[17] 通过让无法追忆的或无法企及的发挥自己的作用，策展人作为凡人，由此向他们自身的神灵展示。同样，这不是宗教或形而上学的姿态。在语言上认识到有这样一种无法追忆的或无法企及的东西，就已经认识到我们是由它通过我们神圣的自我构成的 —— 这些自我是无可限量的。策展人的项目、语言和论证、社交和网络、他们的战斗姿态，将不仅是对不可避免的现实的表达，而且是对四重性中的神灵的表达。策展人不仅在保持神圣、兄弟般或姐妹般友爱的层面上可以是对神虔诚的，而且在跨越河流到达"我在这里"河岸的方式上也可以是虔诚的。

交流

泛策展是把人们聚在一起的东西。它是如何转化为精神交流的？梅斯特·埃克哈特和赖纳·舒尔曼阐述了这个问题。凡人/神灵领会并懂得。他们的行为是唯一的。他们的行为并不相关。它就像精神和思想一样难以区分。它是动作动词。它揭示从凡人到神性的转化，反之亦然。它们在一起孕育知识。泛策展是策划难以企及的知识的精神交流。冲突是鲜活的。

泛策展——多怪的术语！它可以用一前缀表示伴随、跨越或之后等意思，从而表示时间或地点的不确定性，这就会成为元策展。但是没有。它被称为"泛策展"，这个令人不快的术语最初是由延斯·霍夫曼（Jens Hoffmann）首次以贬义的方式使用，用来描述策展人制作展览以外的活动：会议、研讨会、研习会、场外项目、演出、发布会、演讲等[1]。泛策展拓展了制作完成展览的单一活动，在某些情况下使"一系列传统上对于展览本身附加或补充的活动成为主要的"[2]。加上词缀"para-"，这个词因此不仅具有支持展览所发生的一些事情的含义，而且也包含了一些错误或不规则的东西，从而可能扰乱了本应被置于中心舞台的东西。现在，这个词遭到了保守主义理念的诟病，认为，在庄严神圣的展厅里呈现出来的纯粹性，不应该被那些只是附加的东西所干扰。然而，难道附带发生的事情不正是最重要的吗？难道不正是由于随着展览而附带发生的事物才使展览显得如此重要吗？在某种程度上，如果没有泛策展，就几乎不会有任何策展——展览沦为没有论述、对话或共享的大厅。

在泛策展活动中发生的事情，也许就是突破万难将人们聚在一起并使之彼此交流。观众、艺术家、监控者、演讲者、组织者、志愿者、策展人、负责人、保洁员、管理员——所有人都彼此交谈，无论同意还是不同意，赞成还是排斥，讨论还是参与，在大多数情况下，决然不会对中心舞台发生的事情漠不关心。倡导人们在泛策展活动中进行交流，并不是试图挽救这个被诟病的术语，不是给所谓主要活动之外再给次要活动一个机会，也不是再次突出展览制作中的所谓有教育意义的活动。倡导人们交流就足以强调该事件正在发生，无论该事件与其他主要或次要事件是否有关联。因此，泛策展仍应被认为是独立的。然而，问题不在于我们应该对泛策展活动认真思考还是不予理会，而是在这些事件中到底发生了什么。我在这里想调查这种附带式的交流，不是通过提供它如何发生的关键词汇——例如，调查附加在展览上的散乱无章的事件的作用或分析成功或不成功的辅助项目的具体案例，而是通过调查精神的集合，人们可以借此分享他们的关于所理解或体验的中心舞台的想法和感受。

我有意使用"精神交流"这个表达，以使之区别于如会议、聚会、召集、聚集，甚至是相聚等其他术语。"交流"这个词特指私密的思想和感情的分享。它谈论的不是信息或知识的经济交流，而是情感和思想难以区分地结合在一起的私人共享时刻。这种交流并不意味着不再有任何不和谐或不一致、分歧，甚至是观点的不同。精神交流仅仅指的是这样一个事实：当人类团结在一起的时候，当语言和感情凝聚在一起的时候，会有这样的时刻，即使这些时刻总是发生在言语的战争中（参阅《友爱》）。不可避免的是，使用这个备受诟病的"交流"一词也会给人留下与宗教有关的印象。下文的挑战将是在所有宗教背景之外坚持思考"交流"这个词。如果没有无意识地想象一个宗教的"上帝"或在这个过程中以任何方式干涉的环境，彼此交流意味着什么？这项任务将会更加艰巨，因为正如预期的那样，神灵一词将再次被用来指代凡人。

为了把泛策展看作一种没有任何宗教背景（罕见但并非不可能）的精神交流，我想解读一系列最具智慧的西方神秘主义者梅斯特·埃克哈特所写的艰深的文章。为了帮助我们完成这个任务，我将追随与他同时代的最敏锐的读者之一：赖纳·舒尔曼。通过这种简短的阅读——仅是一篇讲道的几段摘录——目的不是要对梅斯特·埃克哈特提供新的诠释。在下文中，不会有诸如他颠覆基督教三位一体的研究观点，他通过与上帝造物的类比来认识上帝的愿望，或者他全面创造一种神学——一种统一的哲学——来代替人类本体论的尝试等。然而，我只能引导读者阅读舒尔曼的一套无与伦比的分析。相反，这里的目的仅仅是在埃克哈特和舒尔曼的帮助下思考精神交流的理念，以泛策展作为例证。

从精神交流这个概念开始，再次回到这个饱含争议的观点——这本书的中心——凡人也是神灵（参阅《凡人》《神灵》）。以打破感知力的形式，再从深邃的大地的自我隔绝进入并抵达广阔无垠的天空彼此关联，进而在痴迷和激情等方面，凡人也是神灵，所有这一切都脱离了万能的上帝的引发、看顾、照管或关心乃至摧毁。为了进一步理解凡人/神这一概念，让我们解读几段埃克哈特的《了解爱是什么》。继亚里士多德和阿奎那之后，埃克哈特在这篇讲道中成功建立了人与上帝之间的类比。这里的难点在于，既要保留埃克哈特关于人类和上帝观点的含义，而又避免无意识地落入对基督教上帝的传统解释。克服这个难题将揭示凡人/神灵是如何彼此交流的。埃克哈特写道：

我们应当明白，认知上帝和被上帝所认知，看见上帝和被上帝所看见，是以事物的客观实际为依据的统一。在认知和看见上帝的过程中，我们认知和看见上帝所要我们去认知和看见的。正如被照亮的空气不过是一种明亮——因为被照亮了，所以它才会明亮——正如我们知道，因为我们被认知，因为上帝令我们认知他。[3]

初读时，这可能会给人一种上帝和人之间存在相互关系的印象，人既能看见也能了解，因此既强调上帝所体现的方面，又强调人类的内在精神实质。然而，正如舒尔曼所指出的，埃克哈特在这里并没有指两种存在之间的关系。他解释说："上帝和人不是被视为两个互相面对的独立存在，而是在行为中彼此认知和看见的存在。埃克哈特说，这种行为表现在人与神之间是没有差别的；对人与上帝而言，这是同样的一种行为。"[4]换句话说，上帝和人都可以认知和看见，正是这种共性使他们彼此无法区分。这意味着，回到我们的世俗词汇，凡人所见，即神所见，反之亦然——这没有第三方介入。

显然，这个观点的难点在于，从通常的角度来看，凡人不能与上帝相提并论，因为凡人显然是有限的，而上帝是无限的，这从表面上看来非常明显但是难以证明。坚持这种区分必然是从一种实体论的前提出发的——即对物质的寻找——这种物质在理论上将上帝与凡人的实体分开。但正如我们所见，这不是两个独立存在之间的关系，而仅仅是一种共同行为——在这里指的是认知/看见。由此，在一个走向死亡的物质生物和一个永恒的精神生物之间就没有对立；取而代之的是在充满矛盾的行为本身中的认知和看见的行为——既不是严格意义上的凡人也不是神圣的（参阅《引言》）[5]。通过这一举措，埃克哈特消除了有限与无限之间的传统区别，相反，他将有限与无限展示为一种无法区分的现象，即"事物的客观实际"。

埃克哈特特意选择了看见和认知这两种行为。众所周知，相对于其他感官体验，西方文明总是更偏重视觉，以至于在某种程度上，"看见"和"认知"实际上是同义的，正如一些欧洲语言中"我看见"的表达就说明了"我理解"。这两种行为之间的同义关系可能是有问题的，但它几乎是不容置疑的。凡人／神灵看见了，因此他们认知。但埃克哈特在这个有争议的不可区分性上做了更进一步的工作。正如舒尔曼所评论："对埃克哈特来说，我们与上帝是一体的，正如在认知的行为中，理解力与它所认知的是一体的。"[6] 也就是说，人与上帝的同一性同人的精神与思想的同一性是相同的。因此，这种同一性不再按照实质性的区别和困境的相互作用的模式来发展。正如凡人无法超脱自我的思想，因此无法脱离他们所认知的，他们同样无法超脱神性的自我。这种融合在两种情况下都是明确的。因此，埃克哈特对空气和照亮进行了带有诗意的比较，"空气变得明亮是因为它被照亮了"，但空气不再被认为是一种物质；它"只是明亮"[7]。

　　这里需要牢记的重要一点是，这种结合并没有创造出一个新的或更高级的存在或同一性，从而将两者区别开来。凡人和神之所以存在，不是因为他们的结合，而是因为他们的行为。因此，这种同一性必须被准确理解为行动中的动词（看见，认知），或者更确切地来说，理解为依托肉体实现的行动中的动词，以避免与埃克哈特所指的偏离太远[8]。人类通过每一次思考展现自身，通过看见和认知，在行为中体现动词。有了这样行为的体现，凡人／神灵因此成为这个动词所暗指的行动的驱动力——一种人类无法摆脱的驱动力。如舒尔曼所写："埃克哈特绝不是在讲授人类智慧和上帝之间的单纯的同一性，他所讲授的是实现同一性的必要性。在这里，同一性不是根据名词性体系而是根据动词性体系来思考的。"[9] 因此，通过埃克哈特，我们不再采用传统的基督性叙事，上帝借此向凡人传递信息——语词。相反，我们有通过凡人／神的看见和知道的行为而使自身存在的动词。通过强调动词的驱动力，埃克哈特避免了将人置于上帝之前，他通过看见和认知的行为来展露了凡人的表现。

最关键的一点是，这种在行为中或者动词出现时的普遍展露的同一性并没有解决结合的模糊性问题；它只是描述了其特征。为了揭示这一特征，以及它展示我们精神交流的方式——例如，通过泛策展——让我们解读埃克哈特布道中的另一重要段落："因为（上帝）让我去认知和我去认知是同一件事。因此，他的知识就是我的知识，颇像大师教导弟子的情景。既然他的知识是我的，并且他的物质是他的知识、他的本性和他的存在，那么由此推知，他的存在、他的实体和他的本性也是我的。"[10] 这种老师和学生的比喻可能会给人一种还存在层级的印象，即老师／上帝在上而学生／凡人在下。但正如我们现在所猜测的那样，埃克哈特的思想超越并完全规避了这种简单的层级。正如舒尔曼所说：

解释有两种存在（老师和学生）、两种物质，并且在它们之间的词语层出不穷，但教学本身仍然绝对谈不上是一个事件……在勤奋和学习的热忱中，师生面对面的接触消除了。确切来说，只有知识的出现，知识的孵化"是"事件；换句话说，过程不是物质的二元性。事件将老师和公众聚合在一起，消除一方的优越性和另一个人的劣势。[11]

因此，重点不在于课堂上的任何人，而在于知识的过程本身。既不存在神的人，也不存在人的人。"只有过程才'是'。"[12] 随着教师和学生面对面接触的消除，埃克哈特从教／学中摆脱了所有的辩证过程，因为其中一方是无知，另一方是知识——当然，除此之外还有绝对的知识。通过这种摆脱，凡人不仅展示了他们的虔诚，也展示了行动中的动词、知识的孵化、行动中的思想。

如果这些词汇带有太强烈的宗教气息，那么这可能是一个重新思考"上帝"这个命名的独特性问题——也就是说，要净化凡人关于唯一上帝信仰的观念。正如我们之前所了解的（参阅《引言》），不是只有一个人类，而是有许多凡人。同样地，不可能只有一个上帝，而是有很多神灵。这并不意味着从一神论向多神论的转变，只是意识到在哪里和在谁之间发生了新的事物（用我们的词汇来说，"无法追忆的"及"无法企及的"）的中断。它不是从高天来的，也不是从救世主上帝来的（例如，上帝创造了未来），而是在纷争中出现在世人之间。在这种没有至高者上帝的原始世俗背景下，埃克哈特所谈论的行为（即看见和认知）因此变成了实际上只有人类可以彼此赋予而没有任何等级的神圣行为（大地逆天而升）。凡人/神灵的交流可以看见和认知，而这无关乎所看见或认知的知识或技术。关于这些行为的关键是，它们不能被认定为是两种物质或存在之间的经济交换，原因很简单，因为它们的发生总是涉及不可估量的更多。因此，这些行为只能被理解为一种精神的交流，一种凡人之间的思想和感情的自由分享，这些未曾预想的知识的策划。

如果我们接受这些有争议的论点，那么所谓的泛策展活动的教育方面就具有了不同内涵。在策展人和参观者、教授和学生、艺术家和观众、评论家和业余爱好者之间，再也没有一种总是由虚假的谦虚构成的层级关系了。也不再有更多被理解为个人之间的秩序和参与性信息交流所附带的策划性事件。取而代之的是，我们现在有了一种精神的交流，一种奇特地不承认宗教或神秘主义的凡人/神灵之间的差异和谜团的产生，无论原本可能象征着多少词汇。这种趋向交流的转变，趋向这种知识的深刻策划的转变，让我们将这些活动理解为确实是有缺陷的或不正常的，但不是以这种活动扰乱中心舞台上发生的事情的方式。泛策展并不是不完全正确的、不相称或经常不适当的，因为它带来了新的东西，它打破了理智的形式。简而言之，它揭示了凡人不仅仅是凡人，还有无法追忆的神和不被希望的人。因此，对于这个泛策展的特性是什么的问题，人们不能再用一组相关测定和虚假的相互性的窘况来回答。人们只能看见和认知精神交流这一件事，而其中的冲突是鲜活的。

提升

　　艺术家们经常提出离谱的要求。应该如何回应？一个人不应该通过检验道德规范或抬高他者来回应。这就需要另一种道德。提升。尼采和南希指出了一种超越所有价值的价值：生命检验，真理。物理学万岁！生命说了算，所以我们必须成为它最好的信徒：物理学家。道德不是发生于对一种价值的服从，而是发生在物理学的成就上，它是一种独特的价值。不满足，这种价值降临；它会发生。它的出现不是创造一种状态或更高的等级（高位），而是一种行为。策展人可以利用这项行为；他们会像艺术家一样神圣。

　　策展人们有多少次被艺术家们奇怪的要求所困扰？这里没有篇幅来列出一份关于离谱要求的轶事清单来证明这一点。我相信许多策展人都能回想起艺术家以艺术之名提出的过分的、毫无根据的、有问题的或不切实际的要求。我也相信，许多艺术家都能回忆起这样的时刻：面临牵强的、不可理喻的、不切实际的或简直过分的要求。即使是我，作为一个只有十年经验的前特定场域的策展人，也能回忆起一些匪夷所思的要求：在老旧的老年病房里安装一块天然草坪，将停车场天花板的具体特性用镜子反射到地板上，用混合香料涂满房间的四面墙，找十个特大号用过的沾有污渍的床垫，在花园制造一条碎钢铁构成的河流，再创作一个 20 世纪 30 年代的伦敦郊区起居室的完美复制品。争论这些要求是否合乎情理是没有意义的；在大多数情况下，它们客观存在。然而，追问人们如何回应这些要求是有意义的。面对那些怪异的人和事，最合乎伦理的反应是什么？如果不是立即回应"我不会以答复来回应这个要求"，那么一旦惊愕平息下来，什么才是有价值的回应呢？

动词提升（dignify）通常表示使某事看起来令人印象深刻（例如，策展人通过开幕式使展览更加庄重），或者表示让某人觉得他有资格得到回应（例如，策展人通过回应来接纳这个要求）。这个动词的有趣之处在于，它不仅将某种价值归属为有高位的人，而且通过回应赋予了有高位的人进一步的价值。在某种程度上，这个动词使说话人提升，并使说话对象心悦诚服。从后期拉丁语"提升"（dignificare）及其词根（dignus）"有价值的"演变而来，因此动词"提升"（dignify）赋予对话者价值。甚至当一个人说，"我不会以答复来回应这个要求"时，他就已经把说话者和说话对象抬高了，因为他认为如果不是双方，至少有一个，"比这更好"。因此，"提升"一词值得注意，特别是有利于使我们从名词"高位"（dignity）上转移开。"高位"一词直接意味着更高的状况、地位、等级或品质[1]，从而危及动词似乎具有的显著的伦理方面。但究竟什么是提升呢？

为了解决这个问题，我要解读让-吕克·南希的关于尼采的《道德》一文中一些精心挑选的摘录。南希的文章是对尼采试图提出的一种"超越善恶"的道德的快速解读。在这篇文章中，南希总体建议，当试图理解尼采的道德时，有必要思考"一种完全不同的道德，一种……尽管它仍然是一种道德，也就是说，它将具有与一种价值相关的至关重要而规范的目标"[2]。因此，他的目的不是假定：尼采由于想要超越善恶而自然而然摆脱了所有的道德价值。相反，超越善与恶，就是主张即使"善"

与"恶"的价值不再有效，基于价值的道德仍然是必要的。当然，问题是，如果不再有司空见惯的善／恶的组合，那么利害攸关的是什么样的价值？在这里我们特别关心的是什么，那么问题就变成了——更恰当地说，如果不再是"这是一个好／坏的要求"之间的选择，那么当一个策展人用回应来尊重一个要求苛刻的艺术家时，什么样的价值是利害攸关的。

为了证明对尼采作品新的解读并揭示这种"完全不同的道德"，同时阐释这种超越善恶的价值，南希重申了对尼采作品早期研究即马丁·海德格尔解读尼采作品中的几个关键点。从海德格尔的观点来看，他强调了以下三点：

> （首先，这种新的道德）意味着把生命精确地看作一种评价；因此，最高的价值（我们要评价的价值）就是评价本身；它意味着承认生命本身是一种创造……并据此进行评价，永远以新的视角不断创造 — 评价……
>
> 它意味着思考……尼采的基本评价：假设某物为真实，意味着总会使一些事物被超越，而正是通过这种不断的创造性超越，生者才能获得其完全的同一性。[3]

简言之，这为我们提供了一些重要线索来阐述这个"完全不同的道德"。首先，生命的评价。问题不是要找到一个新的任意的价值，而是要注意这样一个事实：生命本身就是一种价值，它给我们提供了衡量所有价值的尺度。因此，生命就是评价本身。除了生命的评价之外，没有其他价值。第二，生命不是被理解为一种情形（"我活着"）、一种存在（"这是我的生命"）或一种限定状态（"保持活着"），而是被理解为一种持续不断的创造 — 评价行为。如果生命是一种价值，如果它进行评价，那么它就需要是一种创造行为——不是艺术意义上的，而是永远不会保持不变、永远成为其他的意义上的。生命进行评价正是因为它不断地自我创造。最后，生命的价值在于它是真实的。如果它不是真实的，那它就不是一种价值——这是不言而喻的。此外，这种真实不是一种品质或状态。因为生命要作出评价，这个真实也要评价；它还参与创造的过程。可以说，这三者相互协调携手并进：生命、价值、真实——三者都参与了创造的行动。在"真实的生命"之外，生命—价值—真实是我们唯一的价值。别无其他。

在对尼采道德观的不同研究中，南希的目的不是创造一套新的专断的价值，而是在评价主体中寻求价值。正如他所写的那样："这不仅仅是对道德价值的'颠覆'，而是通过触及每一种道德底线的策略，在评价的主体中赋予价值。"[4] 主体这个词在这里不应该被理解为代表着主观性，而是指重要的东西：评价的主体。生命就是评价，这一点很重要。这一举动的难点在于不能将主体（即"重要的东西"）转变为一种会随着时间而持续存在的客观价值。因为生命就是创造，这个价值、这个真理，也必须创造和改变。因此，这不是一般的价值，不是道德的东西，不是值得重视的固定原则或标准。这是一种不寻常的价值，它迫使我们认识到，生命中除了生命本身之外，没有任何东西是有价值的，因为生命从来都是不一样的，这一价值每一秒都在超越自身，永远不会停止改变。

南希对尼采道德观的重新诠释主要集中于生命是一种至高无上的价值这个奇怪的观念，它评价，并总是在评价中超越自身。为了进一步理解生命这个关键术语，南希解读了《快乐科学》杂志题为《物理学万岁！》中的第335段，尼采在文中一如既往地谴责人们琐碎的道德判断，并提出我们都应该成为物理学家，即生命价值的创造者[5]。在南希的阅读中，尼采的新道德应该由"那些使自己成为'生命必要性'的'最好的信徒'的人创造，由'物理学家'创造，他们……能够识别……道德判断和评价的形态"[6]。如果生命诚然是最高价值（即评价本身），那么对生命了解最多的人基本上是物理学家。他们是生命这一无可置疑的价值的最好信徒。对此，南希补充了一个至关重要的特性：只有物理学家才能识别道德判断的形式。换句话说，如果从物理学的角度研究生命是最好的，如果生命是评价本身，那么物理学家就更适合为我们提供道德指导。因此，物理学家应该为我们提供指导性的道德原则。

南希强调尼采哲学中的道德只来自物理学家的目的，不应该被理解为"如果你像科学家一样了解'自然'，你最终会成为道德的"。相反，他的目的是强调一个双重困境：一方面，物理学是我们寻求道德指导的体制，另一方面，物理学也是允许我们创建自我道德指导的体制。正如他所写，尼采对传统道德的批判"让我们认识到（物理学）是……'遵从法则和世界的必要性'的体制，我们必须成为'最好的信徒'；但它也使我们承认并选择'物理学'作为创造新价值的特定空间，因为我们也必须是这种合法性和这种必要性的'最好的发明者'"[7]。这种两难的局面是无法克服的。如果是这样，我们就会把物理学或自己提升到他者之上，从而创造一种与生命无关的人为价值，这将使我们退回到传统伦理的琐碎评判之中。因此，尼采的新道德是一个无法摆脱的双重束缚：生命创造，我们必须是最好的信徒（即物理学家），但我们也是生命并由此参与新价值的创造。

因此，尼采新道德的目的是创造价值，就像生命创造价值一样。它会立即意识到一种至高无上的价值，并积极参与创造这种价值。正如南希所写："总而言之，创造价值就是创造——再创造——世界的所必需的；就是把自己与法则等同起来，与评价本身等同起来，与评价的真实的物理学和生理学等同起来。"[8]认同物理学和我们在创造价值中的作用的关键方面是，它必须没有任何内容。它既不能表示某一事物（例如，公义），也不能是推理过程的结果（例如格言），它不能是一个谜（例如，他者），也不能是道成肉身（例如，上帝的儿子）。物理学家的创造性行为需要符合物理学，也就是说，符合生命，符合现实。正如南希所评述："这种行为摆脱了所有内容。它除了'世界的必要性和法则'之外，别无其他内容。"⁹这并不是把一切都简单归结为形式问题；例如，世界的性质决定了我们的价值观。这仅仅强调了，如果思考没有作为价值的一部分，就不可能有价值的思考。

强调这样一种道德价值产生了一种新的道德，是因为它基于一个无可比拟的真实：生命由物理学家创造而非由其定义。对于这种没有内容的价值，这种无可比拟的道德，关注的重点在于，它只能发生在道德判断中——不是作为最终的裁决或结果，而是作为判断或评价行为本身。南希写道："（尼采的）极端行为——实际上把一切都归结为一种行为，一种判断的行为，一种评价的行为，一种绝对的、没有主体的'评价'，因为尽管同样的行为在实践中超越了它本身，它还是作为主体。"¹⁰道德不是发生在遵从与主体无关的价值中；它发生在判断的行为中、实现物理学的行为中以及创造生命的行为中。同样，这个论点最重要的方面是，这里的判断不被理解为作出好或坏的结论。因为我们已经摒弃善恶的组合，判断只能被视为一种决定，因为我们每时每刻都在作决定，我们判断，我们评估。这就是我们物理学家的特质——创造生命、世界以及两者的必要性。

与利奥塔尔对伦理学中"它发生了"（参阅《图像》）的理解一样，南希也强调尼采的"物理的"道德实际上是降临在主体之上的东西。我们作出决定；我们评价，评估，判断。所有这些都不是发生在善恶之间的选择，而是因为我们所要去做的必要性：物理学。正如南希所述："没人会断言（必要性）……（它）不是任何人的声音，既不是任何意识的声音或话语；它超越了任何可验证的表述，被强行作为不需要自我证明、不需要自我鉴别的某种约束。它'降临'在主体之上；它发生在他身上，而他却无法掌控。"¹¹我们不应该将这理解为好像我们是生理实际的被动受害者。因为我们是物理现象的一部分，因为我们进行了创造，因此当我们作出判断的时候，当我们进行评估的时候，这种限制、这种降临到主体之上无法证实的必要性就会出现。这就是当"它发生了""物理学万岁！"时，我们所要去做的。

我们该如何描述南希所赋予生命的价值的特征，这种价值只有物理学才能解释，而且我们进行判断时会降临在我们身上？南希认为这就是提升。提升是唯一摆脱了一切形式秩序的价值。它就是生命的价值。这是物理学最有力的证据：物质或能量的提升，"它发生了"和"我们碰巧"的事实就是在我们作出判断左右我们的东西。正如南希所写的那样："提升，或者说绝对价值，规避了所有的评价。"[12] 如此，尼采哲学的道德价值就不再是"一种价值"；它不再源于对这个或那个的评价；它不再坚持善或恶；由于价值无法评估，它仅仅是作为其他所有相关价值的（参阅《引言》）。提升是超越所有相关价值的最高价值，它的奇怪之处在于，它完全在无意识的目标的掌握之中。这里没有终极目标或理想典范。提升不知道要何去何从；就像物质一样，它只是自我的表现和再表现（参阅《物质》）；它不是"为什么"或"为了什么"而发生。这并不意味着它是盲目的或愚蠢的。在无意识的目的掌握之中，就是要抛弃所有的传统道德、所有的目的和目标，以及所有仿佛来自上方的萦绕我们心头的幽灵（参阅《幽灵》）。为无意识的目的服务就是恰当地体现高位，当这种情况发生时，正如南希文章中引用的尼采的一段话所深刻指出的那样："人可以为自己的存在找到诸多理由。"[13]

然而，就像我们一开始说的，有高位是不够的。它给人一种更高的状态、地位、等级或质量的感觉，这就破坏了南希在这里真正试图指出的东西：生命是评价，物理学是创造。南希对尼采的海德格尔式解读仍然太过康德式。让我们回忆一下康德自己的名言："在目的的领域中，一切都有价格或高位。有价格的东西是这样的：别的东西也可以作为它的等价物放在它的位置上；相比之下，那高于一切价值的东西，没有等价物的东西，是有高位的。"[14] 指出提升是生命价值的特征，不可避免地要保持一个水平——一个目标——从而使我们回归传统道德（例如，人们渴望获得某种高位）。为了避免这个令人厌烦的目标，有必要把南希的想法变成一个动词性行为：提升。作为一种动词性行为，我们作为物理学家——也就是说，我们作为生命的创造者——可以将这种行为体现为一种超越自身的最高价值。但只有当我们允许自己像价值降临到我们身上时一样降临，这种体现才能发生。提升就是把我们自己作为服务于无意识的目的的价值——这对高高在上的审判者来说几乎无关紧要。这是我们能做的所有事：使自己提升。

在这本书的上下文中考虑所有这些，我们可以补充说，只有恰巧也是神灵的凡人才能真正体现这种尼采 / 南希哲学中的行为，因为只有他们能够摆脱所有相关价值评估——不是为了在行动中摆脱善与恶以及整个道德秩序的巨大资源，而是为了以评价的方式反思生命。为什么会这样呢？仅仅因为凡人（参阅《凡人》）对那些由无意识的目的也就是神灵（参阅《神灵》）所掌控的行为是愿意接受的。它们是一份付出 / 接纳的礼物。因此，提升就是表现得像一个碰巧也是神的凡人一样，不是在出众或者超人的层面上，而是在必然死亡和提出质疑之间、真实事物和有待发现事物之间、符合物理学和有待创造之间能够保持紧张关系。因此，这一行为不仅是所有动词性行动中最艰难的，也是唯一值得完成的行动，不是因为它是圣洁或神圣的，而是因为它的价值、它的价值标准就是生命本身。凡人碰巧是神，他们也是物理学家；也就是说，他们最善于为自己的存在找到理由。

如果南希对尼采的解读能对我们有所提示的话，那就是有必要相互提升，不是为了遵守已经确立的高位的形式，而是为了成为杰出的物理学家（也就是生命的创造者），在我们作出判断时超越自己。因此，对高要求的艺术家或任何提出始料不及的要求或规定的人进行提升的回应，不是遵守行为规则，而是借此认识到我们所有人都是物理学家：物理学家的评估服务于无意识的目的。再次强调，这并不意味着要建立一个拥有更高道德价值的男女超人科学家小集团。相反，它意味着确定他者——我们这里指的是艺术家——具有一种超越所有价值的价值：作为创造者的价值，不仅仅是艺术层面上的，而是以一种约束生命的方式。因此，把他们看作物理学家，就意味着给那些有高位的人赋予某种价值，并通过回应给那些有高位的人赋予进一步的价值，这意味着除了承认彼此是凡人／神之外别无其他，即使这种要求是不可接受的。策展人渴望尽可能在伦理上回应艺术家的执拗的要求，现在他们有一种价值观，即无非是他们自己作为凡人／神灵在大地和天空之间的涌动。只有这样一种独特的价值，才能决定如何在伦理上回应艺术家的过分要求。

助产

　　策展是混乱的。这种混乱可以转变成一种强大的工具。柏拉图/考夫曼。柏拉图错误地将哲学置于知识的顶端，而将艺术置于知识的底层。考夫曼通过关注辩证法来阐述这个问题。她描述了一种近乎神圣的工具，可以帮助凡人摆脱困境。柏拉图古老的"存在科学"将纯粹和不纯粹的技艺联系在一起。它不是一种对所有情况有效的或适用于所有情况的工具。这样的工作需要有促成能力。知识总是需要创造的。生死攸关。策展可以转变为助产术。

　　策展是混乱的。它是混乱模糊的，因为它的发生依赖于许多事情。它依赖于多种通往艺术的途径（策展人可以通过艺术家、艺术作品、声音或图像）：大量的视觉历史（通常策展人了解周期或背景），一些理论（无论在线搜索的还是从大学的核心课程回忆起的），大量的相邻学科（哲学、政治学、经济学、心理学、地理学、社会学等）的涉猎，以及全部范围的个人的、情境的、狭隘的知识、情感和专门技能。我在之前的一本书中已经暗示过这一点："我们经常抱怨，不可能限制策展领域，因为它总是主动地涉及多个学科（比如艺术和建筑，或者艺术和人类学）。"[1] 当时，我的回应是取消所有学科，专注于思考策展行为本身，这是一种没有学科界限的行为。再回到著名的策展的混乱。但这一次，我想通过强调其影响力给予这种混乱应有的尊重，而非在任何学科的等级中突出和拔高它。策展是混乱的，策展人是混乱的从业者，但这些事实可以转化为一种根本性的影响力，如果发挥得好，可以克服所有学科的分歧。不容忽视的是，前一句中的好这个形容词至关重要。

为了揭示混乱策展的影响力，有必要追溯柏拉图建立的学科等级制度的诞生。不必担心；我的目的不是做一项考古工作，然后追溯一段很长的历史，让我们找到对当前策展工作的某种解释。相反，我的目的是通过将柏拉图放在当下来解读并重新思考这个问题。这种重新思考将揭示，策划的混乱不是一种缺陷，而是一种影响力：在实践的协调下进行思考和行动的推动力量。这里所研究的解读柏拉图的当代学者可能是 20 世纪最深刻和最大胆的哲学家之一，但不幸的是，今天很少有人阅读她的作品。这位哲学家是萨拉·考夫曼，这里要解读的文章是《如何应对？》，这是对从柏拉图著作的思路中提炼出影响力的一次艰深探索。让我们小心谨慎地慢慢推进。揭示混乱策展的潜在力量并非易事。它不仅需要决心和耐心，还需要小心翼翼地避开进入被遗忘的世界，在何时何地首次作出区分。在实践的协调下进行思考和行动不会很快到来——做得那么好甚至会更快。

对下文问题最清晰的阐释，伴随着柏拉图将哲学定义为唯一名副其实的科学的论断。考夫曼通过将被广泛理解的艺术（技艺[2]）与被理解为认识论（知识）而不是观点（doxa）的哲学进行对比，来解读这一不公平的决定。因此，柏拉图决定将艺术批判为一种隐晦的、不科学的、不严密的、扭曲的人类知识形式，并认定哲学是唯一名副其实的科学。考夫曼写道："柏拉图以使艺术笼罩上一层阴影而闻名：不仅是艺术领悟世界的方式，还有它的实用形态。他特别批判它的隐晦过程、似是而非和不确定性。他反对艺术，提出了唯一名副其实、精确而严谨的科学即哲学（认识论），哲学本质上是沉思的。"³ 木已成舟，没有回头路了。任何非哲学的东西基本上都缺乏严谨性，是避实就虚的、不精确的，并且有可能存在不合理的情绪和不确定事件。我们很快就会发现，关于策展的模糊性的观点，实际上是从柏拉图危险的区别对待开始的。

但它不止于此。柏拉图的批判还建立了一种即使在今天也难以动摇的学科之间的等级制度：哲学是第一位的，其次是社会科学，然后才是艺术和人文学科。考夫曼解释说："位于所有形式的知识的顶峰，哲学会在真理和虚构之间作出选择，进行有倾向性的逻辑推理，并决定哪些人类成就取决于不确定的知识，哪些取决于准确性，从而以一种至高无上的姿态否定大多数艺术，包括修辞和诡辩。这一切都毫不犹豫。柏拉图对一切依赖于臆想的事物的批判是显而易见的。这样的结论已经成为经典，也是不容置疑的。"⁴ 讨论等级制度的细节是没有意义的（例如，什么接近哲学，什么是最不哲学的）。危害已经酿成，于事无补。矛盾心理、臆想、有倾向性的推理以及无法区分事实和虚构，这些构成艺术的特征。难怪今天的艺术家和策展人总是把实践和理论对立起来，把实验和科学对立起来；这是他们最后的努力，以使他们的工作摆脱柏拉图所制定的宿命的、带来伤害的排列。

然而，柏拉图的批判需要用更敏锐的洞察力来表达。为了做到这一点，考夫曼坚持认为，对柏拉图来说，并不是哲学本身（认识论）处于知识的顶峰，而更具体地说，是辩证法。辩证法是一个经常引起误解的难以理解的术语。这种混淆是因为哲学家们（康德和黑格尔，还有其他人）用这个词来表示不同的东西。在古希腊，辩证法被理解为一种用来克服障碍的工具。这个工具被认为是天神普罗米修斯赐予的用来帮助凡人战胜生活中的困境，从而给他们一种宙斯不允许凡人拥有的神性的替代品。因此，辩证法是一种实用的工具，可以使人保持一种近乎神圣的状态。考夫曼写道："辩证法极其美丽，极其神圣，是人类思想的一条路径。虽然人类从来没有克服过自身的局限，但辩证法让他们牢记其生存状态，从而允许他们重复和创造自己，既是同一的，又是不同的。"[5]因此，辩证法就是柏拉图想要拯救的。它是人类中唯一的半神性的东西；它是一种记忆、重复和创造性的策略方式，以使人类摆脱困境，而在这个过程中，人类不断变得具有真正的神性。

在柏拉图的批判中，考夫曼坚持解读辩证法而不是哲学本身，这是至关重要的。它强调的不是一门学科，而是一种思维方式，这种思维方式出乎意料地重视猜想、中间立场和洞察力，而不是以终结任何事情为目标。她写道："普罗米修斯的辩证法赋予凡人避免或快或慢地将一切事物概括为'一'的能力，防止他们在达到'一'之后立即提出不确定性的假设，允许他们在'一'和多重性之间形成中间立场，并以精确的方式对它们进行编号。这种对中间性的尊重正是辩证法区别于辩论术（赢得辩论而不是了解真相的做法）的地方。"[6]因此，在柏拉图对艺术的批判中所捍卫的思想事业，不是现在所知的习以为常的学科（哲学），而是一项近乎神圣的工作，通过鼓励回忆、重复和创造性来帮助我们摆脱困境。如此，与今天对辩证法这个术语的理解相反（例如，为了实现结合而提出与对立面相对的论点），普罗米修斯的馈赠实际上是避免最终结果的过程，避开快速的结论，避免快速和毫无根据的结合，所有这些都是为了继续类似于神圣的工作。

柏拉图在其《理想国》中探索了回到更古老的辩证法定义的关键性焦点，即"作为存在科学的辩证法"。[7]回到辩证法的古老定义，不是使柏拉图能够集中精力于辩证法的精确性以对比艺术的非精确性，而是专注于辩证法处理没有根据的事物的方式：凡人的存在。这里的观点并不是要选择本体论作为唯一的科学，而是要找出什么是最能够阐明诸如凡人的存在这样艰深的主题。正如考夫曼所写："柏拉图关注的不是辩证法工具的准确性，而是辩证法的实际对象，辩证法能够最精确、最细致、最真实、最一致、最纯粹的事实，否则，我们怎么能理解那些恰恰'没有坚定性'的事物呢？"[8][因此，那些被提升的并不是精确的科学或学科运作，而是普罗米修斯的工具，不仅避免了结论，而且对赢得辩论极为反感，而最重要的是，对待不可理解的主题如凡人并不是一致的和同一的"一"，而是"一场差异的博弈"。[9]柏拉图不公正的批判现在可以从一个完全不同的角度来解读——不是作为一种摒弃，而是作为一种尝试，以寻求一种方法来阐明困难或不可能的问题（例如，是什么使我们成为终有一死），而不是停留在赢得辩论、信念或信仰。]

在我们所关心的问题中，柏拉图回归到辩证法的狭隘定义即作为存在的科学，其最重要的方面是尝试将所谓纯粹和不纯粹的技艺放一起思考，使它们协调一致，以最大限度地发挥它们的普罗米修斯式的潜能。不再有等级制度，不再有排斥；只有辩证法，不是一门高于一切的习以为常的科学，而是以最准确的方式阐明最艰深的问题。考夫曼写道："在宣称辩证法的优越性之后……柏拉图恢复了最初他批判、打压或至少贬低的一切：'他打开门'甚至'放走'最低劣的、最经验主义的、最实用主义的技艺：一个人的生命，是名副其实的结合了最纯粹与最不纯粹的技艺的混合生命。"[10]这不是情形的逆转。柏拉图也没有自相矛盾。他只是简单地强调，为了帮助人类处理疑难问题，他们需要所有他们能获得的工具，从最精确的知识形式（认识论）到最不精确的所有技艺（艺术）。

当然，问题是：我们想要什么？如果我们只是想创造更多没有实用知识的抽象思想，那么辩证法就是不对的。如果我们只想创造美而不为自己或他者着想，那么辩证法也是不对的。然而，如果一个人真正表述了最困难的问题——广义地说，就是我们凡人的状况及其所有的社会文化和政治影响——那么辩证法就是必不可少的近乎神圣的工具。正如考夫曼在列举这样纯粹和非纯粹的艺术与科学的例子时所指出的："当然，这一切都是有效的，如果一个人真的想深入地找到解决办法并不惜一切代价避免困惑：'那么，我们是否应该在混合中舍弃不纯粹错误规则和错误实践的、没有说服力的技艺？如果我们想找到深入的解决方法，似乎别无选择。''尽管我们说音乐充满了猜测和模仿，缺乏纯洁性，我们也应该把音乐包括进来吗？这似乎是不可避免的，如果我们想让自己的生命成为独一无二的生命。'"[11]因此，普罗米修斯的工具不是对任何奇怪的任务都能起作用。这是一种卓越的工具，使凡人能够实现自身的终极意义——也就是说，就像普罗米修斯的孩子一样：既是凡俗的，也是神圣的。

一个人如何在这条艰难的道路上前行，这条道路帮助我们阐明生活中最困难的问题（困惑），这条道路引导我们走向一门存在的科学而不仅仅是归结为一？一个人如何实践辩证法而不直接陷入简单的观点？考夫曼指出了一条艰难的道路，一条需要衡量和均衡的道路。她指的是助产士总会选择的路，苏格拉底认为这是克服困难的唯一可能途径。她写道："苏格拉底在《泰提特斯篇》中提出，对那些批评他在困境中抛弃人类的人进行了抨击，他提出了孕育灵魂的工作：助产士的工作，其职责是唤醒生产，减轻分娩的痛苦。"[12]为了自己的目的而运用助产士的工作不是轻视妇女的工作和劳动的一种方式。在这里，助产士的工作并不是简单地降低到接受过协助妇女分娩培训的护士（通常是女性）工作的地位。相反，它关注的是那些摆脱困难局面、促进创造或发展的人。助产士基本上是一个最高的辩证学家，因为他或她主要关心的是存在的科学——也就是把身体和/或精神引向光明的科学。

这位最高的辩证学家，这位不是为了赢得争论，而是为了帮助别人生产的从业者，对于其处理而言并没有专门知识。助产学并不需要最高的科学或艺术；而是需要实践的协调才能看到一个孩子和/或精神被降生到这个世界上。考夫曼写道："就像训练有素的护士帮助女性分娩一样，苏格拉底使用药物和神咒来帮助男性从问题中解脱出来，为孩子创造一个通道、一种空档，将他们引向光明。助产士的工作确实不需要知识。这是一项相关从业者知道他们不知道的工作——这是相对于那些自认为他们知道并制造伪知识的人的唯一优势。"[13]知道自己不知道，并不是谦卑；这是一种强调的方式，没有任何技能、能力、专长或掌控也没有任何科学，能够处理在分娩中意外的事情。一切都需要创造。对于助产士来说，每一种情况都是全新的，是旧的知识体系前所无法应对的。如此，助产士的工作——不论男女——就不受一切学科的约束。

同样，这并不意味着这个工具可以在任何情况下使用。辩证法是一种近乎神圣的方法，它能使人从困境中解脱出来，辩证法有一个重要的标准：它必须发生在生死的边缘。助产士的责任是把孩子带到这个世界上。苏格拉底的责任是把一种精神带入他自己的世界。这两种情况都不是一般性的工作。它发生在生命或灵魂将要失去的生死边缘。正如考夫曼所指出的："助产士有一种实际的智慧，她的目的是在直觉的帮助下实现一个目标：知道分娩应该在什么时候开始，并决定孩子是应该活还是死。"[14]决定让一个孩子生或死不是一件容易的事，也不是每天都能发生的。辩证法意味着一种关于是什么承担最高责任的推测性知识，一种关乎生死的知识。因此，这样一门存在的科学既不能凌驾于他者之上，也不能单独作为一门科学或一门艺术。它是卓越生命的运作，是使人创造生命或让生命走向虚无的独特知识/技艺。辩证法的风险很高。

考夫曼总结道：摆脱学科的等级层次，不受科学/艺术的层次区分以及被压抑的存在科学的约束，因此，助产学这种至高无上的辩证工具需要一种类似直觉的方法，一种即使间或不去运用有意识的推理也能使用自己感觉真实的方法（参阅《直觉》）。正如考夫曼所总结：

> 就像助产士的直觉观一样，苏格拉底能够知道什么时候开始工作，什么时候开始痛苦，什么时候灵魂即将诞生。对于柏拉图，直观的观点、随和的态度、敏锐的思想是一个真正的哲学的天然特质（参阅《卡尔米德篇》[16]上和《理想国》第四章）。这些品质与助产士的精神相吻合，从开始到结束，其不同的角色、手段、目标以及所运用的才能，他们的工作和接生婴儿的助产士一样。与助产士的

直觉观点一样，苏格拉底能够知道什么时候开始工作，哪里存在着苦痛的折磨，什么时候将有灵魂的降生。[15]

这种直觉的工作并不意味着任何有智慧的人都可以成为婴儿和／或灵魂的助产士。这种直觉性的工作需要经验和训练有素的耐心。它是一条在科学和艺术的交汇处也就是在偏颇的、不科学的、不精确的、扭曲的人类知识形式和精确的、严密的、理性的、系统的方法之间建立起来的道路。

苏格拉底的助产术能否成为重新反思无序策展的一种方式？考夫曼在她对柏拉图的解读中所走的弯路都以一个重要领悟而告终：没有更高端的学科。没有一种艺术能够解决所有困境中最疑难的问题，即将孩子和／或灵魂带到这个世界。为了解决比其他一切都重要的问题，为了真正体现存在的旧科学（也就是说，不是作为一种新的科学的本体论，而是作为体现差异的科学／艺术），有必要进行一系列既依赖于精确的实践，也依赖于艺术实践的实践，没有任何学院可能将其引入注定要创造专有技术或专门知识的课程中。策展可以变成助产术；如果它的完成不是为了提出伪知识，而是仿佛生命处于险境，那么策展可以成为存在的科学。在所有的实践中，策展可以成为一种工具，它既依赖于推测性的知识，也依赖于所有最高的学科、最严格的实践，这是凡人能够最终认识到自己是神灵的不二法门。这是策展作为一种实践可以摆脱其所谓的混乱并获得应有尊重的唯一途径，从而有可能战胜来自柏拉图的艺术并非名副其实的科学的思想意识。

直觉

　　策展人具有敏锐的直觉。策展的直觉意味着什么？它不是猜测，而是思考什么是无法追忆的或无法企及的行为。它描述了一种与限定的理性背道而驰的关系。斯宾诺莎。雅凯。人们该如何阐述那些无法追忆的、无法企及的或者永恒的——时空之外的事物？两种视觉占主导地位：持续性和普遍性。弦、矩形和圆圈在空间和时间的边缘提供了破碎的视觉。依靠直觉（空间和时间边缘的视觉）是必要的。这从来不是一种体验。策展人应该让无法追忆的或无法企及的东西发挥自身的作用。

　　对于当代策展人而言，有一个众所周知的事实：他们都凭直觉工作，而直觉是他们忙碌生活中的一个关键部分。忘记专业知识，抛弃一切形式的学者气质，忽视理论，忘记一切学科的严谨性。这个时代的时代精神是完全凭直觉处理的，而且往往是立竿见影的，仿佛现代生活的节奏不允许有其他方式。在他们疯狂、奢华而又引领潮流的工作中，策展人接触到的是热门的事物；他们知道谁是最酷的艺术家，什么是适当的选题以及何时去处理。资助机构、博物馆馆长以及数不胜数的创意产业的老板们都需要听取策展人的意见，因为他们往往有正确的直觉；他们接触到今天这个过度重复的世界中所有重要的东西。这对内容策展人来说尤甚，他们筛选无穷无尽的材料，以便给人们带来最重要的东西。策展人学者也是如此，他们不仅知道，而且还成为最热门理论的牺牲品，他们把这个世界描述得好像只有他们自己才能用一个词来概括，比如"当代性"或"人类世"。关于策展人与他们的直觉相联系的说法是没有止境的。让我们简单地看看最近的两个策展人的描述，一个是欧洲的，一个是美国的，可以给我们关于至关重要的直觉方法的启示。

来自塞尔维亚的独立策展人拉腊·帕恩最先对这种可预测的直觉进行了关于策展的描述，她在布鲁塞尔工作。作为新艺术项目的创始人，帕恩策划了一些展览，如2009年纽约表演艺术双年展上的"潘多拉的音乐盒"、在2009年威尼斯双年展上古根海姆基金会资助的"塔"。在接受"艺术脉动"采访时，帕恩说：

> 直觉是我最喜欢的"武器"。……在群展中，我尽量尊重每一件作品，将其视为对主题的原创贡献。所有的作品在一起应该引发一种特殊的氛围，使展览的理念清晰。后者首先是我直觉的产物。但我不认为直觉是非理性的，甚至是神奇的。它是生活经验和知识的结合……最后，我可以说，我喜欢与直觉携手合作，睁大眼睛展望未来。[1]

第二种关于直觉的来自麦克拉伦艺术中心的执行董事卡罗琳·贝尔·法雷尔，这是一家为安大略省锡姆科县巴里居民服务的区域性公共艺术画廊。贝尔·法雷尔写道：

> 当代策展人致力于阐释艺术活动的历程。无论是推理、猜想、演绎、运气还是直觉，"预测"都恰当地描述了一种解读艺术实践的轨迹的方法。这种活动让人想起了作为预言家的策展人，他们

阅读和阐释文化符号及艺术现象的模式……在我的经验中，预知、直觉和运气在解读艺术品中都扮演着重要角色……策展人的直觉需要对无形秩序有一定程度的信仰。[2]

那么，策展人的直觉是什么意思呢？直觉通常被定义为不需要有意识推理而凭直觉理解事物的能力。本质上，直觉指的是本性，指的是一种天然的行为模式，这种行为模式让人联想到动物及其对某种刺激的反应——例如动物的回避性本能。因此，直觉是一种行为或思考的方式，它有可能避开理性的欺骗，让人们——尤其是策展人——触碰他们的天然的自我。因此，依赖直觉的人与生俱来就有与自然融为一体的倾向或技能，凭直觉充分利用他或她的机会。没有什么比直觉的定义更令人烦恼的了。它是对人类基本行为的一种本质主义的还原方式。最简单地说，要理解直觉，必须基于它的拉丁语词根的前提（源自后期拉丁语动词 intueri，从 in-"之上"和 tueri"工作"到"沉思"），也就是说，它是"思考的工作"。接下来，我想从这个拉丁语词根出发，把重点放在动词而不是名词上，简单地说，策展人可以凭直觉认知；也就是说，他们可以通过直觉性的行动，通过沉思的行动来开展工作。这种不寻常的了解直觉的方法，其困难在于它通常被认为是不可能的，因为没有人可以根据感觉或预感工作，也没有人可以使自己的凭借猜测所做的工作变得有规则。例如，一个人如何凭直觉工作？然而，如果一个人清晰地重新定义直觉含义的前提，那么这个困难可以很容易地绕过，从而给这个动词——以及随后的名词——比目前策展人所赋予的更好的机会。

接下来，凭借直觉认知将被认为是思考贯穿在整本书中所称的无法追忆或无法企及的事物的任务，即什么不再或尚未构成物质事件，什么不是冲突（参阅《物质》《冲突》）。初看之下，这似乎与策展人的工作完全无关。为什么他们或者其他任何人，要去思考那些无法追忆的或者无法企及的事情呢？这和选择、筹划和分享文化有什么关系呢？它将如何令策展人更接近他们所珍视的时代精神？直觉的工作并不适合那些想要速战速决的策展人。正如我想努力证明的那样，无法追忆的或无法企及的东西从来都不是显而易见的，从来都不是完全可靠的，甚至是不易掌控的，例如，直觉作为最受欢迎的武器或预测过程，从来都不是可以测定的。正如我们将看到的，要完成的工作意味着让无法追忆的或无法企及的事物发挥作用的有意识的沉思推理。策展人可以凭直觉开展工作；也就是说，他们在工作时应该思考那些无法追忆的或无法企及的事物。该怎么做呢？

首先，到目前为止，本书已经多次探讨无法追忆或无法企及的主题（参阅《召唤》《痴迷》《友爱》）。在所有情况下，目的都是强调一种似乎违背理性的关系，一种似乎与我们当代的现状脱离的关系。因此，这个问题始终是一个直觉的问题，是与无法参与任何形式秩序性关系的问题，是一直拒绝在这种或另一种生活中为我们提供回报的问题。我们应该如何看待这种来自过去或未来、超越所有秩序的嘲弄？我们该如何面对每时每刻都在刺痛我们却永远无法释怀的事物？我们应该如何维系那些似乎湮没在忘怀或不知从哪里出现的事物？就一切情况而论，答案都是最明确的，正如我们将看到的，我们可以凭直觉知悉。考虑到无法追忆的或者无法企及的事物，因此问题不再是一个有关于这个或那个艺术家抑或热门话题的一种直觉，而是寻求一种解决方式，也就是凭借直觉认知的方式来面对虽违背理性却还停留在理性生活现状的河岸上的事物。

因为这里问题的症结是任何宗教或科学包括哲学都无法解释的东西，因为它藐视最机敏的形而上学，因此我们只能假定无法追忆或无法企及的事物指的是无关乎空间和时间的东西。我们凭直觉知道似乎在脱离空间和时间的事物。为了弄清这一点，我们有必要回到一位哲学家上来，他曾试图思考这种奇怪的挑战我们记忆和推测的脱离时空的现象。这位哲学家就是斯宾诺莎（参阅《物质》）。然而，为了既要弄清楚这个问题又不会陷入斯宾诺莎主义的危险魔咒，也就是说，对于这位著名的西班牙犹太哲学家的一系列无休止的辩论——我将以研究斯宾诺莎对于空间和时间理解的专家来指导下面的论证。有必要解读这位专家的原因是只有这样的专家才能理解当斯宾诺莎在阐述时试图说的超乎空间和时间的问题，尽管有时也会混乱或闪烁其词。斯宾诺莎在这里也很有用，因为除了他对于脱离时空的事物的理解，他还同时提出了方法（观点）和认识论，并将此第三种知识称为直觉。因此，他对直觉的理解也将成为我们的指导工具，以便弄清无法追忆的或无法企及的事物，而这种关联脱离了宗教和科学。

这里讨论的专家是尚塔尔·雅凯，一位当代哲学家，其作品相当引人注目地关注主体处理空间和时间的方式。雅凯在她关于斯宾诺莎的第一本书中详细阐述了一个特别的主题，就是他著名的永恒观点的表述。我们之所以要探讨这一奇怪的表述，是因为我们将会了解到，在西方哲学中，只有为数不多的几次尝试去思考与摆脱了空间和时间的事物的关联，而且这种关联只能凭直觉来理解。简单地了解一下这个特定术语的含义，将帮助我们进一步理解我们所谓无法追忆或无法企及的事物以及动词"凭直觉知道"，这种仿佛无所不在地嘲弄我们的特别方式。这一章节的结构如下：我们将从揭示雅凯阐释斯宾诺莎永恒的观点的著名表述开始。这将阐明我们思考脱离时空的事物的方式，以及我们在这里所关心的到底是无法追忆的还是无法企及的事物[3]。然后，我们将进入最重要的一点，即如何凭借直觉认知。为了理解它，我们将快速回顾斯宾诺莎定义直觉的方式。我希望，这将给我们提供我们应该通过直观的行动来工作的方式并使它成为策展的关键组成部分。

让我们从一个简单的——但在这个阶段必然存在问题的——假设开始。观察事物有两种方式：从空间和时间的内部和外部。前者指的是对有限的事物和存在的理解。这就是我们对于物质的一般意义上的理解：从有限的立场出发。后者指的是对不依赖于有限性的、暂且假定是永恒的事物和存在的理解。说空间和时间之外的东西是永恒的，一定不要与说它是永存不朽的或无限的混淆。这些词语指的是可以计算的持续时间：例如，不朽生命中的若干天数。相反，"永恒"一词不是指持续或存在极长一段时间的东西，而是指实际上既无始也无终并因此在空间和时间中似乎不存在的东西。这是我们的第一个假设，雅凯对她所尝试阐释的斯宾诺莎名言进行了介绍："只有在哲学语境中承认同时思考一时的以及永恒的事物是可能的这一事实，才能够理解永恒的观点背后的观念。"[4]

这一假设的关键问题是，它不能被视为发生在两个不同的地方。这是一个困难的问题，因为我们的词汇总是把所有的事情都空间化和时间化。在时间和空间之外的东西也必然存在于时间和空间中，反之亦然。没有在空间和时间下同时发生的两者，能够理解似乎在时间和空间之外的事物。这样，事物和存在就有了永恒和持续的方面，两者是无法区分的。这就是雅凯在说到两者结合时所坚持的："斯宾诺莎《伦理学》第五部分的结构表明，永恒的观点和持续的时间结合在一起；这就是事物的双重结构：既是持续的又是永恒的。"[5]这种结合显然是偏颇的，因为从有限的视角来看，它必然完全是片面的。也就是说，持续的不能阐明永恒的。这并没有作任何形而上学的假设，即存在一个其他地方或其他时间被称为"永恒"，只是事物和存在所发生的必然是偏颇的，分裂成它们时空和非时空的测定。

不受任何处于时间和空间的所指对象的束缚，永恒的仍然必须被理解为某种正在发生的事物，但处于这种发生并不完全影响空间和时间的情况。为了深入思考这个问题，雅凯引用了斯宾诺莎《伦理学》的第29号命题的评注，斯宾诺莎试图在其中证明有些事物不一定在空间和时间中发生。让我们读一下这个著名的评注：

> 如果有人想要以一个例子来更清楚地理解这个问题，我想不出

任何一个例子能充分说明我在这里讨论的问题，因为没有类似的例子。不过，我还是要尽可能把它解释清楚。圆的性质是这样的：由其相交的弦的各部分构成的矩形是相等的。因此无限的相等的矩形中包含在一个圆中，但圆存在的范围之外，没有任何矩形存在，也没有任何一个矩形的概念可以表示存在，除非是放在圆的概念中来理解。[6]

这里的理念很简单：圆存在于空间和时间中。在它的内部，必要但不可见的交叉的弦构成同样必要但不可见的矩形。因此，与圆不同，弦和矩形实际上并不存在于空间和时间中。它们依赖于圆而存在，但根据经验来说，它们"不在那里"。这并不一定涉及想象力，因此也不涉及有限的空间和时间视角。永恒的统觉从圆中包含矩形的必然性出发，而不是从由圆衍生的假设或推测出发。有圆的出现就必然会有弦。

正如斯宾诺莎的评注所表明的，一切都取决于一个双重思考的问题：持续时间（从空间和时间角度的前提）和永恒的观点（从非特定空间或时间的角度）。雅凯通过引用斯宾诺莎对知识的理解来解释这种双重沉思："沉思既是理性思维，又是直觉思维。"[7]因此，斯宾诺莎综观的视觉既包括关于事物属性的一套充分的观念（即斯宾诺莎分类法[8]中的第二类知识），也包括另一套没有任何理性形式的观念（即第三类知识，直觉），这两者对于时空之内与时空之外的事物无法判定。这种关于沉思的无法判定反映了在空间和时间的内外之间的不确定性。这种双重的沉思并不是严格意义上的以视觉为中心的；它不仅仅涉及一种官能。通过提及沉思，雅凯明确强调，这种综观的视觉实际上是一种统觉，本质上赋予了观看的能力，而不必单纯沦为是一种官能（参阅《交流》）。

为了证明这种不同寻常的方法，雅凯引用了斯宾诺莎关于直觉的著名例子："例如，给定三个数字：1、2、3，大家都知道第四个比例项是6，我们对此特别清楚是因为我们根据第一个数字到第二个数字的比例来凭直觉推断第四个数字。"[9] 因此，直觉是一种发生在空间和时间中的沉思——数字是人类对于没有经验主义地出现在纸上的东西的有限测定，如从第一个数字到第二个的比率，等等。这种沉思生发了永恒的观点；也就是说，它是从有限事物（即推论出来的事物）的立场出发，也从与有限推论相违背的事物（即凭直觉理解的而不是推论出来的事物）的观点出发。这两者同时发生。因此，雅凯以自己的定义对斯宾诺莎著名表述永恒的观点进行了总结：

> 考虑到这第三种知识是一种综观的视觉，因此很明显，我们所关注的"观点"这个表达是指一种观察的方式，因此必须与动词"观察"联系起来，意思是"看"。因此，从永恒的视角来看，将引导我们对永恒的观点（sub specie aeternitatis）作出正确的阐释。因此，以永恒的观点对事物进行沉思就是用永恒的眼光去领会事物。[10]

但是，是否真的有可能从一个永恒的视角去凭借直觉感知，也就是去沉思呢？这难道不是一种荒谬的说法吗，难道不是歪曲使用语言的侥幸结果吗？所有的视角不一定都是有限的吗？从"推断"中"看到"的东西不一定是从一个有限的角度出发的吗？雅凯提出同样的问题："提出永恒的观点是否就是避免陷入一种令人厌恶的神圣的神人同形同性论呢？"[11] 但她也很快作出权威的回答："如果斯宾诺莎毫不犹豫地提出上帝在自我沉思，他就不能否定永恒的观点的提法，因为人类的理解力也是神的理解力。这里还必须指出，这种理念并不涉及物质，而是涉及思想的永恒的即时性。"[12] 这种转变至关重要。如果没有空间和时间之外，如果只发生空间和时间（有限和永恒的）的断裂，那么时间和空间内所发生的这种沉思的即时性现在也会发生在超出所有空间和时间的因素之外。因此，这几种视角只能同时一致，尽管这将激怒那些只从单一的有限的视角来考虑现在已经显而易见的事物的人。我们这些凡人，如何能思考这种有限的观点和永恒的视角呢？

　　我们怎样才能进行这种直觉的工作呢？所有回应都必须明确：它不可能是一种体验。一个永恒的视角不能仅凭感官来感受或体验。眼睛和其他官能都不能给我们一个永恒的视角，因为所有的感官都源于并终于有限的肉体。记忆和想象力也是如此。因此，很明显，正如雅凯所说："这里所讨论的这种体验或感觉并不涉及身体和感官，因为如若不然，它只会给我们一种永生不朽或无限持续的感官。要从永恒的视角来思考，人类需要通过展示来受到才智的影响。"[13] 这里关键的词是受到影响。就在我们进行推理的时候，在才智发挥作用的时候，不存在于时间和空间（永恒）的东西影响着我们。这就是直觉的真正含义：被永恒的视角所影响，既不仅仅通过感官也不只通过理性，而正是通过它们有限和永恒的发生。换句话说，当一个人从有限的角度出发，通过智力而理性地发挥作用的时候，他也只能受到脱离了空间和时间的事物的影响。因此，凭借直觉认知就是使用这种更精确的综观的视角来发挥作用，它只能发生在体验之中。

　　如果我们可以从永恒的视角（即永恒的观点）和持续的立场（即持续的观点）来发挥作用的想法是有根据的，那么是否有可能以这样一种方式来训练我们的直觉、进而在我们日常工作中有所助益呢？答案必然是否定的，因为这里再次强调，空间和时间之外的事物是无法把握或者参与秩序性事件的。在本章开头，我们暗示了这样一个事实：直觉并不能作为"最受欢迎的武器或预测过程"来测定。凭借直觉认知意味着有意识的推理和放弃所有有意识的推理。这并不意味着要玩有些愚蠢的游戏。这代表着让我们自己理性地受到永恒视角的影响，这个视界将给我们提供不仅仅是有限或理性的视角。回到我们本书中贯穿使用的词汇，也可以这样说：凭借直觉认知意味着，在有限的理性永远不足以应对的情况下去理性地思考无法追忆的或无法企及的事物。在空间和时间之中，工作是无法被驯服或训练的。它只能是综观的，因为难以忘怀和热切期待的东西总是被无法追忆和无法企及的东西所破坏。

因此，策展人可能想要考虑直觉的观念，以实行他们的工作；也就是说，他们可能想要深入思考什么避开了所有的空间和时间的考量：什么是无法追忆的、无法企及的，或者是斯宾诺莎所说的永恒的。这并不意味着每时每刻都要注意可能会从时间消失的事物。作为一个守望永恒的哨兵，与这里所需要的恰恰相反，因为我们所追寻的就像远处的影子一样，是找不到的。说到凭借直觉工作，我们的工作特别是在美术馆或在线布展，应该与生活中发生的一切的双重性质协调一致：在空间和时间内外。凭借直觉认知就是永远不把此时此地不言而喻的现状视为唯一值得对待的现实，并承认其中的某些东西不一定是有限的，而是近乎永恒的，这影响着我们对现实的观感理解。认识到这种双重性，是理性地、直觉地揭示和处理有限思想的永恒即时性的唯一途径。

这种"凭借直觉认知"显然不是一件容易的工作。斯宾诺莎自己也承认这是一项艰巨的工作[14]。为了让在空间和时间之外出现的事物发挥一定作用——即让我们自己受到违背理性的事物的影响——无疑是令人厌恶的，与传统意义上理解的直觉（即预感）背道而驰。此外，它需要的不是"对无形秩序的信仰"，而是甘愿部分地放弃我们有限的推理，以便让我们自己关注空间和时间的偶然性，当它以其双重性展露自身时。对于策展人来说，这不再意味着让他们自己被自己的本能所引导，去决定谁是最棒的艺术家，什么是正确的话题，什么是恰当的理论，什么是公平的政治，等等，而是积极地让那些无法追忆的或无法企及的事物发挥作用——也就是让那些背离空间和时间的事物参与到每一个空间和时间测定的即时性中，参与到每一次策展行为中。让无法追忆的或无法企及的——让永恒的事物发挥作用，就是行为不是像有限而理性的动物，而是像我们也是的神。

施与

　　策展人和观众都无法躲避喷子。这些喷子真的可以被称为神灵吗？他们"是"凡人，因此扮演着天地间的神灵的角色。但是一种共同体怎么能在如此敌意的基础上建立起来呢？布朗绍探讨了共通体。共通体有可能反对"同一"。这就产生了一种根本不可还原的特点：不是别的，而是死亡。它以未确定的命令/质问的方式出现：不要死！——你会死吗？共通体的不可能性得到阐述。牺牲。友谊。我的死亡可以匹敌神灵。神灵总是做好充分准备。策展人可以阻止喷子。

　　喷子[1]。策展人在他们的职业生涯中总会在某个时刻遇到喷子。不，他们不会遇到丑陋的穴居生物。相反，他们会遇到一些讨厌的人，那些人故意在新闻组或留言板上发布挑衅性的信息，目的是引起最大程度的混乱和争论。这对所有内容策展人的影响最大：谁没有被那些在策展网站、博客或论坛上发布删减性、种族主义、极端仇视和无端攻击等挑衅帖子的人所困扰过呢？谁没有为人们对他者的极端偏见感到沮丧过呢？谁未曾被那些咄咄逼人地运用语言来诋毁、抨击和诽谤所震惊呢？我怀疑没有内容策展人能够否认这些问题。美术馆或博物馆策展人也是如此，尽管程度较轻。这些帖子通常以小纸条的形式出现，通常可以在展览最后的布告栏上找到，这是一种表现得在倾听公众的意见并鼓励观众对展览的内容作出回应的常规性做法。谁不为某些留言条中明显的毫无根据的刻薄、反讽、嘲笑、愚弄而感到惊愕呢？喷子到处都有。他们不再住在洞穴里了。他们在外面公开活动，让世界变得更黑暗。

然而，如果前面几章中有一件事引起了人们的共鸣，那么问题就来了：这些平庸、陈腐、令人恼火的评论、言辞和言论，究竟是如何从碰巧也是神灵的凡人那里得来的呢？当然，那些喷子不配有这样双重的称呼。他们无疑只是凡人，因此，就像他们的评论会很快无效或被消失一样，他们也会很快不复存在。不幸的是，他们可能只会重复陈词滥调、老生常谈、习惯用语和谎言，他们可能只会迫使别人一遍又一遍地重复同样的论点、陈词滥调和老生常谈，从而扼杀未来；他们仍然是"存在的"，因此，他们让我们尽可能地多作思考，尽管这在一开始看起来可能是不可能的。这并不意味着另一个陈腐的想法，即"喷子毕竟是人，因此，他们应该像其他人一样受到尊重"。传达这种陈词滥调就像喷子的评论一样索然乏味。相反，这意味着在所有的残酷、粗野甚至野蛮中，凡人/神灵作为基本维度永远不会停止发挥自己的作用。我们可能不喜欢喷子，但他们就是天地之间的"我们"。

因此，问题不在于他们如何做他们所做的事，而在于是什么构成了这个由喷子和道德家组成的"我们"。这个"我们"还能构成一个凡人/神灵的共通体吗？为了回答这些问题，我将从莫里斯·布朗绍那本晦涩的书《不可言明的共通体》的第一章中，间接地解读几段。我承认，在一本关于策展和道德的书中引用这本著作有点老生常谈。虽然时尚在不断变迁，但曾经有一段时间，没有一个有自尊的策展人会说一句话不提到共通体的概念。涉及这一理念的策展，人们创作了无数的文本和太多的展览，无情地借用了有关这一主题的少数书籍。[3] 我的目的不是回到这些讨论，也不是讨论这段历史的利弊。相反，对布朗绍这篇著名文章的间接解读意在指向发生在共通体（虚拟的或真实的）之间的活动：分发。我们走到一起，不是因为有一致的愿望，也不是有灵魂的交融（喷子在这一点上提醒了我们），不是因为理想、规则、规范、标准、模式、原则或法则（就像以前一样，所有这些都是可以讨论的，因此非常值得怀疑），而是因为一种根本的、不可协商的给予，它只涉及我们凡人/神灵本身。那么，我们如何理解一个连"喷子"都参与其中的共通体呢？

让我们从布朗绍明确的评论开始，他认为在许多类型的共通体中，人们必须能够构想出至少一种尝试避免把所有人都简化为同一的。他写道："如果人际关系不再是同一类人之间的关系，而是引入那种不可还原的他者……这就施加了一种完全不同的关系。"[4] 不过，让我们先不要被那个可怕的大写单词"Other"（他者）所羁绊。现在我们先来假设布朗绍在这里所指的某种类型的共通体，同化为一种独特的特性（同一性）对于它没有任何意义。正如我们前面所了解的（参阅《友爱》），这是第一个困难的想法，因为平等的思想意识——为所有人确立同样的地位、权利或机会——不仅是不容置疑的，而且是不可让与的。在法则面前，我们都是可以互换的可改变的自我；我们主张和捍卫的是：同一性。布朗绍并不是要我们抛开这一点，而是要我们考虑一些更根本、更古老的东西：在我们的权利平等之外，我们之间存在着一种根本的不对称，这种不对称构成了一个可以被称为共通体的东西。这个不对称，这个不可简化的他者指的是什么？

布朗绍回答说，这个不可简化的他者是一种非常接近但无法从根本上理解的东西：死亡。之所以汇聚成共通体，是因为每个人都面临死亡的刺痛（参阅《凡人》）。死亡是唯一能真正将共通体凝聚在一起的根本：

那么，是什么让我产生了最根本的疑问呢？无论是作为有限之物还是在面临死亡时关于死亡的存在意识，不是我与自身的关系，而是在我存在的时候那些因死亡而离去的他者。在死亡带来他者的离去时，我仍保持存在；当死亡与我相关时，我自己承担他者的死亡，这才会真正让我失去控制，这是以其对于共通体开放性的完全不可能性而唯一可以开启的我的分离。[5]

因此，布朗绍的共通体的汇聚，不是因为共同的对死亡本身的恐惧，而是因为这个群体的每个成员都见证了他者的死亡。正是因为他者的离去带来的震惊才迫使我们失控，大声疾呼我们需要汇聚一起。

奇怪的是，这个共通体是由于他者的离去而聚集在一起，原因本身围绕着一个不确定的命令以及关于死亡的问题。正如布朗绍所说："不要现在死去；让现在不再有死亡。'不要'这个根本的词语、这个命令变成了抱怨，结结巴巴地说：'不要死！——你会死吗？'"[6]没有邂逅，没有相遇——无论是在公司的会议室、工厂、舒适的家、繁忙的街道、可怕的住所、黑暗的密室，还是宁静的田园——如果没有这个奇怪的、往往听不见的命令/问题来概括这个根本的他者，这个作为共通体关键的死亡："不要死！——你会死吗？"因此，共通体不是一群具有共同特征或因共同利益而统一起来的人。相反，共通体是由这个结结巴巴但根本性的命令/问题构成的："不要死！——你会死吗？"正是基于此而产生了共通体：对所有凡人、所有共同分担冲突（因此仍然是部分）的人来结结巴巴的祈求/质问。这个命令/问题永远不会消失，它是让我们走到一起的东西，超越了我们共同可能拥有或渴望拥有的所有事物。

因此，它是一个死亡的共通体，而死亡只不过是共通体本身的不可能。这也许是布朗绍对共通体的理解中最为矛盾的方面之一。如果让我们汇聚一起的只是一个激发了我们共通体意识诞生的根本的命令/问题："不要死！——你会死吗？"那么让我们聚在一起的正是这个共通体本身的不可能。为什么呢？仅仅因为对死亡不间断的热情让它变得不可能。正如布朗绍所说："如果一个人的死亡揭示了这个群体，那是因为死亡本身就是凡人真正的共通体：他们不可能的。"[7]我们汇聚一起是建立在不可能团结在一起的基础上。我们呼喊，我们论争，我们恳求，然而所有这些呼喊、论争和恳求都表明，我们实际上无法团结在一起。死亡迫使我们构成共通体，但这样做也凸显了共通体本身的不可能性。换句话说，任何共通体的存在，都必然在其核心铭刻着自身的不可能。

思考这样一个共通体有什么意义？当然，最重要的是我们共同拥有什么，我们一起分享、探讨、制作和策划什么。这就是我们需要承认的地方，布朗绍的共通体不是身体和／或精神的结合，而是相互承认彼此的死亡是不可能替代的。"我的死亡"不同于其他任何人的死亡；我无法借用他者的死亡。因此，除了强调我们的绝对不可替代性之外，它没有任何作用（参阅《痴迷》）。布朗绍用一句令人敬畏的话总结道："凡人的替代就是对交流的替代。"[8]这里没有任何东西是个体或集体拥有的，也没有任何东西被理解为身体和／或精神的联合。相反，所有的一切都指向了并未联合的事物之间的交流，那些排斥任何形式的交易或交换的事物之间的交流。我们在一起；在我们既不能占用也不能分发的事物的基础上，我们构建了共通体。

显然，思考这种类型共通体的难点在于如何将其呈现出来。要思考这种奇怪形式的共通体的唯一途径就是，遵循布朗绍的方法，把它限定为一个祭祀的共通体。祭祀在这里显然不应理解为屠宰动物或人，或交出财产作为供奉的传统行为。它要从死亡在共通体中的积极参与意义上来理解。如果想要完全理解布朗绍对共通体的非凡认识，这是一个必须进行的艰难飞跃。当一个人深入思考祭祀中所发生的事情时，这种飞跃就变得清晰了：有人屈服于死亡。因此，无论发生什么，他不仅是主导祭祀的人的牺牲品，而且首当其冲是时间的牺牲品。它们的有限性在这里以最猛烈、最粗暴的方式显现了出来。它揭示了时间相对于一切的绝对重要性，无论我们活多久，时间总是更胜一筹。这样，并没有世俗的陈词滥调表达的那样"将死亡作为工作，以重新肯定生命"（例如，更好的收获）；相反，它涉及揭露时间对我们所有人无情的绝对优先权。牺牲向共通体揭示了时间在我们日常生活这平凡祭坛上的作用。

这样，悬而未决的命令/问题"不要死！——你会死吗？"所涉及的时间基本上不是作为一个整体（过去、现在和未来）而无限持续的绵延，而是不仅给予了死亡，而且尤为重要的是，还给予一生中持续的死亡之痛。祭祀揭示了这一给予；当时间赤裸裸地显现时，当时间结束一个凡人的生命时，它就发生了。通过祭祀，通过这种明确的有据可循的时间的给予，共通体实现了自我建立。正如布朗绍所写："祭祀……建立共通体，通过……把它移交给时间施与者，时间不允许共通体或那些献身于它的人以任何形式存在，从而将他们退回一种完全无法保护他们的孤独，并使他们疏散或消散了自身，而无法再次自我发现或汇聚一起。"[9]祭祀揭示了对"时间施与者"的绝对依赖，从而突出了共通体的不可能性——一种自相矛盾地建立共通体的不可能性。

与通常所争论的相反[10]，这并不是对共通体枯燥乏味而毫无用处的理解。相反，通过揭示时间的作用，我们创造了共通体。因此，重点不在于对祭祀的恐惧、它根本性的荒谬，或者它与所有文明和理性事业背道而驰的事实，而在于它揭示出它如何最终将我们聚在一起的能力。一切都取决于死亡提供或给予什么：什么都没有。当我们的时间终结的时候，唯一会发生的事情就是时间仍然占据上风。因此，时间标志着将共通体联系在一起的难以掌握的秘密。正如布朗绍所言："这个什么都没有给予，使得它自身提供、撤回和退出它自己就像绝对的突发奇想，它通过产生它自身以外的不同的东西而脱离自身，以一种缺席的形式。在有限的范围内，这种缺席只适用于共通体，因为它显然是唯一无法掌握的秘密。"[11]这种对施与者时间的强调并不表明共通体的不足。相反，它表明，通过对时间的揭示，共通体也向自身揭示了自身，并在此过程中，它将自身聚集起来，这是任何其他联合组织都无法做到的。

布朗绍的论述表明，为了理解共通体的理念，有必要放弃关于共通体的所有司空见惯或广为接受的理念，并一直保持其最基本的特征：绝对的不可替代性，将生命交给时间这个伟大的施与者，作为对于共通体是如何形成的揭示的祭祀。但不可避免的是，这样的历程如今只会让人失望。当时间是唯一的施与者时，我们到底能做些什么呢？对于一个只与时间这伟大的施与者相关联的共通体而言，还剩下什么？布朗绍以乔治·巴塔耶所认为的唯一能够消解祭祀的东西作为文章的结尾：狂喜，对存在的欢悦，对伟大的施与者的生命的提升。然而，布朗绍很快指出，即使是狂喜也不起作用："使用'狂喜'这个词必须要小心地使用引号，因为没有人明白个中滋味，最重要的是，不能确定它是否曾经发生：超越知识，包含无知，它只能通过随机的词语，否则难以阐明，同时也没有保证。最为关键性的是，体验它的人在体验它时不再存在，因此也不再存在去体验它。"[12]

　　因此，如果由狂喜的个体构成的共通体无法存在，那么，我们还能做些什么来对抗时间的施与者？众所周知，布朗绍最终指向了友谊。他写道："在生活中，我们不得不面临他者的离去。正是由于这种离去……友谊在每一刻都在发挥作用和失去，友谊是一种没有相关性的关系，或者是一种不可比较的关系。"[13]但是，我们真的可以用友谊来取代欣喜若狂的个人构成的共通体吗？难道友谊不是另一个需要放在引号之间的词吗，因为没有人知道它是否真的发生过？它是否会和狂喜不一样，一个经历过友谊的人，当他或她经历友谊的时候，他或她是否已经不复存在？巴塔耶和布朗绍的"解决方案"都存在一个问题，那就是时间施与者完全被理解为负面因素。对他们来说，狂喜和友谊是时间的逆转——因此布朗绍曾说过，友谊总会在每一刻失去。从某种程度上说，布朗绍和巴塔耶仍然太过黑格尔学派，因为他们都试图"直面消极的一面，与之保持一致"[14]。他们的"解决方案"不可避免地指向一个空白（狂喜、友谊）、一种不可替代的象征，它是无法交换的、毫无意义的，最终也无法创造出他们所渴望的：共通体。

那么我们该怎么做呢？也许应该是一个与时间保持一致的问题，而非完全假设自己优于时间或与时间相平衡。换言之，这也许是一个使时间属于我们的问题，因为它也是控制我们的问题。当时间发出最后一击时，如何成为时间？考虑到本书中我们理解的不可替代性（"我的死亡"）是凡人不可让与的体系中的一位神（参阅《凡人》《神灵》《召唤》），这种不可替代性、这种"神性"，难道不能帮助我们思考布朗绍和巴塔耶留给我们的问题吗？如果将我们本身实际上也是神这种不可替代性，理解为并非至高无上的神性，在凡人的世界中不仅刺痛我们（死亡）而且赋予了我们未来的，那么共通体就不仅仅是只能大声呼喊"不要死！——你会死吗？"的孤独个体的集会。这是凡人/神灵的集会，他们在目睹彼此死亡的同时，也自由地释放了未来的可能性（参阅《召唤》《痴迷》《直觉》《结论》）。无论我们如何被时间所掌握，我们也是时间——也就是说，我们是多余的时间，是使可能成为可能、释放可能性中的可能性的丰富的时间。时间是我们的。时间，我们给予。

这也意味着布朗绍的祭祀的共通体比他所认为的内涵更丰富；它也是一个施与者的共通体，是能够平衡其祭祀的独一无二的时间给予者，是由时间这伟大的施与者所掌控的不可让与的他者的死亡。共通体产生于祭祀和可施与性这两者的交汇。然而，这只有在承认它是一个由也可能是神灵的凡人构成的共通体的情况下才能真正发生。承认这一毫无疑问的无可辩驳的事实表明，共通体的出现不仅是不可能性，不仅是在牺牲的磨难中，而且也是可能性，在可施与的财富中。因此，共通体的共享并不仅仅建立在根本的不可能性上（"我的死亡"/他者的死亡），还基于即使它总是使自己退出，但仍然会产生其他东西的东西：可能性本身。这不是共通体的核心孤立机制；它仅仅是认识到时间是如何发生以及我们是如何利用时间的，如汇聚一起，以同样的方式去爱去恨。凡人/神灵确实都使自身缺席（祭祀）和提供（施与）；他们总是思考太多，甚至在死亡的边缘，甚至在没有什么可说的时候。

因此，喷子和道德家终究都构成了一个共通体，尽管前者从未停止用陈腐、老旧、种族主义和极端仇视的评论攻击它，而后者同样试图用抗辩和有力的反驳来完善它。在所有这些攻击和反击中，在所有这些不公平和正直正义之心中，这些碰巧也是神灵的凡人永远不会停止在天地中发挥自身价值。因此，问题既不是希望创建一个由具有牺牲性的狂喜的个体组成的共通体，也不是形成一种虚幻的友谊纽带，其基础是无休止的否定性的留存。准确地说，它体现了我们所在的共通体，让他们不仅能满足时间提供者，还能分配时间，当始料不及的事情仿佛虚无在我们体内上升时屈服。认识到这样一种新的共通体的概念加强了凡人和神灵之间的联系，因为它开启了一种思想的可能性，一种超越单纯利益共享的共通体思想，一种摆脱了单纯观点和冲动情感折磨的共通体思想。

当然，这并不能确保喷子或他们的同类会消失。但这默许了一种新型的共通体行动主义。我们需要通过他们无法理性预言或预测的东西来揭穿这些喷子的语词。正是由于神灵出乎意料的施与——也就是说，由于喷子无法预见的思想的慷慨——这个共通体能够自我支撑以克服自身的不可能性，克服它只能通过其成员的绝对不可替代性而汇聚一起的事实。这就是我们给予的意义所在。它不是关于信息（例如，艺术、图像和字幕）的经济共享，而是关于以他们无法想象的东西阻止喷子的行为。这并不意味着为了激怒他们而惊吓他们，而是为了使其不知所措并怀着在工作中保持冲突的唯一目的而为他们释放可能的机会。这是一项比仅仅出人意料地俘获一个人更为艰巨的任务；这意味着让凡人神圣的一面闪耀出来，同时揭示出喷子根本无从想象的未来的创造力。

结论：反讽与后代

如果凡人是神，如果这些作为凡人/神灵的策展人，可以在大地向着天空的涌动中依赖于天使、幽灵和无形的义务，如果他们的助产活动意味着涉及不可追忆以及不可企及（即非冲突）的事物，那么，将会展开什么样的整体活动路线？换言之，这会导致什么样的伦理规范？最后这个问题的答案必然关联着以下三个利害攸关的问题，即伦理、策展和四重性的多逻辑性。回答最后一个问题的目的不是结束一切（参阅《引言》），而是强调通过四重性的借喻来理解自身会产生一种不同的伦理，一种可以改变通常理解的道德责任的方式。但在回答这个问题之前，让我先回顾一下本书所试图阐释的。到目前为止，我按照以下方式将策展作为一种伦理提出。

首先，我从一些关键原则开始，以便为研究确立一些基本原理，虽然这些作为基本原理的原则，必然存在一定的问题。比如：到处都是由暗物质产生的物质。通过产生，物质表现并再表现自身，从而理解自身。这个过程若没有一种奇怪的绝对异质性的因果关系法则来打破所有同一性的担保（例如最终的表现）是不可能发生的。有了这个支配再表现的法则，物质不再参与大地和天空的冲突，这个事件并非无足轻重。

在这一事件中，凡人——也就是神灵——以实际行动参与了这场冲突，参与了四重性。一方面，可以说，凡人除了如何从自我隔绝的大地逆天而上之外，一无所有；另一方面，与凡人不同的是，神灵拥有一切。但神灵拥有的一切都是冗余的，让凡人总是想要更多。凡人痴迷于神灵，因为神灵总是让他们想得太多。相反，神灵需要凡人，因为若非如此，神灵将无法相互召唤——也就是释放未来的可能和他们自身的冗余。我们不可能在想到凡人的同时不想到神灵。在所有这一切中，首字母大写的单数形式的上帝只是一个名称，是对万能的再表达，这种万能带有特定的指向性，并且在此过程中，不断地消解万能的概念本身。如果不是由于作为事物真相的绝对超混沌，上述的一切都不会发生。

其次，我限定了被称为"策展"的物质事件及其可以视为建立在这些基本原理之上的伦理方面。这种限定可以从以下几方面来理解。可以看到，被称为"策展"的物质事件从大地开始，这种自我隔绝使它们呈现在天空下并与天空相对。天空使大地能够衡量自己，并与无法衡量的东西相抗衡。参与大地／天空冲突的是凡人，他们也是神灵，同样自我隔绝，自我衡量，向天而上。在众多的自我隔绝和衡量中，凡人／神灵通过物体展示了无所不在的冲突。在这种无所不在的冲突中，在这种自我隔绝和衡量的无休止的展现中，在物体的生命中，策展进行了有效的部署。策展人作为凡人／神灵，也可以通过文字和图像揭露冲突。从伦理上讲，这些都是由义务构成的：对文字上的"保持公正"和对图像上的"它发生了"的义务。策展人间或处理这些视觉和书面类的道德伦理。在这些时断时续中，是天使，是一个碰巧是神灵的凡人指引着是非对错的。但并不是所有的事情都取决于天使和义务。道德原则通过不断地回避，像幽灵一样缠绕着冲突。没有这些幽灵就没有道德。如果义务、天使和幽灵被注意到，那么真知就产生了。当我们在线时，这些真知不是出现在可获得的内容或一连串的超链接中，而是出现在对凡人神圣自我的启示中；这种启示是通过名字（标识性语言的危险礼物）形成的。

　　第三，也是最后一点，为了突出如何通过上述所有方式使某些策展变得合乎伦理，我探索了许多举措。这些策展举措中的第一条是保存——即允许某人或某物停留，以维持天、地、神、人之间的冲突。关怀也是策展人的另一项举措。他们关怀，只是因为他们在对艺术家、艺术品或观众的所有关怀行为之外保持冲突。策展人也要筹备。在这个背景下，他们只有在使他们自身与他们的神性的维度和那些构成冲突的维度相协调时才筹备展览。在所有这些准备工作中，一些策展人渴望成为令人恼火的党派人士，但他们只有在接受大地和神圣的维度时才会如此。当策展人试图与他者友好相处时，也是同样情况；通过接受冲突，他们创造了一些独特和奇怪的事物：一个毫无意义的同谋。凡人 / 神灵在一起，他们也可能彼此交流。他们也可能提升——也就是说，在他们的每一行动中，揭示出另一种价值：生命。同样，他们可以成为助产士，在理性的边缘产生知识。他们也可以凭直觉行事，也就是说，允许自身伴随着冲突同时出现。但是，没有任何行动能与施与相媲美，特别是如果它的目标是在冲突中创造共通体本身的不可能性。

　　即使有了这样一个简短扼要的概述，问题仍然困扰着我们：这将导致天地间怎样的整体伦理规范？让我们从一段无疑存在问题但十分必要的评论开始。考虑到这一伦理的主体不再被理解（参阅《引言》）为单一的相互关联的或动态的实体（共同存在、利益、形成等），而更确切地说是被割裂为在天地之间（四重性）的凡人 / 神灵，我们在这里讨论的是这种伦理，会因为它代表时间本身而自我瓦解吗？换句话说，如果人类的能动性必然是四重性的，并且任何一个维度都无法单独作为一个道德主体，那么时间是唯一真正的行为主体吗？当冲突发生的时候，这种对所有传统上稳定的伦理层面（例如，主权主体、负有责任的本体或有责任的公民）的部分回避，如果不是不可能的伦理，还可能会导致什么样的其他伦理呢？再次强调这一点：四重性传统的伦理的相互关联性——一种通常可以清楚地衡量好坏以及判定责任的相互关联性，是否能抵消各种形式的道德，使我们只保留四重性所操控的对于时间的揭露？

时间确实是至关重要的。这几乎影响了本书中所揭示的每一概念，从暗物质产生的物质到我们促成那些似乎摆脱了时间的事物的方式，从防止同一性的绝对异质性法则到折磨凡人／神灵的难以忍受的痛。经过冲突，四重性就是时间。同样，时间是四重性的，既不是完全凡人的，也不完全是神性的；既不是完全尘世的，也不完全是天界的。当然，这个特殊的时间是一个本体论存在论的时间；它只是在超混沌时间里的一点模糊的理性，出于某种原因，不断在冲突中用以前、现在和未来这些对我们来说在当下是有意义的维度来表现和再表现自身。我们不能遗忘这个时代建构我们的时间的本体存在论方面。只要存在物质事件，只要存在分离以及由此而来的冲突，就会有时间四重性的不确定性，超混沌时间可以在不需要任何理由或者相反地有一个很好理由的情况下瞬间破坏这种不确定性。

让我们进一步探讨这个问题，以便领会在揭示四重性的时间以及对传统的单一道德的抵消中，真正利害攸关的是什么。我们所处的这种本体论存在论的时代——四重性的时代——其最令人好奇的方面就是它具有奇怪而有恼人的反讽意味。这不是时间的最终真理，只是一个奇怪的方面、一个非同寻常的特征。我们的时间确实是一个反讽行家，因为它总是阻碍和蔑视所有的要求，从任何表现的尝试（立即被再表现所挫败）到我们在四重性的多元逻辑中不顾一切地坚持"存在"的努力。但这并不是来自其他某些地方的具有反讽意味的反作用。它发生在事物的核心：无论其本质、目的或进展如何，此时绝对异质性法则（参阅《法则》）构建了所有的再表达。因此，时间永远都具有反讽意味，比如："无论你多么坚持生存，你都会死"，"无论你多么努力理解事物，你都永远不会完全得到它"，或者"无论你多么努力向善，你都永远不会真正成功"。时间的确使费心去再表达自我也就是在天地、神人的冲突中的一切事物都具有反讽意味。

但是，我们如何才能真正理解时间对所有四重努力的具有反讽意味的挫败，包括建立这样一种伦理规范？反讽这个词比人们所设想的更为艰深[1]，而且它不能与其他术语如冷嘲热讽相混淆[2]。反讽既是一种矛盾（可笑之处就在于真实状况与人们所想或所说的恰恰相反），同时也是一种伪饰，正如其词源学上的含义（来自希腊语 eirōneia，"伪饰的无知"）。因此，这是一场与当下背道而驰但又伪装成并非如此的运动。例如，当我们的本体论存在论的时间是具有反讽意味的——而它[3]一直都是具有反讽意味的——它伪饰成一种流动：随时间而运转，随凡人的生命而消逝，掠过它们的历史，把它们转移进引力持久的源泉中，慢慢地把它们拖进漫长的星系旋转中。但事实上，我们的时间所做的恰恰相反：它中断了持续，终结了凡人的生命，终止了历史，并偏离了所有的时间进程，即使那些结局可以提前预测的。时间作为一种无限的持续流动，如果不是悲剧的话，也是时间对我们所有人的一种反讽的玩笑的骗局。

这不仅仅发生在抽象的、普遍的或科学的理解层面上。相反，这是属于我们的最独特的东西：如果我们是时间，那么我们就是反讽；我们创造时间，就像时间反讽性地强加于我们一样[4]。具有反讽意味的是，如果我们不能受到机会、热力学定律或因果关系的影响，那么我们也不会同样受到诸如下列事项的影响：一掷骰子就逆转了命运、在危及生命的境遇中排除万难而活得更长寿，或者创建新的事件因果链。如果我可以这样说的话，我们的生命是随着时间的降临而发生的，就像我们随着时间的降临而来一样——这甚至没有任何反讽意味[5]。没有反讽，就不可能有特别的场合，甚至不会有一个庄严肃穆的时刻，不是因为反讽无处不在，而是因为它让我们经历了这些场合并让我们在此过程中幸存下来。甚至我们会（尤其是）在因喜悦或悲伤而哭泣的时候进行反讽。我们甚至用睡觉来反讽。由于绝对异质性的法则的存在，没有这种时间的反讽性（这也是冲突本身、我们的事件和以四重性方式再表现自己的物质等的悖论性反讽），就没有冲突了。

所以当论及凡人时，这个问题似乎变得简单：如果时间的反讽挫败了我们所有的尝试（伦理的，而且是政治、文化、社会的等），而我们所有的尝试最终是反讽性的，那么这不再是一个与之对抗的问题，而是怀着具有了时间停止嘲讽我们命运的渺茫希望。更确切地说，这是一个与之合唱的问题——也就是说，用支配我们生命的这种最高反讽来形成一种声音的合唱。换言之，因为我们对自身的四重性反讽无能为力，因此就有必要让四重性反讽参与其中。这种带有反讽意味的合唱并非罕见、不寻常或不协调的行为。相反，这是人类在没有意识到的情况下实际上经常做的事情。举个例子，当提到灭绝种族的大屠杀时，一句极其合乎伦理但陈词滥调的"永远不再"就足以证明这种努力是在以时间的反讽来制造一场合唱。无论我们多么悲叹，无论我们怀有多么大的善意，并以新的热情祈祷种族灭绝不会再次发生，我们无疑像时间具有反讽意味那样反讽："是的，还会再来！"与时间的反讽相协调一致的，是我们解决随时都折磨我们的带有反讽意味的损害的方式，包括我们所有试图消解它的徒然的努力。

但是，这种与时间的反讽协调一致真的能具有真正的伦理变革力量吗？当凡人／神灵、大地／天空的维度陷入反讽的时候，难道没有更好的方式来影响它们吗？除了具有反讽意味地随着时间的推移而结束之外，四重性伦理还有什么可以的呢？如果我们把自己限定在这本书的主题中，即策展的伦理，那么问题就变成了：希望更合乎伦理的策展人除了随着时间的推移不知不觉地反讽之外，还能做什么？策展人是否能够用他们的项目对他们的道德困境施以更可靠的影响，而不是以看似没有反讽意味的呐喊来结束这一最为突出的反讽行为呢？这里无意义问题的循环使用的目的是不要扩大范围直到它变得毫无意义，而是强调超越困境本身，当我们谈到伦理时，真正利害攸关的不是它的终极目的（例如，美丽的生活、拯救或一个公正而更公平的世界）而是它的发生，是这些凡人、这些神灵对待时间的方式，抑制了它不容置疑的反讽。

伦理问题是这样的：如果我们接受我们是时间和反讽的事实，并且无论从什么意义上说，与时间的反讽保持一致是我们的唯一选择，那么很明显，我们不能再坚持更多的价值观念。与时间的反讽完全一致的是，人们确实不能再说如此这般的行为是好是坏，是公正还是不公正，因为在这样的情况下，这个动词不再在价值观念之间划清界限。一切都变得具有反讽意味，即使是美好事物的发生也是如此。针对时间的反讽性，个人确实需要一把非反讽性的本体论斧头［第三人称单数现代时态的"在"（is）］所带来的强大力量，从而确定任何传统上相互关联的伦理规范：例如，她"是"好的，这个"是"坏的。这个问题在四重性情况下变得更加尖锐，为此，本体论斧头就不再以如此坚定的热情发挥作用了。如果到处都是反讽的神，谁还能当评判呢？如果凡人总是比他们能够做到的想得更多，从而对所有的努力形成反讽，谁是合乎伦理的？如果包括大地和天空的四个维度都在以不同的速度和规模进行反讽，四重性中有谁能说自己没有反讽意味呢？反讽的力量是凡人的神性和四重性的核心，它确实挫败了所有传统的道德努力和决心，而在本体论斧头被埋葬或放弃之后，甚至也变得不那么关键了。

时间的反讽性和我们进入其中的博弈让我们陷于困境，没有变革的力量，没有任何让善战胜恶的能力，也没有让冲突发挥作用的能力，因而，（无论好坏）它把自己转变为可见或可知觉到的更佳的东西。更糟糕的是，即使我们坚持与时间的反讽协调一致，我们也只能陷入一种紧张状态的困境，一种虚假的静止，一种伪饰的平静——对所有反讽的反讽。难道紧张症不是在一切事物中只看到无所不在是最高反讽的反讽者生命的最后阶段吗？形成与时间反讽的合唱最终会使我们自身精神紧张，就像巴塔耶和布朗绍（参阅《施与》），当他们将我们的四重维度简化为单一的自我，然后用同样简化的单一的时间流逝将其合并，怀着会有一些积极或不同的事物由此产生的徒然希望。如果这还不够，它还需要依靠理性原则（集中于单一时间核心的永恒的反讽），以便使我们确信，除了对于具有反讽性的时间习以为常的认知之外，确实别无其他，正如它对我们的影响一样。归根结底，如果将我们的四重性还原为道德独白中的自我，那就没有什么东西会更显得更自相攻击和自相矛盾的了，这种道德独白中的自我一路咏唱地走向一种对时间反讽性的单一理解。

我们的星座，也即这里探讨的诸种破碎维度，现在不能指向另一个方向吗？这些具有不可预测性的凡人、神灵，是否能抑制时间不可辩驳的反讽、冲突的永恒不变的反讽？换言之，紧张症——或者，进一步说，心神安宁——能否在与时间的反讽合唱时被边缘化，从而给这里所讨论的多元逻辑——凡人／神灵，大地／天空——如果不是一种变革的力量，那么至少有一个更加重大的伦理方向？这也许就是我们在先前许多单一本体论存在论的伦理项目之后，面对四重性的非凡潜力的地方，这些项目要么建立在具有首要的相互关系的严格秩序上（例如，基于平等的权利的功利主义伦理）或者差异哲学中非秩序体系（例如，极端的在枪口的威胁下保持同一性的他者）。当然，海德格尔在这里又是无用的，因为当他试图从其共同存在的局限中将自己解脱出来的时候，这个话题从根本上超出了他所设想的一切。那么，四重性如何能为我们随着时间的反讽曲调而进行的歌唱提供更重大的伦理方向呢？

答案也许很简单，如同时间不仅反讽，还能提供（参阅《施与》）。同样，"时间提供"这个表达方式不应该被理解为一个神秘的外部元素，而是慷慨地给予我们"更多的时间"。说"时间提供"是强调与反讽相反的运动。虽然时间嘲弄我们的努力，戏谑地重复悲惨的历史，嘲笑我们的合唱努力，但它也提供了更多的东西——绝对异质性法则也从未停止对再表达的倡导。这里的关键问题是，这种供给并不意味着我们也突然比时间及其坚持不懈的反讽的态势更强大。我们总是会被时间打败。但是，除却不可挽回的失败以及恶化我们人生的那种反复找碴的讽刺以外，通过同样的绝对异质性法则，我们也在提供时间。我们不仅通过经济的商谈，也可以而且最重要的是通过子孙后代提供了时间。正如我们之前所了解的（参阅《天使》），这个后代必须从两个不同的层次上来理解。一方面，是的，我们确实通过生孩子提供了更多的时间，从而超越死亡拓展了我们的生命。另一方面，也是最重要的，我们也通过促成我们在其间已经无关紧要的来生去提供更多的时间。我们确实能够促成一个无法设想的为我们提供回报的时间。如何理解这种整体的次级对抗姿态，它如何帮助我们思考我们的四重性伦理变革力量？

后代（progeny）源自拉丁语 pro-（意为"向前"）和 gignere（意为"产生"），确实与不可预知的未来有关。它带来了一个我无法设想的时间。它孕育了一个没有另一个"我"的未来，一个对"我"没有兴趣的时间。当然，列维纳斯以最非凡的方式来阐明这一点，他写道："在'后代'[6]，为了要走得比光更远，为了去到世外桃源……'我'超越了光的世界。"[7] 通过引用光，列维纳斯的目标显然是西方哲学的自我封闭，在那里万事万物包括主体，沐浴在没有阴影的柏拉图思想的阳光下。后代投下阴影；令人沮丧的是，后代介入了一段无法理解的、没有光可以照耀的时间。通过指向没有任何东西可以澄清或简化或概念化的世外桃源，后代破坏了物理学家的精确时间，扰乱了哲学家的单一时间。这里的世外桃源显然不是一个可以预先确定的终点。最简单地说，后代就是"在主体必然的衰老中可能的更新"[8]——也就是说，激发了总是走向死亡的主体的可能性，而这可能有很好的理由或没有任何理由。后代反驳了时间的反讽，将其投在了四重性的阴影里。

凡人/神灵、大地/天空确实孕育了另一没有被反讽所践踏和折磨的时间。在我们的维度中，正如我们所已知的，神灵显然是最清楚提供后代以超越死亡（参阅《召唤》）。它们为我们提供的不是一个可预期或可预测的未来，而是释放未来的可能性（参阅《引言》）。神灵在召唤未来，因而对时间的反讽置之不理。此外，这一点不应该被理解为神灵仿佛孕育着某种冗余的未来，把他们可以交付给任何愿意倾听的人[9]。在时间反讽的道路上，对时间的反讽置之不理既是一种恼人但幸运的中断，也是一种值得安慰的宽恕。此外，列维纳斯认为："'后代'的时间战胜了死亡和衰老的存在，是一种宽恕，是时间的杰作。"[10]我们也许是时间反讽的牺牲品，但它也通过我们神圣的后代宽恕了我们。这种宽恕与过错无关。时间不会停止给予我们更多的时间或孩子来弥补我们逝去的生命。宽恕是对时间反讽的逆转，同样也是时间本身的组成部分——因此列维纳斯认为它是"时间的杰作"。有了神圣的后代，时间将我们从自治中解放出来，而我们珍爱的斧头（"在"），总是用一根头发高高地悬在我们头上。通过众神——也就是通过凡人的付出——那种非反讽性的时间就依稀可辨了。

因此，反讽和后代的双重游戏是时间的博弈，反讽我们的努力，也引发更多的努力。这并不是一个让我们陷入两股矛盾洪流之中的无法消除或不可解构的悖论。恰恰相反，它最重要的是一种标志，确保了在今天美好事物的具有反讽意味的明显的失败背后，美好事物依然存在。在对时间反讽的反驳中，我们神圣的后代确实安排了一个美好仍能发生的时间。这里的美好显然不是经济上值得追求的可以带来回报的东西——例如，"通过回收利用，我为我孩子的未来尽了自己的绵薄之力"或"通过生育，我确保了退休后的生活得到照顾"。这里我要提出不同于列维那斯的观点——这里的美好不是——受到独一无二的上帝（"至高者上帝"）的对于未来到来的神秘担保。相反，这里的美好，正如我们已经了解的那样（参阅《提升》），就是拥有所有价值的他者："人生"[11]——也就是冲突的无所不在，以及大地逆天而上，凡人成为神灵等。神圣的后代所带来的生命确实是唯一具有真正道德分量的价值，因为它是唯一总是与自己不同的东西。它代表着这样一个事实：冲突仍然可以超越它本身，大地仍然可以在凡人和神灵之间逆天而上地涌动，这伴随着新的活力或极度的慵懒、反讽的平静或挥霍的兴奋。繁衍生息的四重性生命确实是唯一的具有反讽意味的价值，神圣的后代之所以如此完美，是因为它使自己的每一秒的时间充满惊奇，伴随并对抗时间持久的清醒。

唯一的弊端——当然是反讽——是这个符号永远不能被捕捉、挪用、交易或用来培养一种道德规范、原则或不可剥夺的准则，比如"繁衍生息的四重性'生命'给我们丰富的美德"。确切地说，正是由四重性的神灵所产生的生命，即这种有效的美德，将我们从所有秩序形式中解放出来，并在此过程中赋予了正义始终隐藏着的工作原则。这种奇怪的、没有用语言表达的、没有在道德准则中起重要作用的善，促使人们总是以拯救孩子为先，并促使审判者作出裁决——例如，为了在杀戮中失去的生命中的善——难道不正是这样吗？繁衍生息的四重生命所提供的有效的美德是不可交易而无用的，因此不能带来一个公正或更公平的世界。它甚至无法解决当今规范伦理学所面临的无数紧迫的道德问题。这种善的不稳定性——即繁衍生息的生命——根本不允许它发生。我们所能看到它的唯一有用之处，或许是为所有的神圣的产科学的努力（参阅《行为与目标》）提供了依据，这些努力转向了无法追忆的或无法企及的（并非冲突）事物，即使并不期待孩子。除了自身的发生之外，繁衍生息的四重性生命确实没有别的伦理用途。

这种由凡人、神灵大量赐予的不可交易的善和繁衍生息的生命，揭示了一种潜在的新伦理。在新的语境中保持合乎伦理，最简单地说，就是展开这四者，随着自我区分的大地向着无可估量的天空涌动，以难以想象的方式召唤和回应，所有这一切都是为了维持四重性的运转。这不是可以独立完成的。相反，这是大地与天空、凡人与神灵的通力合作——创造一个对抗死亡和反讽的未来，就像一个孩子出生一样。因此，在这个新的语境下，伦理不再发生于对四重性外在价值（如普遍人权、绝对正义、先验的道德法则、想象中的和平、完全的平等、上帝等）的服从中，而是发生在新的四重性生命的展开中，强大到足以承受——而非完全根除——并反讽性地放弃所有努力的唯一丰富。[12] 有了这些由凡人、神灵所大量赋予的生命，四重性依然在发挥作用，大地和天空相互嘲弄相互作用，即使几乎没有任何生命留存。通过神圣的丰富来对抗时间的最高反讽，是凡人在这个美德几乎无从听闻的阴沉世界里唯一的伦理缝隙。

在这个新的多维度的伦理学中，重要的是道德主体不再被精确地识别。当大地、天空、凡人和神灵分裂成四个维度时，这种新的伦理确实发生了，在这种冲突中，没有一个维度可以被谴责或免除责任，或被认为是虔诚或邪恶的。让我们回到较早的参照，例如，我们是否可以说，地球应该与种族灭绝的行凶者处于平等的地位？在传统的相互关联的伦理中，这种观念就像认为大自然也应该承担大规模屠杀的责任一样荒谬。然而，当被视为四重性的一部分时，这个想法突然变得不再荒谬了，因为如果没有大地涌向不可估量的天空，没有种族灭绝了，而没有凡人，这些神灵就会强加了一种非理性的杀戮逻辑或发明理性化的逻辑策略来拯救生命。四重性伦理困境确实揭示了一套更为复杂的条件，而不是那些不知疲倦地用来确定相互对抗的个体逻辑（和生命）的简化条件。伴随着新的四重性而来的繁衍生息的生命，始终如一地带来新的四重性，而这种四重性既不是"永远不再"也不是"是的，还会再来"，这句话含义丰富——不是因为四重性的回响比受害者或行凶者的哭喊更关系重大，而是因为他们杀戮或和平的逻辑以并不强烈的热忱或决心继续存在。由新的四重性大量产生的善，不仅超越了所有的战争理则，也超越了所有对道德或非道德主体的简化的统觉。难道历史还不足以证明这一点吗？过去的理则在现代人看来似乎总是令人困惑的。

因此，在这种新的伦理之下，我们的目标既不是再次关注新的、必然有缺陷的、反对邪恶的道德逻辑，也不是让我们自身被萦绕不去、但总是谬误的理性惯例所诱导。目标是允许四重性发生共鸣，而不需要逻辑的和平斧头和敌对弯刀的降临。如果这样的共鸣被允许被听到，那么亟待完成的工作就会变得更加清晰：让我们真正地聆听并调整自己以适应我们目前被开发的大地，通过我们的自我隐居使之复苏。让我们真正聆听并调整自己以适应日益令人感到窒息的天空，用我们的不可估量重新点亮它。让我们聆听当今不敬神的凡人焦灼而抑郁的呼喊并与之相调谐，最终使他们走向对神的敬虔。通过四重性，聆听他们并适应之，这种善（新的四重性）才能依然是胜者，是抵御反讽以及诸多化身神圣王牌，包括维持在极端反讽境遇中一切形式的道德正直和伦理知性。即使是最恶毒或最睿智的逻辑，或者最神圣或最忠实的虔诚，也不能比一个新生的婴儿更引人注目或使之黯然失色——当然，除非没有任何事物确实值得拯救，除非大地、天空、凡人和神灵的冲突准备好迎接超混沌的时间。

所有这一切，与策展有什么关系？如果策展主张表达与文艺相关的世界，那么它不能不关注即将出现的许多典型的事物来避免其控制。被时间的反讽所折磨，像任何其他人类活动一样，策展只能看到它的许多尘世的火花在天空中闪耀，在遗忘的深渊中消失。时间总是会战胜策展，将这项自我驱动的事业置于无法追忆的黑暗之中。然而与此同时，除了其不可避免的终止之外，策展还可以到达它不再重要的来世——也就是一个没有回报的未来、一个无法企及的未来。这并不意味着策展人应该去生孩子。这仅仅代表着策展人可以承认他们后世的自我也就是他们神性的自我，因此他们有谴责时间反讽的四重能力。就是策展的变革性力量，它的伦理可能性：对时间作用的承认——不仅是对时间带有反讽意味的侮辱和打击，而且最重要的是，对四重性生命的赋予。通过这样的确认，策展人就可以选择最重要的价值：是否有一项从习俗和历史承继而来的争论不休的价值——例如，策展的伦理准则（参阅《幽灵》）和/或生命赋予的价值，这种价值观不仅在冲突中将策展人团结在一起，而且也安排了一个善仍然可以发生的未来。归根结底，有些东西不是为了资金。

要意识到，这种变革性的力量除了揭示所有作为四重性的有限的参与者投身策展之外，别无其他。因为它不受约束，因为它缺乏纪律，最重要的是因为它聚集的潜在可能性（它保存、关怀，等等，参阅《行为与目标》），策展最适合在大地与天空中体现这种凡人的神化。策展不仅仅是促进或加剧关联性，也不仅仅是给观众另一种信息丰富的体验。它可以神化凡人，从而揭示我们内在的四重性。同样，这并不意味着使凡人比他们本身更强大，而是促进他们超越自身的思考。没有最低限度的知识。任何策展人都能创造出这样的美好——一种新的四重性——同时也伴随着时间的反讽。通过这种方式，并将这种观念个人化，"我策展"不是为了（在美学、社会、政治、文化等意义上）展示、叙述或说服，而是与随着四重性一起神化，从而培育一个没有我的时代、一种超越当下真实和迫切需求的新生活。这并不是构成即将到来的未来时代的新的实践，而是可以由世界各地的数百万人开展的策划自己的生活和 / 或他们交易或分享的许多图像、物品、产品和想法的一种每天创造的姿态。

但这种新的变革性力量不仅仅是在策展行为中对于四重性参与者的神化。这种凡人的神化显然也发生在四重性的大地和天空中。除了像神灵一样生生不息地创造新生活之外，策展人还能体现和揭露与明亮天空相对的哺育他们的大地。在世界各地，策展展示了人类生活中不可胜数的文化产品，如果从全球角度看，这些产品总是以某种重复的丰富形式拼凑在一起出现。在这种过度的丰富中，艺术品、图像、声音和 / 或文本总是相互竞争——例如，"这种生活 / 作品在美学或政治意义上比这一个更好"。如果策展人能在他们的工作中，在主体和 / 或客体的简单定位上，让使他们聚在一起和分开的四重性第一次展现出来，那么他们确实能展示出比他们能展示的更多的东西。策展人可以揭示的是，这样一种规模大得难以置信而且又是完全世界性的大展也包括了得以展示的大地之上的天空，这是生命的丰富联系，每一次触摸、造问、浏览、传递、点击或悬浮等都能给予其活力。策展可以在那里获得伦理上的重生，在尘世和天界的表达的分配中，最终忽略了自主的作者姿态，排除了专横的逻辑，拥抱了属于它的四重性——属于我们这个时代的事件。

致谢

感谢格兰特·法雷德以其渊博的知识、浓厚的情谊给予我坚定的支持，尤其是他对本书极大的关注。我还要感谢约瑞拉·安德鲁斯所展开的关于上帝和三位一体（基督教圣父、圣子、圣灵三位一体）的精彩论述，感谢萨莎·波卡诺娃－卡巴得泽与我分享知识，感谢布丽姬特·克罗恩对我的提点使我总能回归实际，感谢卡伦·赫勒克森这位认真的读者，感谢阿德南·迈达尼持久而坚定的友谊，感谢迪米特里·穆顿以优雅和尊贵来包容我，感谢迪努－加布里埃尔·蒙泰亚努让我跳出固有思维模式，感谢爱丽丝·昂加罗建立旧的联系纽带，感谢约翰·保罗·里科对我的鼓励，让我觉得在世界上并不孤独，感谢米尔亚密·舒佩特有关策展的发人深省的谈话，感谢乔恩·肖对我永不放弃，感谢马林·施塔尔的拳拳盛意，感谢西蒙·斯特瑞瑟提出适当的建议。我还要感谢我所有的硕士学生，感谢他们毫不吝啬的和富有建设性的意见，以及我在伦敦大学金斯密斯学院视觉文化系的同事们的支持和反馈。

注释

引言：冗余以及其他

1. 关于这一思考的详细阐述，特别是关于策展的学术背景，参阅马蒂农《前沿学科》以及马蒂农编《关于策展》。

2. 关于这个话题，参阅鲍尔泽《策展主义》。

3. 很感激我当时的学生盐光武对语言的巧妙运用。参阅盐光武《作为实践的策展》。

4. 迈克尔·巴斯卡尔在更广义的范畴内将"管理"定义为"选择、精炼和安排以增加价值的行为，以帮助我们克服超量的（信息）"。巴斯卡尔《策展》，第7—8页。巴斯卡尔的这本书非常精彩但仍存在一定问题，在其结尾处加了一句注解，提出应该从最广泛的意义上来理解"价值"这个词——即"资本的增值"和"知识的增值"。巴斯卡尔《策展》，第314—315页。不幸的是，这种通过策展带来的增值的不确定性并无助益。它只能使问题复杂化，让我们走进资本主义"冗余"的穷途末路而失去对于利益和认知提升的洞察，因此在文化范畴之内我对于限定策展范围的选择以及我对于这种附加价值重新思考的尝试不是将其作为随意的资本主义可以互换的词语，而恰恰是将其视为另外的全部价值：生活。正如本书所试图阐明的论点那样，正是通过关注这样一种另外的价值，策展才有可能从巴斯卡尔的存在问题的混合中进行自我救赎。

5. 关于策展在具象艺术世界之外的扩展，参见：例如，克莱莎《策展的非物质性》；费希尔《策展人和照片墙》；兰多《超文本 3.0》。

6. 我对文化的理解是相对狭义的，即与特定活动——这里指的是策展相关的一整套价值观、信仰、惯例和 / 或社会实践。以这个定义为基础，我的目的是避免在对由什么构成"群体"（例如，西方文化、欧洲文化、英国文化、黑人文化、性少数群体＋文化）已经有先入为主的判断的前提下，去对文化进行定义。

7. 在这个意义上，所能想象的存在于所谓策展人最不合乎伦理道德的做法：驱使有自杀倾向的青少年结束自己的生命。我这里所谈及的是鲜为人知的——也许是没有事实依据的——蓝鲸挑战，这是 2016 年始于俄罗斯的一个社交网络现象，在这个活动中，策展人给有自杀倾向的青少年分配了一系列任务，逐步引入自我伤害的元素，直到他们自杀。这里不会展开篇幅去探讨这种类型的策展的网络霸凌，因为它不仅超出了表达该书文化概念的范围，而且需要一种能直接消解这种迫在眉睫的道德问题的应用伦理学，例如，提出巴西粉红鲸项目，它对应的是珍爱生命和反对抑郁的积极工作。

8. 参阅：马耶尔等人所编《伦理规范》；克格科固·乌萨伊《策展价值章程》；菲尔布里克《展览伦理》、特里维廉主编《博物馆伦理规范》。

9. 参阅：如，波波娃《策展人守则》。

10. 参阅：如，休伯曼《注意》；艾利《何谈责任？》。

11. 关于这个议题，参阅：如门特曼《丑闻》；金和莱文《伦理学和视觉艺术》、贝西蒂《伦理学》。

12. 马蒂农《"卢旺达大屠杀"之后》。

13. 参阅南希《绝对律令》第114—137页。

14. 海德格尔对四重论的描述散见于其跨越近25年的众多篇章中，从1949年《观入存在之物》一文中首次提出直到他1973年在策林根（Zärhingen）的研讨会都可以看到。参阅海德格尔《不来梅和弗莱堡讲座和四个研讨会》。关于四重论最著名的阐述可以在文集《筑·居·思》以及海德格尔《诗歌·语言·思想》之《物》中找到（第141—160页、第161—184页）。其他众多出版物中也提到了四重论，包括《哲学与专念之贡献》以及他对于荷尔德林的解读（对于荷尔德林诗歌和荷尔德林赞美诗的阐释）中。

15. 贯穿本书的"cf."（拉丁词confer的缩写，意为"compare"）的使用并不是为了躲懒而让读者自己去探寻。长期的健康问题影响了我的记忆，最初的目的是为了确保整本书论点的连贯性。我在论点后标注参考书目，是希望读者在对比书中某个部分与其他部分所探讨的主题时，可能会有所助益。

16. 澄清一下，无论在古老的亚洲传统（如耆那教、印度教、佛教等）还是在最近的西方种族灭绝政治意识形态中，这四重性都没有提到任何连续旋转的四者的顺序（顺时针或逆时针）。在这个意义上，对于四重性并不准确的阐释请参阅费伊《海德格尔，将纳粹引入哲学》，而对这一观点的精辟驳斥请参阅马泰《伊曼努尔·费伊，将欺骗引入哲学》。

17. 或者更准确地说，等同于本体论和伦理学。关于这个论点，请参阅拉富尔《责任的起源》，第220—246页。

18. 参阅：如，霍奇《海德格尔与伦理学》；南希《海德格尔的"原始伦理学"》第65—85页；哈塔卜《伦理学与有限性》；刘易斯《海德格尔与伦理学的地位》；麦克尼尔《生命时光》；韦布《海德格尔，伦理学》。

19. 遗憾的是，这里没有展开篇幅来剖析这个主题。可以说，无论是从规范的角度还是从临时的角度，对伦理学主体的单一认识论主导了这一领域。无论是巴迪乌陷于追求伦理真理过程中的一些人，还是卡普托没有伦理的责任主体，都是表明伦理学仍然执着于单一认识论在当代的两个例证，而从未真正考虑是那些从根本上规避它或使它无法应对的事物的重要性。参阅：巴迪乌《伦理学》；卡普托《反伦理学》。

20. 马泰《海德格尔与荷尔德林》；达尔维什《海德格尔》；米切尔《四重性》。还可参阅：克朗菲尔德《最后的上帝》；爱德华兹《物之成物》；拉索尔《天地之间》。

21. 参阅：舒尔曼《海德格尔论存在与行动》以及《断裂的霸权》。

22. 参阅：马蒂农《不受束缚的时间》《天地之间》。

23. "我"这个代词并不是指自我本身，而是指一个与天、地和神共同存在的凡人。

24. 存在的事件（Ereignis）不能与"凡人"或此在的概念混淆，这两者在不同的语域都是指这一事件的某一维度。存在的事件包括神、人、天、地，它们每一个都作为侵占运动 expropriating movements 参与到这一事件中来。同时考虑四种"侵占"运动，避免了对存在的单一认识论或一神论（因此是历史性的）阐释。参阅：海德格尔《哲学贡献》。

25. 我在《保存》一节中探讨了这种海德格尔式的表达。

26. 显然，这四者最终并没有创造出一种超具象结构，因为每一个都被理解为一种侵占运动。参阅海德格尔《诗·语·思》，第178页。

27. 我特意不解释他者。下文对海德格尔的神的解读应该会安抚所有那些对于他者在存在事件中再次被粗暴地侵占的担忧。

28. 四这个数字不包含神秘、神奇、宗教或预示性的意味。正如许多评论家所指出的，它是存在的历史和存在的世界的结果，正如海德格尔在对荷尔德林的解读中所分析的那样。探究海德格尔神秘的解读（这里并未展开）请参阅卡普托《神秘元素》。进一步的讨论，参阅马泰《海德格尔和荷尔德林》。

29. 正如赖纳·舒尔曼关于四重性的探讨，"'凡人'发现自己好像遭到排斥"。舒尔曼《断裂的霸权》，第211页。

30. 在这篇导言中，我暂时不考虑可以被超混沌时间毫无理由地随意创造或摧毁的四重性的时空事件。参阅《冲突》《绝对》两节。

31. 爱德华兹《物之成物》第458页。

32. 海德格尔《诗·语·思》，第147—148页。

33. 我意识到，在说这些的时候，我脱离了对于海德格尔四重性理论的传统解读，因为在上帝死亡以及现代技术从神圣的地方出现之后，神作为独立的存在以某种方式出现；这些残存的宗教活动场所让我们重燃真实的自我。凡人只有在神圣的场所里才能真正感知到神，从而在我们心中复活世界的神圣感。这种传统的解读至少存在两个严重的问题。第一，从来没有对于神是如何在这些地方出现并传递信息的进行过任何说明。于我而言，对于如何阐释充满这样的想法，尽管上帝已经死了，但他仍然以某种方式化身在这些神圣的地方，因此通过后门重新引入一神论的方法来体验神性。第二，对于大地和神灵的这些分析存在着极大的混乱。海德格尔的圣地只能被理解为大地的一部分，然而对于为什么大地在其众多的圣所中携带着来自神的信息却并未作出解释。出于这些原因，我暂且不讨论这些对于海德格尔关于神的传统解读，而是追随舒尔曼的观点来严肃讨论海德格尔对于尼采的上帝之死的解读——即神不再潜藏在教堂、寺庙和清真寺里。比较成功的通过神圣之地的圣洁来解读海德格尔关于神的认知的，可参阅拉索尔《天地之间》。

34. 我意识到这可能会被视为一种矛盾，因为任何关于"神"这个词的提法都必然包含着神学的意味。然而，这里的重点是存在的事件，它在世间发生，而与任何以上帝的名义所引起或使之静止的事件没有关系（参阅《上帝》）。由于大地和天空的缘故，这种纯粹世俗的关注甚至算不上是本体神学，因此，我毫不犹豫地顶着极大的困难之下，使自己从关于新神学的可能性或不可能性的讨论中特别是在现象学的经典论著里解脱出来，甚至摆脱了海德格尔本人的作品。我在这里更多的是思考德里达和马里翁或者卡普托和卡尼之间的论争。参阅卡普托和斯坎伦《上帝、礼物和后现代主义》，卡尼、齐默尔曼《重塑神圣》，布拉德利《不存在的上帝》。

35. 南希《界限的消除——基督教的解构》，第11页。

36. 运用一种不同的语汇，我们也可以说，凡人本质上是有意义的。它本质上就是要承载意义。换言之，意义是有限的，或者有限即是意义。因此，凡人是有意义的，因为他们被束缚在超越他们自身的事物上，他们不曾拥有却要穷尽一生去企及。在承载意义方面，在向那不可企及的彼岸探寻时，他们见证了彼岸的不断退缩。这并不是一个永远不会成功的令人沮丧的情态。相反，意义产生的那一刻，实现了超越。超越生发于意义的提出。实际上，超越的事物就是在我们看来是无法企及的。这是一种从"不断退缩"到参与超越的召唤或请求（参阅《召唤》《痴迷》）。如果没有考虑超越本身的召唤，则没有意义的存在。只剩下了死亡和绝对的黑暗。正是这种不断追逐超越，使得凡人成为神灵。他们神圣的本性正是对意义的考验。

37. 我在这里只谈到了这两种绝对价值。还可以找到其他的。毕竟，自尼采宣告上帝的死亡以来，西方文化史上不断尝试用一种新的超觉价值来取代上帝？在评论尼采在《快乐的科学》中的疯狂言论时，海德格尔令人信服地列出了所有这些价值观：良心、理性、进步、最多数人的幸福、文明、事业。这里我只关注两个，因为它们具有独特的重复特征。参阅尼采《快乐的科学》，第119—120页；海德格尔《关于科技的问题》，第53—114页。

38. 我在《反对蒙杜斯》中展开了这一主题。

39. 早在我之前，马克思就鲜明地提出了这一点："一种特定的商品获得了一般等价物的特性，因为所有其他商品都全部通过它来表达自身的价值。"参阅马克思《资本论》，第 79 页。

40. 关于如何通过一般等价性原则来从自然灾害中恢复过来，请参阅南希的《福岛之后（灾难的等价性）》。

41. 正如德勒兹的著名论断。参阅德勒兹《商谈》，第 6 页。

42. 拉库 - 拉巴尔特、南希《文学的绝对》，第 42 页。

43. 拉库 - 拉巴尔特、南希《文学的绝对》，第 51 页。

44. 在这里，我指的是一种实体 — 本体论结构，因为在这里最为关键的一系列事物 —— 四重世界 —— 总是在本体论和本体论科学之间犹疑而从容地徘徊。参阅《凡人》《绝对》进行对比。

神灵与凡人

暗物质

1. 正如利奥塔尔关于物质的探讨："物质是思想的失败、惰性质量和愚蠢。"利奥塔尔《非人道》，第 38 页。

2. 利奥塔尔《非人道》，第 140 页。

3. 利奥塔尔《非物质》，第 162 页。

4. 参阅列维纳斯《从存在到存在者》，第 58—59 页。

物质

1. 柏拉图《理想国》，第 507 b—509 c 页。

2. 关于"存在"，请参阅列维纳斯《逃脱》。

3. 由此而论，我在这里只能回忆海德格尔关于存在的说法："总之，人类就是暴烈的，是最离奇的 …… 在这里，我们需要对希腊语 deinon 和翻译提前作出阐释 ……deinon 对于一个需要使用暴力的人在某种意义上而言意味着暴烈，而且不只是可以自行支配暴力，而是在使用暴力，因为使用暴力不仅是他行为的基本特征，也是他的本在的基本特征。"海德格尔《形而上学导论》，第 159—160 页。

4. 斯宾诺莎《伦理学》第 1 部分，第 15 命题，绎理。虽然这里的引文清楚地参照了斯宾诺莎的模式，但本章中关于物质的措辞并没有参照任何模式。这里的理念是，表现和再表现无法还原为形态，例如，甚至在斯宾诺莎的分类法中，并不能简化为"运动和静止"（《伦理学》第 1 部分，第 32 论点，推论 2）和／或"意愿和理智"（《伦理学》第 1 部分，第 30 论点）。随着时间的推移，物质可以是多义的，但不一定是具有形态的。

5. 斯宾诺莎《伦理学》，第 1 部分，第 15 命题，绎理。很明显，我在这里省略了斯宾诺莎对物质关键特征的描述，即"有形的实体"和"永恒的"。实际上，他在同一条绎理中补充道："此外，水作为水，产生又消失；但作为一种实体，它既不会产生也不会消失。"与斯宾诺莎不同的是，在这里，永恒只发生在超混沌的疯狂中（参阅《绝对》）和冲突事件的上演中（参阅《直觉》），而不同时构成永恒的实体。

6. 对于相反的论点 —— 存在取决于坚持 —— 见卡普托的《上帝的坚持》。

7. 我在这里运用列维纳斯对他者的著名描述来与其他进行区分。参阅列维纳斯《我们之间》，第 94 页。

8. 关于分裂这个词，参阅德里达《写作与差异》，第 97—192 页。

9. 德勒兹《哲学中的表现主义》，第 100 页。由于本质上是异质的，对于再表达而言，没有充分的理由去转变为可以认知而合乎逻辑的原则，参阅《法则》。

10. 关于表达，参阅《冲突》。

11. 斯宾诺莎《伦理学》第 3 部分，第 2 命题，绎理。

法则

1. 我特意——也许有些人觉得太随意——没有强调表现与再表现，以及合成和分解之间的区别。原因很简单。斯宾诺莎以及他之后的德勒兹，显然是在批判这样的论点，即无论如何，死亡中断了内在的流畅性。无论死亡、分解还是再表现，都无关紧要。在德勒兹对斯宾诺莎的解读中，无论是表现与再表现、合成与分解还是生存与死亡，重要的是其中关系的真理。这深不可测的真理，即内在是由法则构成的，正是法则使它成为本身：坚持表现、再表现，抵制任何形式的破坏或分解，包括我们将看到的死亡。

2. 德勒兹《哲学中的表现主义》，第 236 页（我的重点）。

3. 这就是斯宾诺莎的表达，从整体上看，它被理解为"全部宇宙的相"，指的是他所称之为中介的无限模式，代表着"整个宇宙的形象"。这里不展开篇幅来分析他所提出的这个模式与其他模式或属性之间的区别。对我们来说，这里的重点在于，它代表着一种可理解的、牢不可破的、永不止息的内在。参阅斯宾诺莎《伦理学》第 2 部分，第 13 命题，公理和引理，以及表述 64。有关评论参阅布希尤《思想的无限模式》；巴迪乌《存在与事件》，第 118—119 页。

4. 我坚持在物质表现和再表现的核心观察规律，这是规避后人文主义唯物主义者面对这个问题的普遍困境的一种方法。例如，卡伦·巴拉德将物质定义为一种"对未来完全开放"的物化的内在能动过程。然而，巴拉德从来没有解释这种对未来的开放性是如何保留在"内在活化的内在本质"中或者"作为一个被卷入的参与者进入物质的反复形成过程"（巴拉德《折中宇宙》第234、235页）。任何使用诸如"内在的"和"被卷入的"这样的表达而对物质进行的阐释，都必然意味着在物质的核心存在充分理由的原则，这就使对未来彻底开放的权利失去效力。如果没有超混沌对这一原则无端的潜在破坏，巴拉德对物质的解释不仅具有一种毫无根据的普适性，它还基于以人类为中心的物质是如何在宇宙中发生的观点（因为这是理性的）。

5. 在他的诗歌《骰子一掷，不会改变偶然》中，见马拉美《诗歌选集》，第67—89页。对于马拉美的偶然性最具唯物主义的解读，请参阅梅亚苏《数字与塞壬》。

6. 斯宾诺莎《伦理学》第2部分，第29命题，绎理。这里没有展开篇幅来分析，在斯宾诺莎的语汇中表现/再表现是如何构成秩序的。参阅斯宾诺莎《伦理学》第2部分，第7命题。

7. 德勒兹《斯宾诺莎的实践哲学》，第94页。

8. 德勒兹《斯宾诺莎与表现主义》，第237页。

9. 德勒兹《斯宾诺莎的实践哲学》第46页。在这里，我特意回避德勒兹关于存在物与存在之间的区别。这里的重点是物质 —— 也就是说，一个确实与存在共延的概念，不是因为它具有相同的领域，而是因为它与之同时延展。今后有机会再展开关于同延性的论述。

10. 我在拙作《男性特质的终结》中探究了这种"绝对异质性"。

11. 这是一个列维纳斯式的经典论证，蒂娜·钱特在论述"言说"和"论述"不可能区别开来时，完美地总结了这个论点："当我们把言说和论述之间的区别提高到逻辑差异的层面上时，我们已经忽略了，言说是如何出于同样的需要而要求论述的，而言说却拒绝被论述包含。也许应该论述的并不是一种有组织的区别，而是一种通过消解自身来实现管控：这是一种不可能的区别，因此，它并不是作为一个有组织的主题，而恰恰是作为一种无序的、混乱的力量来发挥功能。"《时间、死亡与女性》，第146页。

12. 列维纳斯《专有名词》，第59页。

凡人

1. 海德格尔《时间概念史导论》，第 316 页。

2. 海德格尔《时间概念史导论》，第 316—317 页。

3. 海德格尔《诗歌·语言·思想》，第 178—179 页。

4. 德里达《所以我才是动物》，第 154—160 页。

5. 在这里，我意识到原话说的是："有理性的生物必须先成为凡人。"选取"理性"并不是为了歪曲海德格尔的思想，只是为了强调海德格尔之后的德里达的观点。海德格尔《诗歌·语言·思想》，第 179 页。

6. 舒尔曼《海德格尔论存在与行动》，第 225 页。我意识到舒尔曼在这里也提到了关于披露与四重性的其他三个组成部分的不可能性。为了更好地说明我们如何成为凡人，我在这里暂且不讨论这点。

7. 舒尔曼《海德格尔论存在与行动》，第 225 页。

8. 显然，我在这里既不打算将凡人简化为物或使他们工具化。我从海德格尔著名的关于将罐子作为一个事物的分析中得到的，并不是它是一个人造物体的事实，而是它具有存在主义特征的事实，这显现了四重性的镜像作用。确切地说，凡人并不是容器，但当他们在给予中有所收获，他们保有虚无（或遗弃，如我们将在本书《名字》一节中看到的）。这只能为也是神的凡人所接纳。对于罐子的不那么难以容纳的分析，参阅哈利伯顿《诗性思维》。

9. 海德格尔《诗歌·语言·思想》，第 172 页。

10. "在一瞥之间、在言语之间与他者面对面，既保持距离又中断了所有的整体，作为分离在一起先于或优于社会、集体、共通体。"德里达《写作与差异》，第 119 页。

上帝

1. 这里使用首字母大写的 God（上帝）一词，以区别于在所有情况下都意味着凡人的 gods（神灵）（参阅《神灵》）。

2. 我在这里使用阳性只是为了夸大并在一定程度上嘲笑"无所不在"这个词带有问题的内涵，以及它显而易见的有害而存有偏见的父权制历史。关于这个话题，参阅马蒂农《男性特质的终结》。

3. 正如汉娜·阿伦特所说，权力指的是协同行动的能力。因此，权力不是一种控制，而是共同行动的齐心协力。阿伦特写道："权力对应的不仅仅是人类行动的能力，还有协同行动的能力。权力从来不是个人属性；它属于一个群体，只有群体团结在一起，它才存在。"阿伦特《论暴力》，第43页。

4. 斯宾诺莎《伦理学》第1部分，第34命题。

5. 斯宾诺莎《遗著集》第1部分，第34命题。

6. 斯宾诺莎《伦理学》第2部分，第3命题。

7. 斯宾诺莎《遗著集》第2部分，第3命题。

8. 斯宾诺莎《伦理学》第2部分，第3命题，绎理（我的重点）。

9. 德勒兹《斯宾诺莎的实践哲学》，第97页。

10. 德勒兹《斯宾诺莎的实践哲学》，第98页。

11. 斯宾诺莎《伦理学》，表述40。

12. 德勒兹《斯宾诺莎与表现主义》，第87—88页。

13. 这在他的《第三沉思》中得到了例证；笛卡儿《第一哲学沉思录》，第25—37页。

14. 严格意义上来讲，在斯宾诺莎的语汇里，上帝这一专有名词属于思想属性下的介于中间的限定形态。德勒兹尚未作出的关键性区分需要进行详尽冗长的分析，而在这里无法展开。参阅斯宾诺莎在《伦理学》第1部分，第31论点和第1部分，第9论点"推论，论证"中对

"现实的理智"的定义。

15. 德勒兹《斯宾诺莎与表现主义》，第 45 页。

16. 列维纳斯《经文之外》，第 118 页。

17. 我明白列维纳斯对迈蒙尼德的阐释经常被视为一种误读。我无意对此进行论辩。我的目的只是强调言语（作为名称或表达）在所有对上帝的思考语境中的重要性。引文参阅列维纳斯《经文之外》，第 118 页。关于列维纳斯的批评，参阅费根布拉《凡人之约》，特别是第 128—129 页。

18. 德勒兹在《斯宾诺莎与表现主义》中借用了斯宾诺莎著名的例子并进行了分析，第 47 页。

19. 我在这里略去了关于辅音半元音在表示上帝的四字母词的使用。可以说，不能随意念出上帝的名字强化了我提出的论点。

20. 众所周知，斯宾诺莎把上帝与自然等同起来，他写下了著名的《神或自然》。关于这个论题，请参阅巴利巴尔《斯宾诺莎之三神论》。也可参阅《客体》。

21. 列维纳斯《经文之外》，第 118 页。

22. 正如我在之前的书《男性特质的终结》和《卢旺达大屠杀之后》中所完成的，我区分了远古的无法追忆的过去（首字母大写）和难以忘怀的过去（首字母不大写）。后者是指各种形式的记忆和历史描述。前者指的是本体时空的彻底分离，指的是在我们所能够听到的语言范畴内，将所有的记忆和历史分开的东西。因为在这里不可能论述众多阐明这种分离的书（列维纳斯和德里达及其他众多学者的著作），我只能指出参考书目中的我的第一本书——马蒂农《论未来》。

23. 列维纳斯《经文之外》，第 119 页。

24. 就过去而言，我区分了完全不可预知的未来（首字母大写）和理解为将来——也就是估算、预测、预言的未来（首字母不大写）。后者指的是可衡量的未来。前者指的是在我们听到的语言范围内，本体时空的彻底分离。参阅马蒂农《论未来》。

神灵

1. 神灵这个词在这里不加大写，以区分它和上帝。

2. 对于这首诗的另一种解读——试图从生态女权主义的角度解读海德格尔的思想——请参阅克拉克斯顿《海德格尔论神灵》，尤其是第58—62页。

3.《荷尔德林的颂歌》，第143页。

4.《荷尔德林的颂歌》，第245页。

5.《荷尔德林的颂歌》，第245—246页。

6.《荷尔德林的颂歌》，第245—246页。

7.《荷尔德林的颂歌》，第246页（经过翻译修正）。不幸的是，我在这里忽略了海德格尔在"其他"一词中首字母大小写的使用。可以说，凡人在根本上是利害攸关的。

8.《荷尔德林的颂歌》，第246页。

9. 凡人的未来显然并不能随心所欲。甚至在预示着目的论时代终结的情况下，神灵也可以用很多方式开启未来，不是用战争或枪炮，而是用缓慢的基因变化导致无法控制的细胞生长和肿瘤形成。

10.《荷尔德林的颂歌》，第247页。我在这里无礼地修改了海德格尔的话，把"需要"换成了"依赖"。凡人与神灵之间的紧密联系常常使语言的运用变得困难。神灵需要凡人，当然，也就意味着，凡人需要众神。荷尔德林对于这一点非常清楚。然而，这样的经济词汇可以用来形容神灵吗？需求的缺乏并不能转化为神总是期待回报的需求。因为神本身拥有一切，因此就穷尽了需求的可能性，但这并不能免除他们对人类的完全依赖，因为人类总是牢牢地束缚在对经济回报的需求中。我希望这能使海德格尔显得不那么孤立无援，并弥补我对他《荷尔德林的颂歌》的无礼"纠正"。

11.《荷尔德林的颂歌》，第247页。

召唤

1. 海德格尔《存在与时间》，第 307 页。

2. 我在这里使用"我的死亡"这个表述，是为了与人们通常理解的死亡区别开来 —— 也就是说，死亡仿佛是从外部影响着凡人的一种外在事件。关于这种表述，参阅德里达《难题》；关于评论，参阅马蒂农《论未来》，特别是第三章。

3. 我在这里推翻了德里达关于可能性的论点。参阅德里达《友爱的政治学》，第 29 页。

4. 海德格尔《诗歌·语言·思想》，第 182 页。

5. 海德格尔《诗歌·语言·思想》，第 147 页。我意识到，海德格尔在该书中把神说成是"神性的召唤使者"。简言之，神性代表的不是上帝本身，而是根本性的未来 —— 也就是说，无法预期或预言，但只能通过摆脱了可能性（或不可能性）的神灵来自我显现。按照这种方式来理解，神性不是另一种一神论的超越存在事件的上帝，而是四重世界的未来。在这一点上，我延续了舒尔曼的足迹，并且在此过程中，我有意规避了如卡普托《海德格尔思想中的神秘因素》等对海德格尔的神性的传统解读。有关评论，参阅马蒂农《不受限的时间》。

6.《荷尔德林的颂歌》，第 31 页。

7.《荷尔德林的颂歌》，第 155—156 页。

痴迷

1.《上帝·死亡和时间》，第 172 页。

2.《上帝·死亡和时间》，第 172 页。

3.《上帝·死亡和时间》，第 173 页。

4.《上帝·死亡和时间》，第 173 页。

5.《上帝·死亡和时间》，第 173—174 页。

6.《上帝·死亡和时间》，第 174 页。

7.《上帝·死亡和时间》，第 174 页。

8.《上帝·死亡和时间》，第 174 页。

冲突

1. 这里的"时空"一词指的是物理学家的时空或者海德格尔的"时间—空间"，也就是"产生的现在"。当说到物质时，它就是一种产生的现在。当谈到事件时，它是物理学家的时间空间——或者，在这里是指分裂。在这两种情况下，这个表述都避免将时间或空间放在首要位置。参阅海德格尔《存在与时间》，第 14 页。这两个时空的概念与梅亚苏将时间作为超混沌的理解来进行对比（参阅《绝对》）。

2. 海德格尔《哲学论稿》，第 25 页。（经过翻译修正，以强调分离与冲突的区别；请注意，海德格尔同时使用分离和冲突来形容大地 / 天空）。

3. 进一步证明这种分离发生在每一种事件中，海德格尔紧接着在括号中写道，"（确实存在与非存在）"。前者是指存在的事件（Ereignis），即指作为存在而发生的事物；后者指的是所有事件的不存在，即不存在事件本身。因此，物质事件并不区分存在（确实存在）和不存在（非存在）。海德格尔《哲学论稿》，第 25 页。

4. 复数是我标明的，意在反映神和凡人的复数形式。复数决定了不再关注对大地和天空物理现状的字面理解。在《大地》《天空》这两节中，当我们以具体的例子来分析这些问题时，我们就可以清楚地看到这种复数形式的合理性。

5. 在这里，我特意用"天空"代替了海德格尔的"世界"。这样看似奇怪的转换只是为了忠实于海德格尔后期的思想，他放弃了"世界"而采用了"天空"的表述。这里不展开篇幅来分析海德格尔从"世界"到"天空"的演变。参阅马泰《海德格尔与荷尔德林》。

6. 海德格尔《诗歌·语言·思想》，第47—48页。（由于斯特赖特并没有"斗争"的意思，所以翻译校正。）

7. "分隔（这是顺应时势的）— 顺应时势（这是分隔）（参阅《冲突》）作为最接近存在的真理的领域，不是对于共通的回归或者时间和空间的形式概念（！），而是重新进入冲突、'天空'和大地。"海德格尔《哲学论稿》，第205页。（经过翻译修正：因时制势取代了世俗化，分隔取代了空间化。关于这个修正的理由，请参阅马蒂农《论未来》导论。）

8. 关于这一点，请参阅舒尔曼《海德格尔论存在与行动》，第224页。

9. 正如海德格尔所述："如果大地本身要以大地的形式出现，在其自我隔绝的自由浪潮中，它就不能脱离（天空）的开放。同样，如果天空作为支配一切基本命运的宽度和道路，必将自身扎根于一个坚定的基础之上，它就无法飞升于大地的视野之外。"海德格尔《诗歌·语言·思想》，第47—48页。（经过翻译修正。）

10. 海德格尔《荷尔德林诗的阐释》，第188页。

11. 海德格尔《诗歌·语言·思想》，第48页。（经过翻译修正。）

12. 海德格尔《诗歌·语言·思想》，第48页。（经过翻译修正。）

13. 因为艰难而缓慢的移动将是大地／天空在冲突中前进的唯一道路。然而，正如前面提到的，工作将功利主义和非功利主义的目标结合在一起。冲突中隐含的斗争也包括在一个温暖的夏日午后慵懒地睡上一觉。

14. 海德格尔《哲学论稿》，第66页。

绝对

1. 梅亚苏《偶然性和唯一性的绝对化》，第 13 页。

2. 梅亚苏《偶然性和唯一性的绝对化》，第 13 页。

3. 梅亚苏《迭代、反复、重复》，第 11 页注释 5。

4. 这需要进行冗长的分析。回到希腊语前缀就意味着回归理性，这就否定了梅亚苏关于超混沌是不合理的论断。这种原始的形态也许更可取。然而，由于超混沌是事物的真相，因此，要再次推翻西方理性，它应该被置于其虚拟的核心才具有意义。

5. 梅亚苏《偶然性和唯一性的绝对化》，第 13 页。

6. 梅亚苏《偶然性和唯一性的绝对化》，第 13 页。

7. 尽管梅亚苏将自身理论限定在本体论时间中，我仍然囊括了对时间的本体论的认知，包括海德格尔四重论所支持的论点。

8. 梅亚苏《迭代、反复、重复》，第 16 页。（经过翻译修正。）

9. 梅亚苏《迭代、反复、重复》，第 16 页。（经过翻译修正。）

10. 梅亚苏《潜在性和虚拟性》，第 72 页。

11. 梅亚苏《没有将来的时间》。（个人翻译。）

12. 梅亚苏《有限性之后》，第 64 页。

13. 梅亚苏《有限性之后》，第 64 页。

14. 梅亚苏《偶然性和唯一性的绝对化》，第 12 页。

15. 梅亚苏《超越世界的内在性》，第 446 页。

16. 梅亚苏《超越世界的内在性》，第 446 页。

17. 对此的辩驳，参阅比特博尔《有限的现在》。

18. 梅亚苏《迭代、反复、重复》，第 10 页。

19. 梅亚苏《偶然性和唯一性的绝对化》，第 13 页。

大地与天空

大地

1. 对于海德格尔著作中关于大地主题的较为守规矩且信实的解读，请参阅米歇尔·哈尔对存在的根基的精辟分析《大地之歌》，尤其是第47—64页。

2. 海德格尔《诗歌·语言·思想》，第45—46页。（经过翻译修正。）

3. 海德格尔《诗歌·语言·思想》，第53—54页。

4. 海德格尔《诗歌·语言·思想》，第147页。

5. 海德格尔《诗歌·语言·思想》，第176页。

6. 海德格尔《诗歌·语言·思想》，第45页。

7. 关于这种多样性变化，参阅海德格尔《诗歌·语言·思想》，第46页。

8. 洛尔卡《纽约诗人》，第7页。

9. 洛尔卡《纽约诗人》，第11页。

10. 洛尔卡《纽约诗人》，第185页。

11. 洛尔卡《纽约诗人》，第197页。

12. 洛尔卡《纽约诗人》，第189页。

13. 洛尔卡《纽约诗人》，第135页。

14. 洛尔卡《纽约诗人》，第210页。

15. 海德格尔《诗歌·语言·思想》，第41页。

16. 我在这里运用的"策展性"（the curatorial）表述与我在《策展哲学》中所定义的一致。简而言之，策展性是由展览带来的与知识相关的重大事件，而策展是举办展览引发的活动。作为物质事件（参阅《冲突》），显然永远无法对策展性进行约束限定或准确定义。策展性渗透和弥漫到许多不同的领域和实践中，使其成为我们这个时代的精髓，因此必然难以定义。因此，策展性被理解为不需要考虑任何特定的历史叙事来告诉我们什么是艺术以及艺术如何被"最好"地展示。对于那些喜欢这种历史背景化实践的人，我推荐他们参阅以下著作：史密斯《当代策展思考》、奥尼尔主编《策展文化》、奥尼尔《策展主题》。

天空

1. 海德格尔《诗歌·语言·思想》，第 217 页。

2. 海德格尔《诗歌·语言·思想》，第 220—221 页。

3. 海德格尔《诗歌·语言·思想》，第 223 页。

4. 海德格尔《诗歌·语言·思想》，第 223 页。

5. 海德格尔《诗歌·语言·思想》，第 224 页。

6. 巴尔扎克《驴皮记》，第 32 页。

7. 巴尔扎克《驴皮记》，第 33 页。

8. 巴尔扎克《驴皮记》，第 34 页。

9. 巴尔扎克《驴皮记》，第 34 页。

10. 巴尔扎克《驴皮记》，第 35 页。

11. 巴尔扎克《驴皮记》，第 37 页。

12. 巴尔扎克《驴皮记》，第 37 页。

13. 巴尔扎克《驴皮记》，第 39 页。

14. 巴尔扎克《驴皮记》，第 40 页。

15. 巴尔扎克《驴皮记》，第 42 页。

16. 巴尔扎克《驴皮记》，第 37 页。

17. 巴尔扎克《驴皮记》，第 38 页。

客体

1. 康定斯基《论艺术的精神》，第16页。

2. 康定斯基《论艺术的精神》，第15—16、17页。

3. 斯宾诺莎《神学政治论》，第13页。

4. 斯宾诺莎《神学政治论》，第13页。

5. 斯宾诺莎《神学政治论》，第45页。引文中略去了一小部分，因为它提到上帝是"真理和必然性"。进行这样的省略有两个理由。首先，在本书中，我选择将上帝理解为一个被遗忘的指代物（参阅《上帝》）。因此，它并不是在真理或必然性原则下去理解的。其次，即使按照斯宾诺莎的语汇来讲，这个所指是必然的属性，超混沌仍然会把上帝归为一个狭隘的事件（参阅《绝对》）。按照这种方式，这里的上帝既不能被理解为真理，也不能被理解为一种遵从的必然性，根据这种必然性，每一件事都必须是基于逻辑或自然法则，即使这种必然性是自我构成的。因此，我认为有必要忽略斯宾诺莎的这一重要论点，这不是为了令人感到不快去违背或扭曲他非凡的思想，而是为了忠实于这本书中的非必然论的观点。

6. 我在这里故意省略了斯宾诺莎关于能生自然和被生自然之间的重要区别。之所以无所顾忌地省略被生自然，是因为它在主动成为上帝（能生自然）和被动遵从上帝（被生自然）之间制造了不必要的分裂。虽然被生自然解释了（无/）有限模式是如何遵从（无/）有限属性的，但这种分裂却将上帝割裂开来。上帝是自因的（能生自然）和/或对自身因果关系的修正（被生自然）。因为所有在四重性阐述方式下所构想的事物都回避了这种类型的泛神论，因为因果关系需要被倍数化（自因的/他因的），因此，在这里这样的区别并没有太大的意义，因为自我因果关系永远不能与外部因果关系严格区分开来。举个例子，概念纯粹是其中一种还是另一种？我无法确定，我的父母如何让我成为凡人。积极的自我因果发生在因果被动推进的时空中。要清楚地阐明斯宾诺莎所指的区别，请参阅梅拉米德《斯宾诺莎的形而上学》，尤其是第一部分。

7. 斯宾诺莎《伦理学》第1部分，第29命题，绎理。

8. 这里需要澄清一点。自由的因果关系，或者除了它本身我们并不了解其任何因由的事物，必然是内在的因果关系，而不是关联的因果关系。这意味着它的效能和效果包含在因果关系之中，而不会超出因果关系之外。

9. 还可以参阅阿尔贝罗、齐默尔曼、劳伦斯·韦纳等人的作品，以及菲尔波特《语言与语言的功用》、罗尔默《雕塑》、普安索《物体的多样色彩》。

10. 对这幅作品的进一步分析，还有如韦纳"在印刷术中对颜色的选择运用"。

天使

1. 布面油画，乌菲齐美术馆，佛罗伦萨，意大利。

2. 克尔恺郭尔《恐惧与战栗》。

3. 列维纳斯《专有名词》，第74页。（翻译修正。）

4. 列维纳斯《专有名词》，第73页。

5. 关于这个主题，请参阅沙利耶富有真知灼见的作品，特别是《女性的外在性》《伦理与女性》和《女性人物》。

6. 参阅本雅明《启迪》中天使的位置，第245—246页。

7. 德里达《死亡的赠予》，第59页。

8. 德里达《死亡的赠予》，第76页。

9. 德里达《死亡的赠予》，第61页。

10. 参阅老卢卡斯·克拉纳赫《燔祭以撒》（1530年）、保罗·韦罗内塞《燔祭以撒》（1586 年）、小戴维·特尼尔斯《亚伯拉罕献上以撒》（1655 年）、伦勃朗·范赖恩《亚伯拉罕和以撒》（1634 年），或者与我们时代更近的马克·夏加尔《燔祭以撒》（1966 年）。

话语

1. 埃里《关于责任？》，第 113 页。
2. 关于展览是话语表达这一事实，参阅巴尔《双重暴露》。
3. 1969 年 3 月 22 日至 4 月 27 日，伯尔尼艺术馆。
4. 利奥塔尔、泰博《正义游戏》，第 31 页。
5. 利奥塔尔、泰博《正义游戏》，第 35 页。
6. 利奥塔尔、泰博《正义游戏》，第 35 页。
7. 利奥塔尔、泰博《正义游戏》，第 42 页。（翻译修正。）
8. 利奥塔尔、泰博《正义游戏》，第 36 页。
9. 利奥塔尔、泰博《正义游戏》，第 45 页。
10. 利奥塔尔、泰博《正义游戏》，第 52 页。
11. 利奥塔尔、泰博《正义游戏》，第 66 页。
12. 利奥塔尔、泰博《正义游戏》，第 66 页。（翻译修正。）
13. 利奥塔尔、泰博《正义游戏》，第 72 页。
14. 利奥塔尔、泰博《正义游戏》，第 111 页。

幽灵

1. 马耶尔等编《伦理规范》，第 4 页。
2. 我通过阅读南希的文章《冗余的类别》而受到启发，这篇文章引言中对于策展人准则最高权威的评述就证明了这一点。

3. 南希《冗余的类别》，第 145 页。

4. 南希《冗余的类别》，第 145—146 页。

5. 南希《冗余的类别》，第 147 页。

6. 南希《冗余的类别》，第 147 页。

7. 南希《冗余的类别》，第 139 页。

8. 南希《冗余的类别》，第 147 页。

图像

1. 关于这个主题，参阅列维纳斯的《犹太传统的启示》，第 202 页。

2. 这幅画的另一个版本收藏在英国的佩特沃思庄园，画中人物排列不同。

3. 特尼尔斯《画苑》。

4. 在描述特尼尔斯的展览时，我特地忽略了一位不知名艺术家的风景画。这样的忽略只会强化任何形式主义解读的随意性，包括我的解读。

5. 克洛岱尔《诗艺》，第 50 页。（笔者本人翻译。）

6. 利奥塔尔《话语，图形》，第 3—4 页。

7. 利奥塔尔《话语，图形》，第 4 页。

8. 利奥塔尔《话语，图形》，第 7 页。

9. 利奥塔尔《话语，图形》，第 7 页。

10. 利奥塔尔《差异》，第 79 页。

11. 利奥塔尔《话语，图形》，第 5 页。

12. 利奥塔尔《力比多经济》，第 11 页。

真知

1. 列维－斯特劳斯《卢梭》，第 13 页。（翻译修正。）

2. 列维－斯特劳斯《卢梭》，第 12 页。

3. 列维－斯特劳斯《卢梭》，第 12 页。

4. 列维－斯特劳斯《卢梭》，第 12—13 页。

5. 列维－斯特劳斯《卢梭》，第 13 页。

6. 穆登贝《非洲的创造》，第 11 页。关于这个问题的进一步思考，参阅穆登贝《譬喻和寓言》，第 9—22 页。关于穆登贝自白式作品的述评，请参阅马蒂农《瓦朗坦·穆登贝》。

7. 参阅亚里士多德《后分析篇》，尤其是第二部分，第 99b—100b 页。

8. 穆登贝《非洲的创造》，第 11 页。

9. 列维纳斯《从存在到存在者》，第 89 页。

10. 穆登贝《非洲的创造》，第 186 页。

11. 更多关于此研究项目的信息，参阅哈哈《洪水》，雅各布、帕勒尔、普卢夫等《来自哈哈的爱》，戴维斯《增长的集体性》。

内容

1. 关于这个主题，参阅伯恩《伟大的策展人》。

2. 我不会把超链接和超文本解释为一种新的文本形式。我关注的重点仅仅是在策展语境下，超链接或连字符的表现性和时间维度。关于前者，参阅兰道《超文本 3.0》。

3. 利奥塔尔、格鲁伯《关联（在犹太教和基督教之间）》，第 29 页。

4. 利奥塔尔、格鲁伯《关联（在犹太教和基督教之间）》，第 29 页。

5. 利奥塔尔、格鲁伯《关联（在犹太教和基督教之间）》，第69页。

6. 关于此狂乱的停顿，参阅拙作《不受限的时间》

7. 利奥塔尔、格鲁伯《关联（在犹太教和基督教之间）》，第32页。

8. 利奥塔尔、格鲁伯《关联（在犹太教和基督教之间）》，第5页。

9. 利奥塔尔、格鲁伯《关联（在犹太教和基督教之间）》，第31页。

名字

1. 我了解到有些社会和文化中没有沿用几个世纪的姓氏，没有使它们成为某种属性／非属性。这里以卢旺达人的名字为例，他们的名字往往是与父母或长辈没有关系的复合表达。例如，一个被称为 Ukurikirayezu 的人，是指"跟随耶稣的人"。至于卢旺达儿童的名字是如何命名的，请参阅基门尼《基尼亚卢旺达语和基隆迪语》。

2. 德里达《论名》，第61页。（翻译修正。）

3. 德里达《论名》，第58页。

4. 德里达《论名》，第57页。

5. 德里达《论名》，第65页。

6. 德里达《论名》，第84—85页。

7. 德里达《论名》，第65页。

8. 德里达《论名》，第66页。

9. 即使这种相互给予也会走向不同的方向——这是我无法在这里探讨的主题。正如德里达所作的精准阐释："（断裂）将裂缝扩展到上帝和我、创造者和被造物之间的类比。这种类比既不能修复，也不能调和，而是加剧了这种分裂。"德里达《论名》，第66页。

行为与目标

保存

1. 110多年来，英国国家艺术收藏基金一直通过帮助购买和展示艺术品来支持英国的博物馆和美术馆的发展，尤其是在某些特定艺术品面临离开英国的威胁时对公众进行呼吁；相关链接 http://www.artfund.org/。

2. 德昆西《关于艺术品功用的道德考量》。

3. 海德格尔《诗歌·语言·思想》，第145页。

4. 海德格尔《诗歌·语言·思想》，第145页。

5. 海德格尔《诗歌·语言·思想》，第146—147页。

6. 海德格尔《诗歌·语言·思想》，第147—148页。

7. 海德格尔《诗歌·语言·思想》，第147—148页。

8. 海德格尔《诗歌·语言·思想》，第148—149页。

9. 海德格尔《诗歌·语言·思想》，第148页。

10. "无法企及的"不能被理解为（或将其比作）一种可以概念化的倒转的希望——例如"未期待的"或"未计划的"。因此，它不能进入诸如恩斯特·布洛赫《希望的原理》以及理查德·罗蒂《哲学与社会希望》等作品中体现的概念的框架。

11. 这需要一篇冗长的评论，因为制作木乃伊的过程（我在这里想到的是伦敦大学学院杰里米·边沁的《自我塑像》）和人体冷冻学（认为人的身体可以被储存在冷冻容器中，然后复活）可能会拆穿这一论点。一言以蔽之，无论在天地间的生存与来世的情况是多么复杂，居的问题不会消失，参阅《物质》。

12. 众所周知，一家拍卖行以4.503亿美元的价格拍出了重新发现的列奥纳多·达·芬奇所作的耶稣基督画像，这幅画是2017年售出的最昂贵的艺术品。

关怀

1. 如果此项研究没有对于如何将海德格尔的四重性变成潜在的道德助产术展开如此深切的关注，那么毫无疑问需要提出运用这些姿势、情感和行为解决伦理问题的多种途径，而它们从体系上可以归为"伦理关怀"的名义。这里没有讨论这些途径，因为它们依赖于两个看似不言而喻的真理：第一，直觉伦理学主要是女性化的；第二，这样的伦理大多是自觉的，因此是合乎逻辑的或理性的。这两个真理是基于对主体性和伦理的单一性理解——例如，渴望通过直觉/理性的姿态来将世界变得更美好的女性主体，而男性主体并不总是能够做到这一点。虽然我并不从根本上质疑这些方案的好处，但我不能在这里就它们所带来的问题提出反驳意见。我只能指出可以消除对性和性别的单一性认知方面的已经取得的成绩（参阅马蒂农《男性的终结》）以及在该领域一些最好的作品，参阅鲁迪克《母性思维》、特龙托《道德界限》、弗吉尼亚·赫尔德《关怀伦理学》、内尔·诺丁斯《关怀》。

2. 引自麦克莱伦《创建卢浮宫》，第 107 页。

3. 塞曼《艺术需要馆长吗？》，第 167 页。

4. 休伯曼《保重》，第 9—17 页。想要更全面地了解当代策展如何处理关怀的历史，参阅福尔《有谁在意？》、雷基特《支持效用》。

5. 但有一个值得注意的例外：米歇尔·福柯对关注自我的著名研究，也就是自我观照。我之所以回避讨论福柯对这个话题的看法，原因很简单。他对这一主题的理解仍然集中在双胞胎的观点上，他的目标——至少在他的《性史》最后一卷中——是发展一种伦理学，去定义双胞胎如何（通过自我关注的方式）发展成为霸权的"自我了解"的对立面。我无法阐明这个问题，因为它与这里所探讨的凡人/神灵和大地/天空的断裂的维度从根本上形成对比。要了解福柯令人叹为观止的分析，请参阅福柯的《主体解释学》和《关注自我》。

6. 维吉尔《埃涅阿斯纪》，第551—553页。

7. 例如，酒在古代被称为忧愁镇静剂，因为它被认为具有可以缓解生活中痛苦和悲伤的特性。穆勒《古希腊文学史》，第169页。

8. 塞内卡《道德书简》，第443—445页。

9. 关于这个寓言，参阅诺沃特尼的《穿越河流的策展人：一个虚幻故事》，载于马蒂农《策展性：策展哲学》，第59—64页。

10. 希吉努斯《寓言集》，第34页。

11. 赫尔德《民歌》，第743—744页。（笔者翻译。）

12. 歌德《浮士德》，第218—219页（第二部，第5幕，第11418—11432行）。

13. 海德格尔《时间概念史导论》，第295页。

14. 海德格尔《时间概念史导论》，第298页。

15. 我沿用了德里达在《男性的终结》中所运用的表述，德里达《哲学的边缘》，第109—136页。

筹备

1. 要详细分析安吉维莱尔伯爵破产的梦想以及它是如何在法国大革命中以及后来被拿破仑逐步恢复的，参阅麦克莱伦《创建卢浮宫》。

2. 它是激烈的，因为它并不遵循福柯的论证路线，只是重新解释了一个专有名词。因此，这里不会分析这个词与福柯分析的另一个专有名词即苦行的关系，它指的是对自我的锻炼。抛开这个术语，与本书的论证一致，此处的分析并非为了寻求发展一种自我关怀的伦理学（参阅《关怀》）。与福柯相反，对筹备（paraskeue）的解释是为了强调行动的归纳计划，即对没有经过预先训练或伴随苦行而出现的任何事物都做好准备。因此，我们不能把如福柯在进行跨越希腊和拉丁文本所进行非凡的阅读时所作的准备和斯多葛学派的苦行尤其是塞内卡著名的对苦痛的预想（praemeditatio malorum）即想象未来的不幸（在今天的认知行为疗法实践中，作为是消极的形象化被恢复）相混淆。正是通过将它与这些后来清晰的时间还原区分开来，准备的独立而独特的意义才能显现。对于福柯频繁使用准备作为苦行，参阅福柯《伦理学》，尤其是第238—242页。

3. 从军事的意义上说："对他们来说，白天已经无法开展战斗了，因为夜晚已经来临，所以他们准备明天作战。"希罗多德《历史》，第572页。

4. 福柯《主体解释学》第12章，第240页。

5. 福柯《主体解释学》第16章，第320—321页。

6. 福柯《主体解释学》第16章，第321页。

7. 福柯《主体解释学》第16章，第321页。

8. 福柯《主体解释学》第16章，第322页。

9. 福柯《主体解释学》第16章，第323页。

10. 福柯《主体解释学》第16章，第323页。

11. 福柯《主体解释学》第16章，第323页。

12. 福柯《主体解释学》第16章，第323页。

13. 福柯《主体解释学》第16章，第324页。

14. 福柯《主体解释学》第16章，第327页。

15. 列维纳斯《我们之间（论对他者的思想）》，第129页。

16. 更不用说作为绝对偶然性的时间，参阅《绝对》。

17. 即希罗多德、埃斯库罗斯、索福克勒斯、欧里庇得斯、阿里斯托芬、克拉提诺斯、色诺芬、安梯丰、安多咯德斯、吕西阿斯、吕库古、狄纳尔科斯、柏拉图、德谟克利特和毕达哥拉斯。

18. 艾莉森《修昔底德的力量与准备》，第87页。

19. 艾莉森《修昔底德的力量与准备》，第101页。

刺激

1. 这里不会给出一个具体的项目来举例证明这一点。从双年展到宣言展，从文献展到地方性小型展览，从网络工程到社交媒体活动，游击队的魅影无处不在。

2. 参阅克劳塞维茨《战争篇》、列宁《游击战》、埃瓦尔德《游击战论》、施勒尔斯《游击队员》、毛泽东《论游击战》、格瓦拉《游击战》。

3. 施密特《游击队理论（政治的概念附识）》，第77页。

4. 这并不意味着展览或策展性没有影响力。这里并不是探究策展对于社会经济和政治等方面的效应。这里的目的只是要以更广阔的视角来思考当代倾向性对于策展人及策展性之间的影响。

5. 德里达《友爱的政治学》，第142页。德里达更进一步，他准确地指出：传统游击队员的大地特性已经是对地点问题的远程技术回应。遗憾的是，由于篇幅所限，我无法深入探讨这个问题。

6. 施密特《游击队理论》，第14—22页。

7. 施密特《大地之法》，第42页。

8. 施密特《大地之法》，第42页。

9. 施密特《游击队理论》，第69页。

10. 施密特《游击队理论》，第71页。

11. 施密特《游击队理论》，第77页。

12. 关于放弃以时钟计算和测量时钟的必要性，建议读者参阅拙作《不受限的时间》。

13. 这一论点显然与海德格尔在其后期作品中提出的观点相近。四重性确实经常被视为是一种表达非科技形式的诗意居所的方式，它将我们从科技的危险中拯救出来。我不从海德格尔的角度来探讨这个问题，是因为我想以完全不同的语汇来阐释四重性，从而激发不同的解读和观点——即游击战的政治潜力。关于海德格尔四重论中科技问题的忠实于原文的经典分析，参阅拉索尔《天地之间》。

友爱

1. 这并不意味着策展人不能与所有人相处融洽。不论是网络还是艺术机构的策展人，都不会受到审判。问题的关键在于，就像任何商业活动的参与者一样，策展人是暴力的，但这并不是说他们可以随心所欲地使用暴力，尽管无疑有些人确实是这样做的——而是意味着对他们的安排是暴力的，是冲突的。暴力（以及战争）是凡人行为的基本特征，更是凡人存在的基本特征。没有这一基本特征，任何工作领域都不会有战斗（参阅《物质》《凡人》）。

2. 这里没有篇幅去证明，任何纸上谈兵的消灭战争的企图都是徒劳的。关于这一主题，关于史上最惨痛的战争之一卢旺达种族灭绝的详尽分析，参阅拙作《"卢旺达大屠杀"之后》。

3. 波德莱尔《恶之花》，第 7 页。

4. 沙利耶《博爱》，第 123 页。（笔者自译。）

5. 沙利耶《博爱》，第 124 页。

6. 沙利耶《博爱》，第 126 页。

7. 沙利耶《博爱》，第 132 页。

8. 沙利耶《博爱》，第 132—133 页。

9. 沙利耶《博爱》，第 133 页。

10. 沙利耶《博爱》，第 137—138 页。

11. 沙利耶《博爱》，第 148 页。

12. 沙利耶《博爱》，第 149—150 页。

13. 沙利耶《博爱》，第 151—152 页。

14. 还可以参阅列维纳斯《超越存在：在本质之外》，第 142 页，德里达《此时此刻》。

15. 正如沙利耶在其他著述中所说的："不可能有人见证这种无法追忆的呼吁，无论是有意识的还是自愿的。"沙利耶《世代传承》，第 261页。（笔者自译。）

16. 沙利耶《博爱》，第 153—154 页。

17. 沙利耶《博爱》，第 153—154 页。

交流

1. 参阅霍夫曼、麦克道尔《反思》，帕尔迪《泛策展笔记》。

2. 霍夫曼、麦克道尔《反思》。

3. 埃克哈特著、舒尔曼译《漂泊的欢乐》，第 135 页。

4. 埃克哈特著、舒尔曼译《漂泊的欢乐》，第 136 页。

5. 对于这个观点，埃克哈特补充说，尽管人从未停止追随上帝，但人还需要通过学徒训练的方式，努力变得更加敬虔。本书将不展开篇幅来揭露这一明显的矛盾以及埃克哈特看待伦理转变的方式。

6. 埃克哈特著、舒尔曼译《漂泊的欢乐》，第 138 页。

7. 埃克哈特著、舒尔曼译《漂泊的欢乐》，第 138 页。

8.《约翰福音》第 1 章第 14 节。

9. 埃克哈特著、舒尔曼译《漂泊的欢乐》，第 29 页。

10. 埃克哈特著、舒尔曼译《漂泊的欢乐》，第 158 页。

11. 埃克哈特著、舒尔曼译《漂泊的欢乐》，第 159 页。

12. 埃克哈特著、舒尔曼译《漂泊的欢乐》，第 161 页。

提升

1. 关于这种具有问题的、危险的等级，最具启示性的例子就是纽约世贸中心9·11纪念馆的策展人们所提出的对比："博物馆证明了人类的尊严战胜了人类的堕落，并肯定了对人类生命根本价值的不可动摇的坚守。"《9·11纪念馆参观导览》，2016年第1期。

2. 南希《我们的正直！》，第68页。

3. 南希《我们的正直！》，第69页。

4. 南希《我们的正直！》，第69页。

5. 参阅尼采《快乐的科学》中的第335节，第187—189页。

6. 南希《我们的正直！》，第77页。（翻译修正。）

7. 南希《我们的正直！》，第78页。

8. 南希《我们的正直！》，第78页

9. 南希《我们的正直！》，第78页

10. 南希《我们的正直！》，第84页。

11. 南希《我们的正直！》，第84页。我故意将南希的"必要"换成了"必需"，以便通篇保持语汇上的一致。

12. 南希《我们的正直！》，第84—85页。

13. 南希《我们的正直！》，第85页。

14. 康德《（道德形而上学）基础》，第71页。

助产

1. 马蒂农《策展哲学中的论题》，《策展哲学》，第31页。

2. 众所周知，techne是一个希腊词汇，经常被翻译为"工艺"或者"技巧"。虽然在这两个翻译保留了一些主要含义，但我将更多地保留

"实践"的含义。这里更为重要的，是要明确，实践往往是具体的、易变的、与语境相关的，它产生的知识是要运用于实际或审美。因此，它与某种工作（理论）形成对比，这种工作（理论）通常以一种公正的方式运作，而它所产生的知识主要是为了应用于理论或科学。本章试图对这种简单的区分提出质疑。

3. 考夫曼《如何脱离？》，第13—14页。（笔者自译。）

4. 考夫曼《如何脱离？》，第13—14页。

5. 考夫曼《如何脱离？》，第83—84页。

6. 考夫曼《如何脱离？》，第84页。

7. 考夫曼《如何脱离？》，第90页。

8. 考夫曼《如何脱离？》，第90页。

9. 考夫曼《如何脱离？》，第92页。

10. 考夫曼《如何脱离？》，第92—93页。

11. 考夫曼《如何脱离？》，第93页。

12. 考夫曼《如何脱离？》，第54—55页。

13. 考夫曼《如何脱离？》，第55页。

14. 考夫曼《如何脱离？》，第55页。

15. 考夫曼《如何脱离？》，第56页。

直觉

1. 帕恩、卢伊克斯《正向面对》。

2. 贝尔·法雷尔《作为探知进程的策展》，第240页。

3. 由于篇幅所限，我有意不去验证斯宾诺莎的永恒与无法追忆及无法企及的事物之间存在不同寻常的相似性这一棘手问题。为了清楚起见，可以说，斯宾诺莎在论述诸如"我们不可能先于肉体而存在"（《伦理学》第 5 部分，第 23 号命题，绎理）时，确实提到了无法追忆的远古，从而清楚地暗示了从有限的角度不能被记住的事物。正是这种对于任何前世存在记忆的缺席，促使人们本能地转向永恒的视角，这一视角下，记忆和想象毫无作用。我知道，这样的类比当然需要对于斯宾诺莎《伦理学》的进一步研读，特别是用有限模态和无限模态来描述过去和未来的许多实例。

4. 雅凯《永恒的相下》，第 127 页。（笔者自译。）

5. 雅凯《永恒的相下》，第 128 页。

6. 斯宾诺莎《伦理学》第二部分，第 8 命题，绎理。

7. 雅凯《永恒的相下》，第 135 页。

8. 参阅斯宾诺莎《伦理学》第二部分，第 40 命题，绎理 2。

9. 斯宾诺莎《伦理学》第二部分，第 40 命题，绎理 2。

10. 雅凯《永恒的相下》，第 135 页。

11. 雅凯《永恒的相下》，第 136 页。

12. 雅凯《永恒的相下》，第 136 页。

13. 雅凯《永恒的相下》，第 137 页。

14. 斯宾诺莎《给路德维希·迈耶的第 12 封信》，《伦理学》，第 269 页。

施与

1. 我意识到，在伦理学背景下，这个例子与恋童癖或大规模杀戮等严重罪行相比似乎无法引起足够重视。这种看似必要的比较的前提是，关于伦理学的书始终需要用极端的例子来检验，以证实书中提出的主张。我想要回避这种规范的比较体系的原因很简单。正如我在《卢旺达大屠杀之后》一书中所深入探讨以及在前文中所一带而过的那样，凡人不仅可以随意使用暴力，而且还经常产生暴力行径。正如海德格尔所说："人类，用一个词来说，去机械性，是最不可思议的……这里需要提前解释一下希腊语deinon及其在我们语言中的翻译……deinon的意思是暴力，是在一个人需要使用暴力的意义上而言，不只是可以随意具有暴力倾向，而且产生暴力行径，因为使用暴力不仅是人类行为的基本特征，也是其存在的基本特征。"海德格尔《形而上学导论》，第159—160页。按照这种理解，就不可能回避这样的事实：无论是圣人还是罪犯，人类都同样地以暴力作为基本特征并受到其支配。此外，这种同等性使得一些试图遏制一种或另一种形式暴力的规范化尝试并没有太多效用，因为人人都是暴力的，因此没有太好的解决办法。规范伦理学只有在与罪犯显露的创新性程度相同的情况下才能蓬勃发展。但这种同等性也要求我们认识到，在这种暴力行径和拥有暴力倾向中，真正的利害攸关的是什么，即所有凡人都是时间的给予者和伟大的施与者，即使他们是通过犯罪行为、受害者的末日来进行施与的。接下来的问题是，在这个暴力行径／倾向的核心中，在这个单独的时间维度的核心中（凡人作为神的存在总是暴力的）不足以超越或提取出其他三重性共同运作的方式（参阅《结论》）。

2. 其中最引人注目的是罗马——《不可言明的共通体》。

3. 以下是流传最为广泛的几部作品：巴塔耶《受诅咒的部分》，南希《无用的共通体》，哈特《共通性的生产和分配》，哈特、内格里《政治共通体》，哈尼、莫滕《新生的共通体》。

4. 布朗绍《不可言明的共通体》，第3页。

5. 布朗绍《不可言明的共通体》，第9页。

6. 布朗绍《不可言明的共通体》，第10页。（翻译修正。）

7. 布朗绍《不可言明的共通体》，第10—11页。

8. 布朗绍《不可言明的共通体》，第11页。

9. 布朗绍《不可言明的共通体》，第15页。

10. 我在这里着重思考的是南希对待布朗绍作品的不同方式。例如，参阅南希《非功效的共通体》。

11. 布朗绍《不可言明的共通体》，第11页。

12. 布朗绍《不可言明的共通体》，第19页。

13. 布朗绍《不可言明的共通体》，第25页。

14. 黑格尔《精神现象学》，第19页。

结论：反讽与后代

1. 在下文中，我特意与一些对反讽的解释有所区别，比如苏格拉底反诘法，这是一种（声称）旨在借揭示他人知识匮乏以推动知识发展的秩序技巧（参阅考夫曼《苏格拉底》）。与德国浪漫派的观点一致，他们的反讽从根本上说是试图寻求真理。与苏格拉底不同，他们的技巧旨在创造一种认定创造性自我的绝对特性的反讽形式，从而揭示绝对（参阅德曼《美学意识形态》，第169页）。与德国浪漫派比较一致的是克尔恺郭尔，他同样将反讽理解为一种关于主题的技巧，允许诗人展示他或她的真理：有限之中的无限（参阅《克尔恺郭尔作品集》第2卷，特别是第262页）。瓦尔特·本雅明也是如此，对他而言，反讽同样是一种技巧，通过这种技巧，对艺术作品的蓄意破坏所揭示的不是真理，而是其自身极限的无限形式（参阅本雅明《批评的观念》）。正如上文极其简略的评述所显示的，反讽通常是一种技巧或方法。相比之下，时间的反讽——即四重性的反讽——不能被理解为一种有启迪作用的技巧。如果是那样的话，就会像掌握有"生命的技巧"本身一样，这是荒谬的，因为作为一种技巧，它最终会从根本上自我动摇或摧毁。对于将反讽作为一种技巧的比较精彩的分析，参阅纽马克《偶然的讽刺》。

2. 众所周知，我们所处时代这种犬儒主义的玩世不恭的心态建立在先前对真理信仰的基础上，而现在丧失了对真理的信仰。相比之下，反讽从不依赖于真理、过去、现在或未来。关于犬儒主义，参阅斯洛特戴克《犬儒理性批判》。

3. 如果为这个男性化的体现寻求合理的解释，参阅穆伊《时间和思想》，特别是第 1—11 页。

4. 关于这个话题，参阅孔什《皮浪式怀疑或存在》，特别是第 114—117 页。

5. 关于因果关系总是与下降相关的问题，参阅海德格尔《关于科技的问题》，第 7 页。

6. 为了保持论证的完整性，我特地用"后代"一词替换了列维纳斯的"繁殖"。我不否认两者之间的差异是至关重要的，但这种差异只有在解读列维纳斯著作中对于存在、性爱、繁殖等猛烈抨击的特定语境时才有意义，而在谈论围绕父子关系选择的争论时则没有意义。在这条思想轨迹之外，我的目的只在于关注：在对存在的孤独症的批判方面，以及在此之上，时间有何"作为"。

7. 列维纳斯《总体与无限》，第 268 页。

8. 列维纳斯《总体与无限》，第 269 页。

9. "未来并不是从众多难以分辨的可能性中向我走来的，这些可能性涌向我的现在，而我要接纳它们。"列维纳斯《总体与无限》，第 283 页。

10. 列维纳斯《总体与无限》，第 282 页。

11. 正如前面所探讨的（参阅《提升》），这里"生命"的概念是从尼采哲学的角度来理解的：由物理性赋予必然性。然而，这一概念也可以从德里达学说的层面上理解，作为"生存的当下"，从而更加强化其时间的维度。正如德里达所述："没有可以超越现在的体验。不同于处于当下，生存的绝对不可能性作为一种永恒的不可能，将不可想象定义为理性的极限……在生存的当下……所有时间的他异性都可以这样构成和表现：作为其他的过去的当下，其他的未来的当下，在蓄意修正以及在我生存当下的统一性和现实性中重新获得的其他的绝对起源。只有我生存当下具有的实际的统一性才会允许其他的当下（其他绝对的起源）在所谓的记忆或预期中以这样的形式出现……但只有过去和未来的当下的他异性才可能使生存当下的绝对同一性可以作为非自我同一性的自我同一性。"尼采哲学中物理性赋予的必然性，都包含在这种非自我同一性的自我同一性中，或者说是那些没有静止、丰裕或存在的事物，即四重性的"生命"中。参阅德里达《写作与差异》，第 165 页。

12. 同样，这无法驳斥外在价值。这仅是强调了作为四重性的一部分，在取代大地和天空时不断重新思考和重新创造这些价值的必要性，并且不仅仅出于维护人类这些所谓地球最高统治者的利益。

参考书目

Alberro, Alexander, and Alice Zimmerman. *Lawrence Weiner*. London: Phaidon, 1998.

Allison, June W. *Power and Preparedness in Thucydides*. Baltimore, Md.: Johns Hopkins University Press, 1989.

Arendt, Hannah. *On Violence*. Orlando: Harcourt Brace, 1970.

Aristotle. *Posterior Analytic*. Translated by Hugh Tredennick and E. S. Forster. London: Loeb Classical Library, 1960.

Badiou, Alain. *Being and Event*. Translated by Oliver Feltham. London: Continuum, 2006.

Badiou, Alain. *Ethics*. Translated by Peter Hallward. London: Verso, 2001.

Bal, Mieke. *Double Exposure: The Subject of Cultural Analysis*. London: Routledge, 1996.

Balibar, Etienne. *"Spinoza's Three Gods and the Modes of Communication." European Journal of Philosophy 20*, no. 1 (2012): 26 - 49.

Balzac, Honoré de. *The Wild Ass's Skin*. Translated by Herbert J. Hunt.

London： Penguin, 1977.

Balzer, David. *Curationism： How Curating Took Over the Art World and Everything Else.* Toronto： Coach House Books, 2014.

Barad, Karen. *Meeting the Universe Halfway： Quantum Physics and the Entanglement of Matter and Meaning.* Durham, N.C.： Duke University Press, 2007.

Bataille, Georges. *The Accursed Share.* Vol. 1. Translated by Robert Hurley. Cambridge, Mass.： MIT Press, 1991.

Baudelaire, Charles. *The Flowers of Evil.* Translated by James McGowan. Oxford： Oxford University Press, 1993.

Bell Farrell, Carolyn. "Curating as a Divining Process." In *Technologies of Intuition*, edited by Jennifer Fisher, 220 - 42. Toronto： Yyz Books, 2007.

Benjamin, Walter. "The Concept of Criticism in German Romanticism." Translated by Rodney Livingstone. In *Selected Writings*, Vol. 1： 1919 - 1926, edited by Marcus Bullock and Michael Jennings, 116 - 200. Cambridge, Mass.： Harvard University Press, 1996.

Benjamin, Walter. *Illuminations.* Translated by Harry Zorn. London： Pimlico, 1973.

Beshty, Walead, ed. *Ethics： Documents of Contemporary Art.* Cambridge, Mass.： MIT Press, 2015.

Bhaskar, Michael. *Curation： The Power of Selection in a World of Excess.* London： Piatkus, 2016.

Bitbol, Michel. *Maintenant la finitude, Peut-on penser l'absolu?* Paris： Flammarion, 2019.

Blanchot, Maurice. *The Unavowable Community.* Translated by Pierre Joris. New York： Station Hill Press, 1988.

Bloch, Ernst. *The Principle of Hope.* 3 vols. Translated by Neville Plaice,

Stephen Plaice, and Paul Knight. Cambridge, Mass.: MIT Press, 1995.

Bouchilloux, Hélène. "Les Modes infinis de la pensée: Un défi pour la pensée." *Revue philosophique de la France et de l'étranger* 2, no. 137 (2012): 163 – 85. https://doi.org/10.3917/rphi.122.0163.

Bradley, Arthur. "God sans Being: Derrida, Marion and 'A Paradoxical Writing of the Word Without.' " *Literature and Theology* 14, no. 3 (2000): 299 – 312.

Byrne, David. "A Great Curator Beats Any Big Company's Algorithm." *New Statesman*, May 27, 2015, 7.

Caputo, John D. *Against Ethics*. Bloomington: Indiana University Press, 1993.

Caputo, John D. *The Insistence of God: Theology of Perhaps*. Bloomington: Indiana University Press, 2013.

Caputo, John D. *The Mystical Element in Heidegger's Thought*. New York: Fordham University Press, 1986.

Caputo, John D., and Michael J. Scanlon, eds. *God, the Gift, and Postmodernism*. Bloomington: Indiana University Press, 1999.

Cgercgu Usai, Paolo. "A Charter of Curatorial Values." NFSA Journal 1, no. 1 (2006): 1 – 10.

Chalier, Catherine. "Ethics and the Feminine." In *Re-reading Levinas*, edited by Robert Bernasconi and Simon Critchley, 11 – 47. London: Athlone Press, 1991.

Chalier, Catherine. "The Exteriority of the Feminine." Translated by Bettina Bergo. In *Feminist Interpretations of Emmanuel Levinas*, edited by Tina Chanter, 171 – 80. *University Park*: Pennsylvania State University Press, 2001.

Chalier, Catherine. *Figures du feminin*. Paris: Des Femmes: Antoinette

Fouque, 2006.

Chalier, Catherine. *La Fraternité, un espoir en clair-obscur.* Paris：Buchet Chastel, 2003.

Chalier, Catherine. *Transmettre de génération en generation.* Paris：Buchet Chastel, 2008.

Chanter, Tina. *Time, Death, and the Feminine.* Stanford, Calif.：Stanford University Press, 2001.

Claudel, Paul. *Art Poétique.* Paris：Mercure de France, 1913.

Clausewitz, Carl von. *On War.* Translated by Michael Howard and Peter Paret. Princeton, N.J.：Princeton University Press, 1976.

Claxton, Susanne. *Heidegger's Gods：An Ecofeminist Perspective.* Lanham, Md.：Rowman and Littlefield, 2017.

Conche, Marcel. *Pyrrhon ou l'apparence.* Paris：Presses universitaires de France, 1994.

Crownfield, David. "The Last God." In *Companion to Heidegger's Contributions to Philosophy*, edited by Charles E. Scott, Susan Schoenbohm, Daniela Vallega-Neu, and Alejandro Vallega, 213‒27. Bloomington：Indiana University Press, 2001.

Darwiche, Frank. *Heidegger, Le Divin et le Quadriparti.* Nice：Les Editions Ovadia, 2013.

Davis, Heather. "Growing Collectives：Haha + Flood." *Public* 41 (2010)：36‒47.

de Man, Paul. *Aesthetic Ideology.* Minneapolis：University of Minnesota Press, 1996.

de Quincy, Antoine Quatremère. *Considérations morales sur la destination des ouvrages de l'art.* Paris：Arthème Fayard, 1989.

Deleuze, Gilles. *Expressionism in Philosophy：Spinoza.* Translated by

Martin Joughin. New York: Zone Books, 1990.

Deleuze, Gilles. *Negotiations.* Translated by Martin Joughin. New York: Columbia University Press, 1995.

Deleuze, Gilles. Spinoza: *Practical Philosophy.* Translated by Robert Hurley. San Francisco: City Lights Books, 1988.

Derrida, Jacques. *The Animal That Therefore I Am.* Translated by David Wills. New York: Fordham University Press, 2008.

Derrida, Jacques. *Aporias: Dying—Awaiting (One Another at) the "Limits of Truth."* Translated by Thomas Dutoit. Stanford, Calif.: Stanford University Press, 1993.

Derrida, Jacques. "At This Very Moment in This Work, Here I Am." Translated by Ruben Berezdivin. In *Re-reading Levinas,* edited by Robert Bernasconi and Simon Critchley, 11 – 48. London: Athlone Press, 1991.

Derrida, Jacques. *The Gift of Death.* Translated by David Wills. Chicago, Ill.: University of Chicago Press, 1996.

Derrida, Jacques. *Margins of Philosophy.* Translated by Alan Bass. Chicago, Ill.: University of Chicago Press, 1982.

Derrida, Jacques. *On the Name.* Translated by Charles Dutoit. Stanford, Calif.: 1Stanford University Press, 1995.

Derrida, Jacques. *Politics of Friendship.* Translated by George Collins. London: Verso, 1997.

Derrida, Jacques. *Writing and Difference.* Translated by Alan Bass. London: Routledge, 2001.

Descartes, René. *Meditations on First Philosophy.* Translated by Michael Moriatri. Oxford: Oxford University Press, 2008.

Edwards, James C. "The Thinging of the Thing: The Ethic of

Conditionality in Heidegger's Later Work." In *A Companion to Heidegger,* edited by Hubert L.Dreyfus and Mark A. Wrathall, 456 – 67. London： Blackwell, 2005.

Eleey, Peter. "What About Responsibility?" In *Ten Fundamental Questions of Curating,* edited by Jen Hoffmann, 113 – 19. Milan： Mousse, 2013.

Ewald, Johan. *Treatise on Partisan Warfare.* Translated by Robert Selig and David Skaggs. New York： Greenwood Press, 1991.

Fagenblat, Michael. *A Covenant of Creatures：Levinas's Philosophy of Judaism.* Stanford, Calif.： Stanford University Press, 2010.

Faye, Emmanuel. *Heidegger, l'introduction du nazisme dans la philosophie：Autour des séminaires inédits de 1933–1935.* Paris： Albin Michel, 2005.

Fisher, Jennifer. "Curators and Instagram： Affect, Relationality and Keeping in Touch." *Journal of Curatorial Studies* 5, no. 1 (2016)： 100 – 123.

Foucault, Michel. *The Care of the Self.* Vol. 3 of *The History of Sexuality.* Translated by Robert Hurley. New York： Pantheon Books, 1986.

Foucault, Michel. *Ethics：Subjectivity and Truth.* Translated by Robert Hurley. New York： New Press, 1994.

Foucault, Michel. *The Hermeneutics of the Subject：Lectures at the Collège de France,* 1981 – 2. Translated by Graham Burchell. London： Palgrave Macmillan, 2001.

Fowle, Kate. "Who Cares? Understanding the Role of the Curator Today." In *Cautionary Tales：Critical Curating, edited by Stephen Rand and Heather Kouris,* 10 – 19. New York： apexart, 2007.

Goethe, J. W. von. *Faust.* Translated by David Luke. Oxford： Oxford University Press, 2008.

Guevara, Che. *Guerrilla Warfare.* Translated by Brian Loveman. Lincoln: University of Nebraska Press, 1985.

Haar, Michel. *The Song of the Earth: Heidegger and the Ground of the History of Being.* Translated by Reginald Lilly. Bloomington: Indiana University Press, 1993.

Haha. "Flood." In *Culture in Action: A Public Art Program of Sculpture Chicago,* edited by Mary-Jane Jacob, Michael Brenson, and Eva M. Olson, 88 – 97. Seattle: Bay Press, 1995.

Halliburton, David. *Poetic Thinking: An Approach to Heidegger.* Chicago, Ill.: University of Chicago Press, 1981.

Hardt, Michael. "Production and Distribution of the Common: A Few Questions for the Artist." *Open! Platform for Art, Culture and the Public Domain,* February 6, 2006. https://www.onlineopen.org/production-and-distribution-of-the-common. Hardt, Michael, and Antonio Negri. Commonwealth. Cambridge, Mass.: Harvard University Press, 2009.

Harney, Stefano, and Fred Moten. *The Undercommons: Fugitive Planning and Black Study.* Wivenhoe: Minor Compositions, 2013.

Hatab, Lawrence J. *Ethics and Finitude: Heideggerian Contributions to Moral Philosophy.* Lanham, Md.: Rowman & Littlefield, 2000.

Hegel, G. W. F. *Phenomenology of Spirit.* Translated by A. V. Miller. Oxford: Oxford University Press, 1977.

Heidegger, Martin. *Being and Time.* Translated by John Macquarrie and Edwar Robinson. New York: Harper Collins, 1962.

Heidegger, Martin. *Bremen and Freiburg Lectures (Insight into That Which Is and Basic Principles of Thinking).* Translated by Andrew J. Mitchell. Bloomington: Indiana University Press, 2012.

Heidegger, Martin. *Contributions to Philosophy (Of the Event).*

Translated by Richard Rojcewicz and Daniela Vallega-Neu. Bloomington：
Indiana University Press, 2012.

Heidegger, Martin. *Elucidations of Hölderlin's Poetry.* Translated by
Keith Hoeller. Amherst, Mass.：Humanity Books, 2000.

Heidegger, Martin. *Four Seminars.* Edited by Andrew J. Mitchell and
François Raffoul. Bloomington：Indiana University Press, 2012.

Heidegger, Martin. *History of the Concept of Time—Prolegomena.*
Translated by Theodore Kisiel. Bloomington：Indiana University Press, 1985.

Heidegger, Martin. *Hölderlin's Hymns, "Germania"and "The Rhine."*
Translated by William McNeill and Julia Ireland. Bloomington：Indiana
University Press, 2014.

Heidegger, Martin. *Introduction to Metaphysics.* Translated by Gregory
Fried and Richard Polt. New Haven, Conn.：Yale University Press, 2000.

Heidegger, Martin. *Mindfulness.* Translated by Parvis Emad and Thomas
Kalary. London：Continuum, 2006.

Heidegger, Martin. *On Time and Being.* Translated by Joan Stambaugh.
New York：Harper, 1972.

Heidegger, Martin. *Poetry, Language, Thought.* Translated by Albert
Hofstadter. New York：Harper Perennial, 1975.

Heidegger, Martin. *The Question Concerning Technology and Other
Essays.* Translated by William Lovitt. New York：Harper and Row, 1977.

Held, Virginia. *The Ethics of Care：Personal, Political, and Global.*
Oxford：Oxford University Press, 2007.

Herder, Johann Gottfried. *Volkslieder, Übertragungen, Dichtungen.*
Edited by Martin Bollacher. Frankfurt：Deutscher Klassiker Verlag, 1990.

Herodotus. *The Histories.* Translated by John M. Marincola. London：
Penguin Classic, 2003.

Hodge, Joanna. *Heidegger and Ethics.* London: Routledge, 1995.

Hoffmann, Jens, and Tara McDowell. "Reflection." *Exhibitionist* 4 (2011): 2 – 5.

Huberman, Anthony. "Take Care." In *Circular Facts*, edited by Mai Abu ElDahab et al., 9 – 17. Berlin: Sternberg Press, 2011.

Hyginus, Gaius Julius. *Fables.* Translated by Mary Grant. Lawrence: University of Kansas Press, 1960.

Jacob, Wendy, Laurie Paler, and John Ploof, eds. *With Love from Haha: Essays and Notes on a Collective Practice.* Chicago, Ill.: University of Chicago Press, 2008.

Jacquet, Chantal. *Sub specie aeternitatis: Étude des concepts de temps, durée, et éternité chez Spinoza.* Paris: Classiques Garnier, 2015.

Kandinsky, Wassily. *On the Spiritual in Art.* Translated by Michael T. H. Sadler. New York: Solomon R. Guggenheim Foundation, 1946.

Kant, Immanuel. *Groundwork for the Metaphysics of Morals.* Translated by Allen W. Wood. New Haven, Conn.: Yale University Press, 2002.

Kearney, Richard, and Jens Zimmermann, eds. *Reimagining the Sacred: Richard Kearney Debates God.* New York: Columbia University Press, 2015.

Kierkegaard, Søren. *Fear and Trembling.* Translated by Alastair Hannay. London: Penguin Classics, 1985.

Kierkegaard, Søren. *Writings.* Vol. 2, *The Concept of Irony, with Continual Reference to Socrates.* Translated by Howard V. Hong and Edna H. Hong. Princeton, N.J.: Princeton University Press, 2013.

Kimenyi, Alexandre. *Kinyarwanda and Kirundi Names: A Semio-Linguistic Analysis of Bantu Onomastics.* Lewiston, N.Y.: Edwin Mellen, 1989. King, Elaine A., and Gail Levin. Ethics and the Visual Arts. New York: Allworth, 2006.

Kofman, Sarah. *Comment s'en sortir?* Paris: Éditions Galilée, 1983.

Kofman, Sarah. *Socrates.* Translated by Catherine Porter. Ithaca, N.Y.: Cornell University Press, 1998.

Krysa, Joasia, ed. *Curating Immateriality: The Work of the Curator in the Age of Network Systems.* New York: Autonomedia, 2006.

Lacoue-Labarthe, Philippe, and Jean-Luc Nancy. *The Literary Absolute: The Theory of Literature in German Romanticism.* Translated by Philip Barnard and Cheryl Lester. New York: State of New York University Press, 1988.

Landow, George P. *Hypertext 3.0: Critical Theory and New Media in an Era of Globalization.* Baltimore, Md.: Johns Hopkins University Press, 2006.

Lenin, Vladimir. "Guerrilla Warfare," In *Collected Works,* Vol. 11, June 1906 – January 1907. Translated by Clemens Dutt, 213 – 23. Moscow: Progress, 1965.

Levinas, Emmanuel. *Beyond the Verse.* Translated by Gary D. Mole. London: Continuum, 2007.

Levinas, Emmanuel. *Entre Nous.* Translated by Michael B. Smith and Barbara Harshav. London: Continuum, 2006.

Levinas, Emmanuel. *Existence and Existents.* Translated by Alphonso Lingis. Pittsburgh, Pa.: Duquenes University Press, 2001.

Levinas, Emmanuel. *God, Death and Time.* Translated by Bettina Bergo. Stanford, Calif.: Stanford University Press, 2000.

Levinas, Emmanuel. *On Escape.* Translated by Bettina Bergo. Stanford, Calif.: Stanford University Press, 2003.

Levinas, Emmanuel. *Otherwise Than Being or Beyond Essence.* Translated by Alphonso Lingis. Pittsburgh, Pa.: Duquesne University Press, 2004.

Levinas, Emmanuel. *Proper Names.* Translated by M. B. Smith. Stanford, Calif.: Stanford University Press, 1996.

Levinas, Emmanuel. "Revelation in the Jewish Tradition." In *The Levinas Reader,* edited by Sean Hand, 190 – 210. London: Blackwell, 1989.

Levinas, Emmanuel. *Totality and Infinity.* Translated by Alphonso Lingis. Pittsburgh, Pa.: Duquesne University Press, 2005.

Lévi-Strauss, Claude. "Rousseau: Founder of Anthropology." Translated by M. Layton. *UNESCO Courier*, March 1963, 13 – 17.

Lewis, Michael. *Heidegger and Place of Ethics.* London: Continuum, 2005.

Lorca, Federico García. *Poet in New York.* Translated by Greg Simon and Steven F. White. London: Penguin, 1988.

Lyotard, Jean-François. *The Differend: Phrases in Dispute.* Translated by Georges Van Den Abbeele. Minneapolis: University of Minnesota Press, 2002.

Lyotard, Jean-François. *Discourse, Figure.* Translated by Anthony Hudek and Mary Lyndon. Minneapolis: University of Minnesota Press, 2011.

Lyotard, Jean-François. "Les Immatériaux." In *Thinking About Exhibitions,* edited by Reesa Greenberg, Bruce W. Ferguson, and Sandy Nairne, 159 – 73. London: Routledge, 1996.

Lyotard, Jean-François. *The Inhuman.* Translated by Geoffrey Bennington and Rachel Bowlby. Stanford, Calif.: Stanford University Press, 1991.

Lyotard, Jean-François. *Libidinal Economy.* Translated by Iain Hamilton Grant. Bloomington: Indiana University Press, 1993.

Lyotard, Jean-François, and Eberhard Gruber. *The Hyphen: Between Judaism and Christianity.* Translated by P.-A. Brault and Michael Naas. New

York: Humanities Book, 1999.

Lyotard, Jean-François, and Jean-Loup Thébaud. *Just Gaming.* Translated by Wlad Godzich. Minneapolis: University of Minneapolis Press, 2008.

Mallarmé, Stephane. *Collected Poems.* Translated by E. H. and A. M. Blackmore. Oxford: Oxford University Press, 2006.

Martinon, Jean-Paul. *After "Rwanda": In Search of a New Ethics.* Amsterdam: Rodopi, 2013.

Martinon, Jean-Paul. "Between Earth and Sky." Journal of *Francophone Philosophy* 24, no. 1 (2016): 25 - 44.

Martinon, Jean-Paul. "Edging Disciplines." Journal of *Curatorial Studies* 6, no. 2 (2017): 221 - 29.

Martinon, Jean-Paul. *The End of Man.* New York: Punctum Books, 2013.

Martinon, Jean-Paul. "Im-mundus, or Nancy's Globalizing-World-Formation." In *Nancy and the Political*, edited by Sanja Dejanovic, 219 - 44. Edinburgh: Edinburgh University Press, 2015.

Martinon, Jean-Paul. *On Futurity: Malabou, Nancy, and Derrida.* London: Palgrave, 2007.

Martinon, Jean-Paul. "Time Unshackled." *New Formations* 89 (2017): 11 - 24.

Martinon, Jean-Paul. "Valentin Mudimbe or the Work of Invention." *Darkmatter* 8 (2012). http://www.darkmatter101.org/site/2012/05/18/valentin-mudimbe-or-the-work-of-invention/.

Martinon, Jean-Paul, ed. *The Curatorial: A Philosophy of Curating.* London: Bloomsbury, 2013.

Marx, Karl. *Capital.* Vol. 1. Edited by Friedrich Engels. Translated by S. Moore and E. Aveling. New York: Lawrence & Wishart, 2003.

Mattéi, Jean-François. "Emmanuel Faye, l'introduction du fantasme dans la philosophie." *Portique* 18 (2006). http: //journals.openedition.org/leportique/815.

Mattéi, Jean-François. *Heidegger et Hölderlin: Le Quadriparti.* Paris: Presses Universitaires de France, 2001.

Mayer, John, James Burns, Stephanie Gaub, Brian H. Peterson, James A. Michener, and John Russick, eds. *A Code of Ethics for Curators.* Washington, D.C.: American Alliance of Museums/American Association of Museums Curators Committee, 2009.

McClellan, Andrew. *Inventing the Louvre: Art, Politics, and the Origins of the Modern Museum in Eighteenth-Century Paris.* Berkeley: University of California Press, 1999.

McNeill, William. *The Time of Life: Heidegger and Ethos.* New York: State University of New York Press, 2006.

Meillassoux, Quentin. *After Finitude: An Essay on the Necessity of Contingency.* Translated by Ray Brassier. London: Continuum, 2008.

Meillassoux, Quentin. "Contingency and the Absolutization of the One." Translated by Benjamin James Lozano. *Unpublished Manuscript*, March 13, 2011.

Meillassoux, Quentin. "The Immanence of the World Beyond." Translated by Peter M. Candler Jr., Adrian Pabst, and Aaron Riches. In *The Grandeur de Reason: Religion, Tradition, and Universalism,* edited by Conor Cunningham and Peter M. Candler, 438 - 46. Norwich: SCM Press, 2010.

Meillassoux, Quentin. "Iteration, Reiteration, Repetition: A Speculative Analysis of the Meaningless Sign." Translated by Robin Mackay. *Unpublished Manuscript*, April 20, 2012.

Meillassoux, Quentin. *A Number and the Siren: A Decipherment of Mallarme's "Coup de dés."* Translated by Robin Mackay. London: Urbanomic, 2011.

Meillassoux, Quentin. "Potentiality and Virtuality." Translated by Robin MacKay. *Collapse* 2 (2002): 65–72.

Meillassoux, Quentin. "Temps et surgissement ex-nihilo." Lecture, Les Lundis de la philosophie. *Organized by Francis Wolff.* Paris: École Nationale Supérieure, April 24, 2006.

Melamed, Itzhak Y. *Spinoza's Metaphysics: Substance and Thought.* Oxford: Oxford University Press, 2013.

Mitchell, Andrew J. *The Fourfold: Reading the Late Heidegger.* Evanston, Ill.: Northwestern University Press, 2015.

Montmann, Nina, ed. *Scandalous: A Reader on Art and Ethics.* Berlin: Sternberg, 2013.

Mooij, J. J. A. *Time and Mind.* New York: Brill, 2005.

Mudimbe, Valentin Y. *The Invention of Africa: Gnosis, Philosophy, and the Order of Knowledge.* Bloomington: Indiana University Press, 1988.

Mudimbe, Valentin Y. *Parables and Fables: Exegesis, Textuality, and Politics in Central Africa.* Madison: University of Wisconsin Press, 1991.

Müller, Karl Otfried. *History of the Literature of Ancient Greece.* London: Baldwin, 1840.

Nancy, Jean-Luc. *After Fukushima: The Equivalence of Catastrophes.* Translated by Charlotte Mandell. New York: Fordham University Press, 2015.

Nancy, Jean-Luc. *The Disavowed Community.* Translated by Philip Armstrong. New York: Fordham University Press, 2016.

Nancy, Jean-Luc. *Dis-enclosure: The Deconstruction of Christianity.* Translated by Bettina Bergo. New York: Fordham University Press, 2008.

Nancy, Jean-Luc. "Heidegger's 'Originary Ethics.'" In *Heidegger and*

Practical Philosophy, edited by François Raffoul and David Pettigrew, 65 – 85. New York: State University of New York Press, 2002.

Nancy, Jean-Luc. *L'Impératif Catégorique*. Paris: Flammarion, 1983.

Nancy, Jean-Luc. The Inoperative Community. Translated by Peter Connor et al. Minneapolis: University of Minnesota Press, 1991.

Nancy, Jean-Luc. "The Kategorien of Excess." In *A Finite Thinking*, edited by Simon Sparks, 133 – 51. Stanford, Calif.: Stanford University Press, 2003.

Nancy, Jean-Luc. "Our Probity! On Truth in the Moral Sense in Nietzsche." Translated by Peter Connor. In *Looking after Nietzsche*, edited by Laurence A. Rickels, 65 – 88. New York: State University of New York Press, 1986.

Newmark, Kevin. *Irony on Occasion*. New York: Fordham University Press, 2012.

Nietzsche, Friedrich. *The Gay Science*. Translated by Josephine Nauckhoff. Cambridge: Cambridge University Press, 2001.

Noddings, Nel. *Caring: A Feminine Approach to Ethics and Moral Education*. Berkeley: University of California Press, 2013.

O'Neill, Paul. *Curating Subjects*. London: Open Editions, 2007.

O'Neill, Paul, ed. *The Culture of Curating and the Curating of Culture(s)*. Cambridge, Mass.: MIT Press, 2012.

Páldi, Lívia. "Notes on the Paracuratorial." *Exhibitionist* 6 (2011): 71 – 76.

Pan, Lara, and Filip Luyckx. "Face to Face: Challenges of Curating Today: A Conversation." *Artpulse* 1, no. 4 (2010): 13 – 17.

Philbrick, Harry. "Exhibition Ethics." NEMA, *Fall* 2005, 6 – 7.

Phillpot, Clive. "Words and Word Works." *Art Journal* 42, no. 2 (1982):

120 - 24.

Plato. *The Republic*. Translated by H. D. P. Lee and Desmond Lee. London: Penguin, 2007.

Poinsot, Jean-Marc. "De Nombreux objets colorés places côte à côte pour former une rangée de nombreux objets colorés." *Artstudio* 15 (1989): 114 - 22.

Popova, Maria. *Curator's Code for the Internet*. 2012. https://www. brain pickings.org/2012/03/09/curators-code/.

Raffoul, François. *The Origins of Responsibility*. Bloomington: Indiana University Press, 2010.

Reckitt, Helena. "Support Acts: Curating, Caring and Social Reproduction." Journal of *Curatorial Studies* 5, no. 1 (2016): 6 - 30. https://doi.org/10.1386/ jcs.5.1.6_1.

Roma, Valentin. *The Unavowable Community*. Bòlit: Centre d'art Contemporani, Girona, Italy, February 5 - April 11, 2010.

Rorimer, Anne. "Sculpture: Figures of Structure. The Work of Lawrence Weiner." In *5 Figures of Structure*. Chicago, Ill.: Arts Club of Chicago, 1987.

Rorty, Richard. *Philosophy and Social Hope*. London: Penguin, 1999. Ruddick, Sara. Maternal Thinking: Toward a Politics of Peace. Boston: Beacon Press, 1989.

Schmitt, Carl. *The Nomos of the Earth*, in the International Law of the Jus Publicum Europaeum. Translated by G. L. Ulmen. Candor, N.Y.: Telos Press Publishing, 2006.

Schmitt, Carl. *Theory of the Partisan, Immediate Commentary on the Concept of the Political*. Translated by G. L. Ulmen. Candor, N.Y.: Telos Press Publishing, 2007.

Schroers, Rolf. *Des Partisan: Ein Beitrag zur politischen Anthropologie*.

Cologne: Kiepenheuer & Witsch, 1961.

Schürmann, Reiner. *Broken Hegemonies*. Translated by Reginald Lilly. Bloomington: Indiana University Press, 2003.

Schürmann, Reiner. *Heidegger on Being and Acting: From Principles to Anarchy*. Bloomington: Indiana University Press, 1990.

Schürmann, Reiner. *Wandering Joy: Meister Eckhart's Mystical Philosophy*. Great Barrington, Mass.: Lindisfarne Books, 2001.

Seneca, Lucius Annaeus. *Epistulae Morales to Lucilius*. Vol. 3. Translated by Richard Gummere. London: William Heinemann, 1953.

Shiomitsu, Takeshi. "Curation as a Practice of Negotiating the Ethics of Appropriation." M.A. essay, Goldsmiths College, London, 2016.

Sloterdijk, Peter. *Critique of Cynical Reason*. Translated by Michael Eldred. Minneapolis: University of Minnesota Press, 1987.

Smith, Terry. *Thinking Contemporary Curating*. New York: ICI, 2012.

Spinoza, Benedict de. *Ethics*. Translated by Samuel Shirley. Indianapolis, Ind.: Hackett, 1992.

Spinoza, Benedict de. *Opera quae supersunt onmia*. Edited by Carl Hermann Bruder. Lipsiae [Leipzig]: Tauchnitz, 1843 – 46.

Spinoza, Benedict de. *Theological-Political Treatise*. Translated by Michael Silverthorne and Jonathan Israel. Cambridge: Cambridge University Press, 2007.

Szeemann, Harald. "Does Art Need Directors?" In *Words of Wisdom: A Curator's Vade Mecum on Contemporary Art*, edited by Carin Kuoni, 160 – 67. New York: Independent Curators International, 2001.

Teniers, David. *Theatrvm Pictorium*. Antwerp: Apud Iacobum Peeters, 1684.

Trevelyan, Vanessa, ed. *Code of Ethics for Museums: Ethical Principles for All Who Work for or Govern Museums in the U.K.* London: Museums Association, 2008.

Tronto, Joan. *Moral Boundaries: Political Argument for an Ethic of Care.* London: Routledge, 1994.

Virgil. *Aeneid.* Translated by H. R. Fairclough. Harvard: Loeb Classical Library, 1999.

Webb, David. *Heidegger, Ethics and the Practice of Ontology.* London: Bloomsbury, 2011.

Wrathall, Mark A. "Between the Earth and the Sky: Heidegger on Life after the Death of God." In *Religion After Metaphysics*, edited by Mark A. Wrathall, 69 – 87. Cambridge: Cambridge University Press, 2003.

Zedong, Mao. *On Guerrilla Warfare.* Translated by Samuel F. Griffith. El Paso, Tex.: El Paso Norte Press, 2009.

译名表

9/11 Memorial Museum Map   《9·11 纪念馆参观导览》

A

A Covenant of Creatures: Levinas's Philosophy of Judaism   《凡人之约——列维纳斯的犹太教哲学》

A Number and the Siren   《数字与塞壬》

A Poet in New York   《纽约诗人》

Abraham and Isaac   《亚伯拉罕和以撒》

Abraham   亚伯拉罕

Abraham's Sacrifice of Isaac   《亚伯拉罕献上以撒》

Adnan Madani   阿德南·迈达尼

Adonaï Ehad   上帝，天主

Adolf Ziegler   阿道夫·齐格勒

Aeneid   《埃涅阿斯纪》

Aeschylus   埃斯库罗斯

Aesthetic Ideology   《美学意识形态》

After "Rwanda"   《"卢旺达大屠杀"之后》

After Finitude   《有限性之后》

After Fukushima：The Equivalence of Catastrophes	《福岛之后——灾难的等价性》
Against Ethics	《反伦理学》
Alberro	阿尔贝罗
Alice Ongaro	艾丽斯·昂加罗
Anchise（Anchises）	安喀塞斯
Andocides	安多喀德斯
Andrew J. Mitchell	安德鲁·J. 米切尔
Andrew McClellan	安德鲁·麦克莱伦
Angelus Silesius	西里西拉的安杰勒斯
Animal That Therefore I Am	《所以我才是动物》
Anish Kapoor	阿尼什·卡普尔
Annibale Carracci	安尼巴莱·卡拉奇
Anthony Huberman	安东尼·休伯曼
Antiphon	安梯丰
Antoine-Chrysostome Quatremère de Quincy	安托万-克里索斯托姆·卡特勒梅尔·德昆西
Antonio Canova	安东尼奥·卡诺瓦
Antonio Negri	安东尼奥·内格里
Aporias	《难题》
Aquinas	阿奎那
Aristophanes	阿里斯托芬
Aristotle	亚里士多德
Art Institute of Chicago	芝加哥艺术博物馆
Art Poétique	《诗艺》
At This Very Moment	《此时此刻》
August Schlegel	奥古斯特·施莱格尔
Auto-Icon	《自我肖像》

B

Badiou	巴迪乌
Bal	巴尔
Baleia Rosa (Pink Whale)	粉红鲸
Balibar	巴利巴尔
Barrie in the county of Simcoe, Ontario	安大略省锡姆科县巴里
Being and Event	《存在与事件》
Being and Time	《存在与时间》
Benedict de Spinoza	贝内迪克特·德斯宾诺莎
Beshty	贝西蒂
Beyond the Verse	《经文之外》
Bitbol	比特博尔
Bloomington	布鲁明顿
Bouchilloux	布希尤
Bradley	布拉德利
Bremen and Freiburg Lectures and Four Seminars	《不来梅和弗莱堡的讲座及四个研讨会》
Bridget Crone	布里奇特·克罗恩
Bridget Riley	布里奇特·赖利
Broken Hegemonies	《断裂的霸权》
Buddhism	佛教
Building, Dwelling, Thinking	《筑·居·思》
Byrne	伯恩

C

Cameron	卡梅隆
Capital	《资本论》
Care of the Self	《关注自我》

Caring: A Feminine Approach to Ethics and Moral Education	《关怀——伦理和道德教育的女性主义视角》
Carl Schmitt	卡尔·施密特
Carl von Clausewitz	卡尔·冯·克劳斯威茨
Carolyn Bell Farrell	卡罗琳·贝尔·法雷尔
Carolyn Christov-Bakargiev	卡罗琳·赫里斯托夫－巴卡基耶夫
Catherine Chalier	凯瑟琳·沙利耶
Catherine David	卡特琳·达维德
CBT（Cognitive Behavioral Therapy）	认知行为疗法
Cecco Boneri	切科·博内利
Centre Pompidou	蓬皮杜中心
Cgercgu Usai	克格科固·乌萨伊
Chantal Jaquet	尚塔尔·雅凯
Charles Baudelaire	夏尔·波德莱尔
Charles-Claude de Flahaut	夏尔－克洛德·德弗拉奥
Charmides	《卡尔米德篇》
Charter of Curatorial Values	《策展价值章程》
Che Guevara	切·格瓦拉
Claude Lévi-Strauss	克洛德·列维－斯特劳斯
Claxton	克拉克斯顿
Code of Ethics for Museums	《博物馆伦理规范》
Code of Ethics	《伦理规范》
Collected Poems	《诗歌选集》
Comment s'en Sortir？	《如何脱离？》
Commonwealth	《政治共通体》
Comte de la Billarderie d'Angiviller	安吉维莱尔的比亚尔德里伯爵
Conche	孔什
Confessions	《忏悔录》

Dimitri Mouton	迪米特里·穆顿
Dinarchus	狄纳尔科斯
Dinu-Gabriel Munteanu	迪努－加布里埃尔·蒙泰亚努
Disavded community	《非功效的共通体》
Discourse, Figure	《话语，图形》
Dis-enclosure：The Deconstruction of Christianity	《界限的消除——基督教的解构》
Dorothy Canning Miller	多萝西·坎宁·米勒
Double Exposure	《双重暴露》

E

Eberhard Gruber	埃伯哈德·格鲁伯
Edwards	爱德华兹
Elgin Marbles	埃尔金大理石雕
Eliezer	以利以谢
Elucidations of Hölderlin's Poetry	《荷尔德林诗的阐释》
Emmanuel Faye, l'introduction du fantasme dans la philosophie	《伊曼努尔·费伊，将欺骗引入哲学》
Emmanuel Levinas	伊曼努尔·列维纳斯
Empecinados	恩佩西纳多
Entre Nous. Essai sur lepenser-à-l'autre	《我们之间——论对他者的思想》
Epistulae Morales	《道德书简》
Ernst Bloch	恩斯特·布洛赫
Eros	（爱神）厄洛斯
Esther before Ahasuerus	《以斯帖在亚哈随鲁前》
Ethics and Finitude	《伦理学与有限性》
Ethics and the Feminine	《伦理与女性》
Ethics and the Visual Arts	《伦理学和视觉艺术》

G

Gaius Julius Hyginus	盖乌斯·尤利乌斯·希吉努斯
Gay Science	《快乐的科学》
Genesis	《创世记》
Geneva Convention	《日内瓦公约》
G. W. F. Hegel G.W.F.	黑格尔
Georg Wilhelm Friedrich Hegel	格奥尔格·威廉·弗里德里希·黑格尔
Georges Bataille	乔治·巴塔耶
Gift of Death	《死亡的赠予》
Gilles Deleuze	吉尔·德勒兹
Giorgione	乔尔乔内
God sans Being	《不存在的上帝》
God, Death and Time	《上帝·死亡和时间》
Gott	戈特
Grant Farred	格兰特·法雷德
Great Curator	《伟大的策展人》
Groundwork（of the Metaphysic of Morals）	《（道德形而上学）基础》
Growing Collectives	《增长的集体性》
Guerrilla Warfare	《游击战》
Guggenheim Foundation	古根海姆基金会

H

Haha	哈哈
Halliburton	哈利伯顿
Hannah Arendt	汉娜·阿伦特
Hanne Darboven	汉娜·达尔博芬
Hans Holbein	汉斯·霍尔拜因

Immanence of the World Beyond	《超越世界的内在性》
Immanuel Kant	伊曼努尔·康德
Im-mundus	《否定蒙杜斯》
Indiana	印第安纳
Inert Gas Series	"惰性气体系列"
Inhuman	《非人道》
Inoperative Community	《无用的共通体》
Insight into That Which Is	《观入存在之物》
Insistence of God	《上帝的坚持》
Introduction to Metaphysics	《形而上学导论》
Inventing the Louvre：Art, Politics, and the Origins of the Modern Museum in Eighteenth-century Paris	《创建卢浮宫 —— 艺术、政治和 18 世纪巴黎的现代博物馆起源》
Irony on Occasion	《偶然的反讽》
Isaac	以撒
Isaiah	《以赛亚书》
Iteration, Reiteration, Repetition：A Speculative Analysis of the Meaningless Sign	《迭代、反复、重复 —— 无用的符号的思辨分析》

J

Jacob Epstein	雅各布·爱泼斯坦
Jacques Derrida	雅克·德里达
Jacquet	雅凯
Jainism	耆那教
James Edward	詹姆斯·爱德华
James Rorimer	詹姆斯·罗尔默
Jan Van Eyck	扬·凡·艾克
Jean-François Lyotard	让-弗朗索瓦·利奥塔尔

Jean-François Mattéi	让-弗朗索瓦·马泰
Jean-Jacques Rousseau	让-雅克·卢梭
Jean-Luc Marion	让-吕克·马里翁
Jean-Luc Nancy	让-吕克·南希
Jean-Marc Poinsot	让-马克·普安索
Jean-Paul Martinon	让-保罗·马蒂农
Jeff Wall	杰夫·沃尔
Jens Hoffmann	延斯·霍夫曼
Jeremy Bentham	杰里米·边沁
Jo Ann Kaplan	乔·安·卡普兰
Joan C. Tronto	琼·C.特龙托
Johann Ewald	约翰·埃瓦尔德
Johann Herder	约翰·赫尔德
Johann Wolfgang Goethe	约翰·沃尔夫冈·歌德
John Paul Ricco	约翰·保罗·里科
John	《约翰福音》
John D. Caputo	约翰·D.卡普托
John Ploof	约翰·普卢夫
Jon Shaw	乔恩·肖
Jorella Andrews	约瑞拉·安德鲁斯
Julia Ireland	朱利娅·爱尔兰
Julia Margaret Cameron	朱利娅·玛格丽特·卡梅伦
June W. Allison	琼·W.艾莉森
Jupiter	朱庇特
Just Gaming	《正义游戏》

K

Karen Barad	卡伦·巴拉德

Karen Hellekson	卡伦·赫勒克森
Karl Marx	卡尔·马克思
Kategorien of Excess	《冗余的类别》
Kearney	卡尼
Kevin Newmark	凯文·纽马克
Kierkegaard's Writings	《克尔恺郭尔作品集》
Kimenyi	基门尼
King	金
King Louis XVI	国王路易十六
Kinyarwanda and Kirundi	《基尼亚卢旺达语和基隆迪语》
Koyo Kouoh	科约·库厄
Kunsthistorisches Museum	（维也纳）艺术史博物馆

L

L'Impératif catégorique	《绝对律令》
Landow	兰道
Lara Pan	拉腊·帕恩
Last God	《最后的上帝》
Laurie Paler	劳里·帕勒尔
Lawrence Weiner	劳伦斯·韦纳
Leo Castelli Gallery	莱奥·卡斯泰利画廊
Leonardo da Vinci	列奥纳多·达·芬奇
Les Immatériaux	《非物质》
Les Modes infinis de la pensée	《思想的无限模式》
Levin	莱文
Lévi-Strauss	列维-斯特劳斯
Lewis	刘易斯
Libidinal Economy	《力比多经济》

Literary Absolute	《文学的绝对》
Louvre	卢浮宫
Lowery Stokes Sims	洛厄里·斯托克斯·西姆斯
Lucas Cranach the Elder	老卢卡斯·克拉纳赫
Luyckx	卢伊克斯
Lycurgus	吕库古
Lysias	吕西阿斯

M

MacLaren Art Centre	麦克拉伦艺术中心
Maffeo Barberini	马菲奥·巴贝里尼
Maimonides	迈蒙尼德
Maintenant la finitude	《有限的现在》
Malin Stahl	马林·斯塔尔
Mao Zedong	毛泽东
Marc Chagall	马克·夏加尔
Marcel Cachin	马塞尔·加香
Margins of Philosophy	《哲学的边缘》
Maria Callas	玛丽亚·卡拉斯
Maria Lind	玛丽亚·林德
Martin Heidegger	马丁·海德格尔
Mary-Jane Jacob	玛丽-简·雅各布
Maternal Thinking: Toward a politics of peace	《母性思维——走向和平的政治》
Maurice Blanchot	莫里斯·布朗绍
Mayer	马耶尔
McDowell	麦克道尔
McNeill	麦克尼尔

#Me Too movement	"我也是"运动
Meditations on First Philosophy	《第一哲学沉思录》
Meeting the Universe Halfway	《折中宇宙》
Meister Eckhart	迈斯特·埃克哈特
Melamed	梅拉米德
Mephistopheles	靡菲斯特（歌德所著《浮士德》中的魔鬼）
Michael Craig Martin	迈克尔·克雷格·马丁
Michael Bhaskar	迈克尔·巴斯卡尔
Michael Hardt	迈克尔·哈特
Michel Foucault	米歇尔·福柯
Michel Haar	米歇尔·哈尔
Michelangelo Merisi da Caravaggio	米开朗基罗·梅里西·达·卡拉瓦乔
Minneapolis	明尼阿波利斯
Minnesota	明尼苏达
Mirjami Schuppert	米尔亚密·舒佩特
Mitchell	米切尔
Michel de Montaigne	米歇尔·德蒙田
Montmann	门特曼
Mooij	穆伊
Moral Boundaries：A Political Argument for an Ethic of Care	《道德界限——关怀伦理学的政治争论》
Müller	穆勒
Musée d'Orsay	奥赛博物馆
Mystical Element in Heidegger's Thought	《海德格尔思想中的神秘因素》

N

Nancy Adajania	南希·阿达亚尼亚

Nancy Spector	南希·斯佩克特
National Art Collections Fund	国家艺术收藏基金
Naomi Beckwith	娜奥米·贝克威思
Napoleon	拿破仑
Negotiations	《商谈》
Nel Noddings	内尔·诺丁斯
Nicki Minaj	妮琪·米娜
Nombreux objets colorés	《物体的多样色彩》
Nomos of the Earth（*in the International Law of Jus Publicum Europaeum*）	《（欧洲公法中之国际法的）大地之法》
Notes on the Para-curatorial	《泛策展笔记》
Nowotny	诺沃特尼

O

O'Neill	奥尼尔
Old Testament	《旧约》
On Escape	《逃脱》
On Futurity	《论未来》
On Guerrilla Warfare	《论游击战》（原名《抗日游击战争的战略问题》）
On the Name	《论名》
On the Spiritual in Art	《论艺术的精神》
On Violence	《论暴力》
On War	《战争篇》
Opera quae supersunt onmia	《遗著集》
Origins of Responsibility	《责任的起源》
Otherwise Than Being	《超越存在》
Our Probity!	《我们的正直！》

P

Pablo Picasso	巴勃罗·毕加索
Palatine	帕拉廷
Páldi	帕尔迪
Pan	帕恩
Pandora's Sound Box	潘多拉的音乐盒
Paolo Veronese	保罗·韦罗内塞
Parables and Fables	《譬喻与寓言》
Partisan	《游击队员》
Paul Claudel	保尔·克洛岱尔
Paul Cezanne	保罗·塞尚
Paul de Man	保罗·德曼
Paul Signac	保罗·西涅克
Pericles	伯里克利
Peter Eleey	彼得·埃里
Peter Sloterdijk	彼得·斯洛特戴克
Petworth House	佩特沃思庄园
Phenomenology of Spirit	《精神现象学》
Philbrick	菲尔布里克
Philippe Lacoue-Labarthe	菲利普·拉库－拉巴尔特
Phillpot	菲尔波特
Philopolis	菲洛普利
Philosophy and Social Hope	《哲学与社会希望》
Piers Gough	皮尔斯·高夫
Pietà with Two Angels	《圣母与两个天使哀悼基督》
Plato	柏拉图
Poetic Art	《诗化艺术》
Poetic Thinking	《诗性思维》

René Descartes	勒内·笛卡儿
Revelation in the Jewish Tradition	《犹太传统的启示》
Richard House	理查德·豪斯
Richard Rorty	理查德·罗蒂
Richard Verdi	理查德·威尔第
Robert Barry	罗伯特·巴里
Rolf Schroers	罗尔夫·施勒尔斯
Roma	罗马
Ronald Reagan	罗纳德·里根
Rousseau	卢梭

S

Saint Anselm	圣安塞尔姆（学院）
Salvator Mundi	《救世主》
Sara Ruddick	萨拉·鲁迪克
Sarah Kofman	萨拉·考夫曼
Sasha Burkhanova-Khabadze	萨莎·波卡诺娃-卡巴得泽
Saturn	农业之神萨杜恩
Scandalous	《丑闻》
Scanlon	斯坎伦
Schroers	施勒尔斯
Schürmann	舒尔曼
Sculpture	《雕塑》
Seneca	塞内加
Simon Streather	西蒙·斯特瑞瑟
Smith	史密斯
Socrates	《苏格拉底》
Socrates	苏格拉底

Song of the Earth	《大地之歌》
Sophocles	索福克勒斯
Søren Aabye Kierkegaard	索伦·奥贝·克尔恺郭尔
Spinoza：Practical Philosophy	《斯宾诺莎的实践哲学》
Spinoza's Metaphysics	斯宾诺莎的形而上学
Spinoza's Three Gods	《斯宾诺莎之三神论》
St. Margaret and the Serpent	《圣玛格丽特和蛇》
Stefano Harney	斯特凡诺·哈尼
Stéphane Mallarmé	斯特芳·马拉美
Streit	斯特赖特
Sub specie aeternitatis	《永恒的相下》
Support Acts	《支持效用》

T

Take Care	《保重》
Tellus	大地女神忒勒斯
Temps et surgissement ex-nihilo	《没有将来的时间》
the 9/11 memorial museum 9·11	纪念馆
The Accursed Share	《受诅咒的部分》
the Alban hills	阿尔班山
The Art Collection of Archduke Leopold Wilhelm in Brussels	《利奥波德·威廉大公在布鲁塞尔的艺术收藏》
The Bravo	《刺客》
The Cherubinean Wanderer	《智天使的流浪者》
the Child of Care	《关爱之子》
The Concept of Criticism	《批评的观念》
The Curator Crosses the River: A Fabulation	《穿越河流的策展人——一个虚幻故事》
The Curatorial: A Philosophy of Curating	《策展项目——策展哲学》

The End of Man	《男性的终结》
The Flowers of Evil	《恶之花》
The Hermeneutics of the Subject	《主体解释学》
The Hyphen: Between Judaism and Christianity	《关联 —— 在犹太教和基督教之间》
The Invention of Africa: Gnosis, philosophy, and the order of knowledge	《非洲的创造 —— 灵知、哲学和知识结构》
The Nomos of The Earth	《大地之法》
The Principle of Hope	《希望的原理》
The Republic	《理想国》
The Sacrifice of Isaac	《燔祭以撒》
The Thing	《物》
The Thinging of the Thing	《物之成物》
The Wild Ass's Skin	《驴皮记》
the World Trade Center in New York	纽约世界贸易中心
Theaetetus	《泰提特斯篇》
Theatrvm Pictorium	《画苑》
Thébaud	泰博
Theological-Political Treatise	《神学政治论》
Theory of the Partisan：A Commentary/ Remark on the Concept of the Political	《游击队理论 —— 政治的概念附识》
Theses in the Philosophy of Curating	《策展哲学中的论题》
Thinking Contemporary Curating	《当代策展思考》
Third Meditation	《第三沉思》
Thucydides	修昔底德
Time and Mind	《时间与思想》
Time of Life	《生命时光》
Time Unshackled	《不受限的时间》
Time, Death, and the Feminine	《时间、死亡与女性》

Webb	韦布
Wendy Jacob	温迪·雅各布
What About Responsibility?	《何谈责任？》
Who Cares?	《有谁在意？》
William McNeill	威廉·麦克尼尔
Winston Churchill	温斯顿·丘吉尔
With Love from Haha	《伴随着来自哈哈的爱》
Words and Word Works	《语词与语词的功用》
Wrathall	拉索尔
Writing and Difference	《写作与差异》

X

Xenophon	色诺芬

Z

Zärhingen	策林根
Zimmermann	齐默尔曼

译后记

让－保罗·马蒂农的《策展伦理》一书于 2020 年由明尼苏达大学出版社出版。该书主要分为三大板块，探讨了在新的时代环境下，有关策展的种种认知。在作者看来，视觉艺术早已不再是策展的表达核心；策展也不仅仅是一种观念的表达，它突破了艺术、历史、文化等范畴，而已经成为一种没有任何体制化界定的自由形式。

总体而言，策展包含着文化的参与、选择、安排，更带有策展人批判性的评价和分享，策展所关联的是一整套价值观、信仰、习俗和社会活动。策展的影响范围日益普遍，既可以在以视觉为主导的领域展开，也可以参与非视觉主导的领域。策展活动在生命的各个领域都可以开展，这种极具挑战性的多样性正是值得我们深入思考的。

作者曾在《策展哲学》中创造性地提出了 the Curational 的概念，并在本书中有所发展，我们姑且把它译为"策展性"。作者对这一概念进行了较为宽泛的定义：策展是举办展览引发的活动，而策展性是由展览带来的与知识相关的重大事件。但作者同时也提出，其实是无法对策展性进行严格限定或准确定义的，因为策展性已经渗透到众多学科领域和社会行为实践中，并成为我们这个时代的精髓。这既是作者在本书及相关著作中的一个重要论点，又是当代策展研究的理论基础之一。的确，在当代文化视野之下，策展已经发展到不需要考虑任何特定的历史叙事方式，我们不需要局限于什么是艺术以及如何更好地展示艺术。

本书以宏大而独到的视角将研究集中于当下，作者在融合其自身实践和学术背景的基础上进行了富有个性特色的思考，并为学科的未来建设指出新的可能，因而对于与策展相关的博物馆工作具有重要的现实指导意义。不仅如此，正像作者强调的，策展性关乎与知识相关的一切重大活动，因而这本书不仅仅局限于关于策展的研究。本书的书名为《策展伦理》，作者正是从伦理的视角对策展展开具有哲学色彩的探讨，从苏格拉底、柏拉图、亚里士多德到德昆西、斯宾诺莎、尼采、海德格尔，再到德里达、列维纳斯、利奥塔尔，等等，西方哲学史上熠熠生辉的众多先贤在本书中均有所谈及，使我们得以在赞叹先哲伟大智慧的同时，也能随作者一起，以批判的精神去审视其哲学、伦理学观点在当代话语体系下新的意义和对于策展、对于人的新的观照。作者的研究一方面显示了开阔的学术视野和扎实的学术功底，另一方面也搭建了一个由点而入、纵横交错、层层推进的体系化思考方式，为我们的研究路径提供了一个可供参考的范本。

本书中文译文承蒙北京大学艺术学院丁宁教授细心校阅，先生在美术史论、文艺理论研究及西方美术史翻译等诸多方面极有建树，此次对本书翻译中的关键性问题多所匡正，在此深表谢意。受译者水平所限，译文多有不妥之处，还望读者和方家指正。

李冠燕

2023 年 10 月